WOLF-ULRICH CROPP

MALI UND DIE DSCHINNS DER WÜSTE

VERLAG EXPEDITIONEN

Bibliografische Information der Deutschen Nationalbibliothek:
Die Deutsche Nationalbibliothek verzeichnet diese Publikation in der
Deutschen Nationalbibliografie; detaillierte bibliografische Daten sind im Internet über
http://dnb.dnb.de abrufbar.

© Verlag Expeditionen 2019

Wolf-Ulrich Cropp
Mali und die Dschinns der Wüste
4. erweiterte und aktualisierte Neuauflage
Erstauflage:
Magisches Afrika – Mali, Wiesenburg Verlag 2011
Coverfoto: Wolf-Ulrich Cropp
Covergestaltung: Roland Luff
Fotos im Buch: Wolf-Ulrich Cropp
Printed in Germany

ISBN: 978-3-947911-20-2

Inhalt

Mali

Prolog

Reisen haben ihre Entstehungsgeschichte. Bei mir ist es jedenfalls so. Mali fasziniert mich seit vielen Jahren. Weil das Land Geheimnisse birgt, die ich erkunden, ja für mich entdecken wollte: Den Strom Niger, die größte Moschee aus Stampferde erbaut, die Goldminen von Fourou, das geheimnisvolle Dogonvolk, doch besonders verschollene Schriften, die sich noch unter dem Wüstensand, unweit Timbuktus, jener sagenhaften Oase, befinden mussten. In den 70er Jahren lernte ich Rolf Italiaander in seinem Museum in Rade bei Hamburg kennen. Italiaander war Kosmopolit, Forschungsreisender, Autor, doch vor allem ein profunder Kenner des Schwarzen Erdteils, den ich gern als Afrikanisten bezeichne.

Mein erster Besuch: Ich trat also durch das knarrende Haustor, mit afrikanischen Accessoires bestückt, und stand in der Diele, wo mich sogleich Skulpturen aus Afrika, Masken aus Neuguinea, Trommeln aus der Karibik umgaben. Und an der Wand, in einem braunen Ledersessel, der zu einer Sitzgruppe gehörte, saß er. Ja, er lag fast, massig, raumfüllend: Rolf Italiaander hatte jeden Besucher im Blick.

Ich hatte ihn nie zuvor gesehen, doch der Mann mit dem großen runden Kopf, den vollen grauen Haaren, der dicken Hornbrille vor aufmerksamen Augen, das konnte nur Italiaander sein!

Ich widmete mich einigen Makondefiguren aus Ostafrika, studierte dann eine Vitrine mit Schriften und Büchern des Ethnografen. „Der weiße Oganga, Albert Schweitzer. Eine Erzählung aus Äquatorialafrika" von 1954 interessierte mich besonders. Ich schaute zu ihm rüber und fragte: „Darf ich mal in das Buch hineinschauen?"

Er wuchtete sich aus dem Sessel und meinte: „Das Exemplar ist unverkäuflich."

Nun stand er neben mir, und ich fühlte mich wie an die Wand gedrückt. Abwartend äugte er von oben auf mich herab … Als er mir dann doch das Buch in die Hand drückte, sagte ich rasch: „Albert Schweitzer, den habe ich gekannt."

„Sie haben den Urwalddoktor gekannt? – nicht möglich!" „Sie werden's nicht glauben, Schweitzer war bei uns häufiger Gast." Italiaanders Augen strahlten wie die eines Jungen, dem man Schokolade geschenkt hatte. Wir stellten uns gegenseitig vor. „Das ist ja interessant. Die Verbindung müssen Sie mir erzählen." Er forderte mich auf Platz zu nehmen.

Und so entstand eine rege Konversation, der eine weitere und noch eine, und vor meiner nächsten Reise nach Afrika eine vierte folgte. Wir tauschten unsere Erlebnisse aus. Afrikaerlebnisse! Geschichten an langsam verglimmenden Lagerfeuern. Von schnaubenden Büffelherden an Tränken. Vom Gekreisch der Papageien in dampfenden Urwäldern. Von wilden Maskentänzen auf staubigen Versammlungsplätzen. Von Salzkarawanen, die durch die Sahara ziehen. Das Tam Tam der schwarzen Trommeln wurde wach. Mein Gott, das war der Schwarze Erdteil wie wir ihn liebten … Und wir stellten rasch fest: wir waren zwei Aficionados, die Afrika hoffnungslos fest im Bann hielt.

„Ich hatte Albert in Gabun besucht, war in seinem Hospital in Lambarene und einige Male mit ihm auf Safari", erzählte Rolf versonnen, als erinnerte er sich eines schönen Traums.

Schweitzers verwittertes Gesicht glomm in mir auf, sein mächtiger, weißer Haarschopf und sein riesiger Seehundsschnauzer.

„Ich habe ihn bei meinem Großvater kennengelernt. Opa war Schiffsarzt, hatte alle Weltmeere befahren, dann wurde er ein bekannter Augenarzt und Sanitätsrat in Landau in der Pfalz. Immer, wenn Herr Schweitzer auf Europabesuch weilte, gab er in der Stiftskirche ein Orgelkonzert.

Dann wohnte er bei uns, und berichtete Spannendes vom Urwaldlazarett. Gern hätte ich ihn einmal in seiner Wirkungsstätte erlebt. Es war mir nicht gegönnt."

„Ja, Albert hatte in Gabun großes vollbracht", sagte Italiaander, „an meinem Enthusiasmus zu Afrika ist er nicht unschuldig. Er starb 1965 in Lambarene. Kurz vorher waren wir noch zusammen unterwegs gewesen."

„Aber dein Verführer war doch Heinrich Barth! Stimmt's?" antwortete ich.

Rolf schaute verwundert auf und meinte: „Ja, das ist richtig. In aller Bescheidenheit: ich habe den fast vergessenen Hamburger Afrikaforscher aus der Versenkung geholt."

Italiaander erhob sich, ging zu einer anderen Vitrine, kam zurück mit: *„Im Sattel durch Nord- und Zentralafrika. Reisen und Entdeckungen 1849-1855"* und *„Unbekannte Briefe und Zeichnungen des großen Afrika-Forschers".*

Als ich in den Schriften blätterte ging mir das Herz auf.

„Barth, das ist auch mein Verführer! Ich bin 1968 auf seinen Spuren durch Mali und den Tschad gereist, bis Timbuktu … „

„Dann warst du in seinem kleinen Museum in der Rue …"

„Natürlich!" unterbrach ich Rolf eifrig, „ich suchte nach verschollenen Schriften, war mit dem Auto und auf dem Dromedar auf seiner Route unterwegs gewesen", berichtete ich.

Ach ja, das geheimnisvolle Timbuktu mit seiner untergegangenen Bibliothek. Neben der in Alexandria war sie bis ins 16. Jahrhundert die größte.

„Im Saharasand müssen noch viele bibliographische Schätze schlummern. Ich bin versessen, etwas davon zu finden."

Italiaander lachte. „Begib dich nicht zu tief in die Geheimnisse der Sahara. Sie lassen dich nicht mehr los, machen dich am Ende unheilbar verrückt!"

„Ich werde weiter suchen. Wieder nach Mali reisen."

„Du wirst nichts finden. Nur Sand und Steine!"
„Ich suche bis ich etwas finde! Und werde es dir mitbringen."

Seither sind viele Jahre vergangen. Gern hätte ich Rolf alte Schriften mitgebracht und gezeigt, doch er war längst nicht mehr da. Der begeisterte Afrikanist starb 1991 in Hamburg. Und ich? Ich war einfach sehr traurig.

Jetzt war eine weitere Malireise geplant. Und zwar mit einem recht ungewöhnlichen Fahrzeug. Wie mochte er verlaufen, der Wüstentrip? Ließ sich Mali überhaupt noch Unbekanntes entlocken? In mir steckte das Reisefieber.

„Mir scheint, einer der glücklichsten
Momente im Leben eines Mannes ist
der Aufbruch zu einer weiten Reise in
unbekannte Länder. "

(Richard Francis Burton)

Kultig bis in die Wüste

Rasant durch Europa

Irgendwo an einer Raststätte vor Avignon trat ich aus einem Shop, bemerkte einen Franzosen, der staunend vor dem Roller stand. Das war nichts Ungewöhnliches. Überall, wo wir standen oder fuhren, wurde geäugt: interessiert, erstaunt, bewundernd, mitleidig. Dieser, mit ´ner Zigarette im Mundwinkel, staunte fasziniert. Wir mussten weiter durch Frankreich. Für morgen hatten wir uns Spanien vorgenommen.

Cool, als hieße es eine Harley zu besteigen, schwang ich mich auf den C1, vollführte die zwei typischen Bewegungen vor dem Bauch, um den Roller abzusenken, und rollte rückwärts aus der Parktasche. Vorsichtig. Der Meniskus machte mir bisweilen Ärger.

Plötzlich geriet ich – weiß der Teufel wie – in Schräglage, das Glasdach streifte einen Renault und schlug mit mir auf den Asphalt. Eine volle Breitseite! Noch im Kippen sah ich den Franzosen, wie ihm die Gauloise aus dem Mundwinkel fiel, eine Welt in seinen Augen zusammenbrach, dann rannte er davon. 250 Kilogramm meines schönen, neuen, roten C1 lasteten auf Bein und Fuß. Der Rest hing festgezurrt im Sitz. Scheiße – Scheiße aber auch, die Hilflosigkeit!

„Da nicht anfassen!" rief Werner, sogar auf Französisch, als ein paar Beherzte an der Verkleidung zerrten. Endlich kam mein Kumpel herangesprungen, packte den Bügel und stemmte das Gefährt nach oben. Ich war befreit.

Schon knatterten wir weiter gen Süden, allerdings etwas lädiert: Der Prallschutz war abgerissen. Spiegel, Verkleidung, Dach, Auspuffschutz, und natürlich mein Fuß waren verschrammt, aber ansonsten waren wir voller Tatendrang. Schließlich hatten wir noch einiges vor. Es sollte durch

Marokko, durch die Wüste und weiter durch Westalgerien nach Mali gehen. Wer weiß, was uns noch alles bevorstand! Zweifel mussten erlaubt sein, wenn Container-Trucks mit 120 Sachen herandonnerten, dich fast berührten, und die Windwirbel deine Frontscheibe erfassten, dich schier in den Graben fegten ... War der C1 die richtige Wahl für unser Vorhaben, in den Süden, der Sonne entgegen? Zweifel nagten.

Eigentlich hätte es ein R 90 oder R 100 sein sollen. Etwas Solides für schweres Gelände. Doch dann „verliebten" wir uns an einem Probefahrt-Wochenende in den C1 200, den etwas stärkeren dieser längsgeschnittenen Smarts. Und kauften zwei nagelneue bei BMW. Werner einen weißen, ich einen roten. Warum?

Nun, das ist rasch erklärt: Er ist kultig und kommunikativ, ins Topcase passt, was man auf großer Fahrt so braucht, den robusten Motor umgibt moderne Technik. Doch vor allem kann man sich draufsetzen und losfahren. Sturzhelm, Lederkleidung, Stiefel, Handschuhe in der Hitze Afrikas – eine schlimme Vorstellung! Nein, als Astronauten wollten wir nicht unterwegs sein. Die Kopflastigkeit hatte ich gerade ausprobiert. Geländegängigkeit, Straßen- und Kurvenlage wollten wir noch testen.

Freund Werner, Betriebsleiter und Motorfreak aus Hamburg, ergänzte die Roller mit Finessen: Die Topcases erhielten je zwei Aluköcher für Wasser- und Motorenölflaschen, dazu einen stabilen Gepäckträger. Für Spritreserven wurden beidseitig Kanister an die Rahmen geschraubt. Der Aktionsradius von 280 Kilometern ließ sich so um gut 300 Kilometer erweitern. Grelle Sonne wurde an der Frontscheibe durch eine dunkle Folie gefiltert. Schlitze und Spalten am Windschott waren mit Silikon abgedichtet. Die ominöse Ständermimik war mit einer speziellen Arretierung versehen, damit vorwitzige Finger die Scooters nicht flachlegten. Ich muss sagen, Werners Ein- und Anbaufinessen hatten unsere C1 erst so richtig langstreckentauglich gemacht. Doch leichtsinnig waren wir auch, hofften den Trip mit einem Reifenpaar zu schaffen. Werner mit Bridgestone Hoop B, ich mit Pirelli ST 66. Ganz ohne Risiko ist Abenteuer nicht zu haben!

Bald waren wir startklar, Werkzeug, Ersatzteile verstaut. Fragt nicht, wie viel und welche. Jeder hat sein eigenes Sicherheitsempfinden. Unser Minimum sollte nicht nachgeahmt werden. Es hieß Gas geben und ab ... Mittlerweile waren wir vier Tage „on the road". Nicht nötig zu erwähnen, dass unsere Frauen über ihre spätpubertären Männer den Kopf schüttelten. Aber mein Sohn flüsterte mir ins Ohr: „Machs gut Alter, so'n Törn könnte mir auch verdammt viel Spaß machen!"

Als Journalist war ich für den kulturellen und fotografischen Teil der Reise zuständig. Die Bewährungsprobe für Roller und Nerven kam in den Pyrenäen: Werner wollte Andorra kennen lernen. Also verließen wir bei Perpignan die Autobahn und wandten uns westlich in die Berge. Dichter Nebel und Regen empfingen uns. Enge Serpentinen führten höher und höher ins Gebirge. Schlüpfriger Straßenbelag zwang uns, im Schritttempo durch die Kehren zu eiern. Es war Mittag, Anfang Mai, aber noch saukalt, die Hände nass und klamm. Das Winterparadies Font Romeu wurde im Nebel erklommen. Der Hinweis zur 500 qkm großen katalanischen Republik zeigte 30 km – kaum der Rede wert. Im Regen waren die Kurven schon schlüpfrig genug. Nun gab es auch noch Schneeregen. Wir rauschten durch den Tunnel von Col de Pymorens in 2000 m Höhe. Wahrscheinlich schien am anderen Ende die Sonne.

Es schneite! Flocken, so dicht, dass der Scheibenwischer streikte. Die Gebirgsstraße nur ein weißes Band. Wenig Pkw keine Motorräder – es roch nach Gefahr! Wir suchten im Gestöber eine Parkbucht. Kurzes Abschätzen des Risikos. Dann stand fest: zurück, auf dem direkten Weg. Mit etwas Glück wäre es schadlos zu schaffen. Eine weise Entscheidung!

Die Nacht verbrachten wir in einer Posada am Straßenrand in Montserrat, im verregneten Spanien. Für Barcelona hatten wir uns viel vorgenommen: Plaza de Cataluna, Palast der Vizekönigin, natürlich die Sagrada Familia ... Der Verkehr war infernalisch, die Luft bestialisch, wir drehten bei, suchten die Autobahn und knatterten gen Süden, über Valencia, Murcia, Almeria bis Gibraltar.

Der britische Militärstützpunkt unter dem Affenfelsen leuchtete in der Sonne wie vom Meer blankgewaschen. Ein Ort angelsächsischer Beschaulichkeit? Von wegen! Wir mussten die Halbinsel im Sattel erkunden. Der Ort war von Touristen regelrecht zugestopft. Nicht einmal für ein Zweirad hatte die City ein Stellplätzchen frei. So grausam kann europäischer Straßenverkehr sein.

„Ich will, solange ich hier bin,
die Augen auftun, bescheiden sehen
und erwarten, was sich mir in
der Seele bildet."

(Goethe)

Marokko und der Süden

Ein steifer Südwest blies über das Meer. Am Horizont stieg eine Küste aus dem Dunst, mit weißen, würfelförmigen Häusern, dahinter das Er Rif ... Luken knallten, Bremsen quietschten, Menschen rannten und schrien. Wir hatten afrikanischen Boden unter den Rädern. Algeciras – Tanger dauerte zwei Stunden auf der CF *Al Mansour*. Und die einfache Fahrt kostete pro Person mit Roller 100 Euro. Afrika! Tanger empfing uns mit orientalischem Gewimmel. Alles gestikulierte, lamentierte. Hilfreiche Geister umschwirrten uns wie Fliegen. Es ging um Zollformalitäten, Fahrzeug-einfuhrpapiere, Deklarationen. Mustafa heftete sich an unsere Fersen. Bakschisch beherrschte von nun an das Trachten der Menschen. Erst wurde ich abgezockt, dann derber noch Werner. Immerhin, kaum zehn Minuten später rollten wir aus dem Hafen. Das war das 30-Euro-Bakschisch wert!

„Zehn für Mustafa, zehn für Mustafas Boss (den Zöllner) und zehn für Allah", rief der Marokkaner, lachte und rannte freudig voraus. Für heute hatte er genug verdient.

Tanger, das Europa zugewandte Afrika. Mit starkem, grünem Pfefferminztee akklimatisierten wir uns. Die Medina mit ihrer Geschäftigkeit und Farbenpracht, dem herrlichen Blick über den Atlantik, wurde gierig aufgesogen. Am Petit Socco hämmerte ein Ziseleur an einem halbfertigen Kerzenständer. „90 Euro!" rief er mir zu, als ich ihn bei der Arbeit bewunderte. Ich winkte lächelnd ab. Aus der Rue Es-Siaghin wurden zwei keck gekleidete Mädchen von einer Horde Halbwüchsiger getrieben. Die Teenies, etwas geschminkt, mit offenem Haar, engen Röcken und ebensolchen Pullis, rannten davon, wie in Panik. Wobei ihre Brüstchen wie Schulranzen wippten. Steine flogen, die Kleinere mit den hellblauen Pumps wurde an der Schulter getroffen. Gestikulierend und johlend tobten die Jungs den Mädchen nach. Im Vorbeigehen bespuckte ein Mann im Burnus die

Mädchen. Wir waren mitten drin, im Konflikt zwischen Tradition und Moderne, zwischen islamistischem und europäischem Brauchtum.

Lebhaft wurde ich an meine erste Begegnung mit Nordafrika vor fast 50 Jahren erinnert. Wir waren auf der Durchreise. Ähnlich wie jetzt, allerdings mit dem VW-Bus, und es sollte bis Kapstadt gehen. Damals war die Weiblichkeit tief verschleiert. Den Bauchtanz führten in der Öffentlichkeit Männer vor. Doch im *Larbi Mouvi* wurde schon damals heimlich *Bière marocaine* getrunken, *Partschi* gespielt und die *Simpsi* mit Marihuana gestopft.

Eines war allerdings anders: Den Rauschgifthandel hat heute der Menschenhandel bei weitem überflügelt! In der Gasse der Prostituierten warteten nicht Nutten auf Freier, sondern Hunderte, wenn nicht Tausende Schwarzafrikaner auf ihre Schlepper, um nach Spanien, Portugal oder Italien geschmuggelt zu werden.

Wieder auf dem kleinen Markt hielt mir der Kunstschmied seinen Kerzenständer unter die Nase. Das Teil war fertig gestellt worden. „50 Euro, Monsieur." Wo gibt's denn das? Ein fertiges Kunstwerk ist billiger als das halbfertige.

Im Souk betörten uns aromatische Düfte und schillernde Farbenpracht. „Die Erde ist ein Pfau und Marokko sein Schweif", lautet ein altes Berber-Sprichwort. Wie wahr. Schon früh wirkte die Mischung aus orientalischem Flair und europäischen Einflüssen anziehend und inspirierend auf Künstler aus aller Welt.

Ganz besonders in Tanger. Die berühmten Schriftsteller Tennessee Williams und Paul Bowles gibt es nicht mehr. „Himmel über dem Horizont" hatte mich fasziniert. Den verschrobenen Amerikaner Bowles hätte ich gern einmal in seinem düsteren Wohnquartier in Tanger besucht. Nun blieb nur noch das *Café Hafa*, 1921 eröffnet, hoch über der Steilküste gelegen, gern und oft von Bowles und Williams ob seines berauschenden Meerblicks besucht. Wir mussten weiter. Das Etappenziel hieß Rabat. Ab Asilah führt nahe der Küste eine Autobahn in Richtung Südsüdost. Klare Atlantikluft briste heran. Zwischen Stränden, Mais und Weizenfeldern glitzerte der Ozean wie flüssiges Silber. Aus dem Nichts tauchte Polizei auf. Schon war die Kelle draußen. Wir mussten halten. Falsch gefahren? Strafe? Bakschisch? Ganz im Gegenteil! Man interessierte sich für unsere Scooters, die C1. Wollte sie aus der Nähe sehen. Das sollte ab jetzt täglich einige Male passieren. Und das Frage-Antwort-Spiel war immer das gleiche:

„Oh, là là! BMW! Gut?"
„Wir können nicht klagen."
„Preis?"
„6000 Euro."
„Geschwindigkeit?"
„Bis 125 Kilometer."
„Stärke?"
„176 cm³ bringen 13 Kw."
„Verbrauch?"
„Im Schnitt 3,2 Liter Super auf 100."
„Merci Monsieur, bonne route. Au revoir."

Man winkte sich zu. Weiter ging's – bis zum nächsten Stopp. Gerade zogen wir am massigen Tor Hassan-Quader vorbei, dem Wahrzeichen der Hauptstadt Rabat, und kämpften uns durchs Verkehrschaos in Richtung Bahnhof. Bevor es in den großen Süden ging, wollten wir in einem Hotel noch etwas Bequemlichkeit genießen.

Wir hielten, wurden augenblicklich von Neugierigen umringt, fragten in die Menge: „Hotel Ibis?"

Antwort: „Wie teuer?"

„Boulevard ad-Doustour?"

„Wie schnell?"

Herrje, drehte sich hier alles nur um unsere Roller? Ein Vater bat mich abzusteigen, damit er seinen Jungen hinterm Lenker knipsen konnte. Erst als das Bürschchen Gas geben wollte, wurde ich etwas ungehalten. Gerade wurde das Ibis Hotel von einer Horde englischer Motorradfahrer heimgesucht. 22 „Marsmenschen" stampften ins Foyer.

Dem kleinen, süßen Mädchen an der Rezeption wurde angst und bange.

Ein Ausflug zur Wirtschaftsmetropole Casablanca mit seinen drei Millionen Einwohnern machte mit dem quirligen, stinkenden Fischmarkt vertraut und ließ die Große Moschee Hassan II. bestaunen. Der sakrale Monumentalbau fasst 100 000 Gläubige. Ihn dürfen auch Ungläubige besichtigen. Leider war das Gotteshaus infolge Renovierungsarbeiten geschlossen. Der Muezzin aber hatte ein Herz für C1-Fahrer. Wir konnten einen Blick in die gigantische Säulenhalle werfen. Beeindruckt wollte ich dem Mann das obligate Bakschisch zustecken. Er wehrte entgeistert ab. Na nu? Ein Marokkaner, der Trinkgeld verpönt? Wir traten ins Freie, da zupfte mich der Kirchenmann am Ärmel und hielt die Hand auf.

„Draußen schaut Allah weg", meinte er und warf einen verstohlenen Blick himmelwärts.

Was fällt dem Besucher zu Casablanca ein? Richtig: „Schau mir in die Augen, Kleines." Es kam uns vor, als warben alle Bars des „Weißen Hauses" mit Humphrey Bogart und Ingrid Bergmann. Am eindrucksvollsten pflegte die Pianobar des Hayatt Regency Nostalgisches, mit Fotos, Regenmantel, Hut und SS-Uniformen. Kaum bekannt ist, dass der Film „Casablanca" nicht in dieser Stadt, sondern in den Studios Hollywoods gedreht wurde!

Den Horizont beherrschte jetzt, majestätisch und eisigschön, die Kette des 2000 bis 4000 Meter mächtigen Hohen Atlas. Davor karges Land mit schlanken Palmen, aufgelockert von braunen Lehmquadern. Wir rollten durch die Vororte von Marrakesch. Das Tor zum Süden: Marrakesch! Ein Ort aus 1000 und einer Nacht im 21. Jahrhundert. Eine engverwunschene Medina öffnete sich, und der gesuchte Place Jemaa el-Fna („Versammlungsplatz der Toten") lag vor uns. Einst waren die dort zur Schau gestellten Schädel der Hingerichteten die Attraktion, heute sind es: Schlangenbeschwörer, Wahrsager, Märchenerzähler, Wasserverkäufer, Gaukler, Akrobaten … doch besonders wir mit den C1. Der Trubel war ungeheuer, Taschendiebe hatten alle Hände voll zu tun.

Hitze dampfte auf der Fläche. Strenge Gerüche drangen in die Nase, nicht nur die orientalischer Gewürze. Abends legte sich beißender Holzkohlenqualm der vielen Garküchen auf den Platz.

Uns zog es weiter ... über den Hohen Atlas. Kehre um Kehre nahmen die Roller in beruhigender Verlässlichkeit. Keine Anzeichen von Schwäche, nichts Unrundes im Motorensound. Auf 1500 Meter verschwanden die schneebedeckten Gebirgsflanken im Nebel. Wir glitten in einem Sog dichter Wolkenfetzen, Nieselregen und Kälte. Von Zeit zu Zeit schickte ich Stoßgebete nach oben, an Petrus: „Bitte verschone uns mit Schnee!"

Augenscheinlich halfen diese. Tizi-n-Tichka heißt der Scheitelpunkt auf 2260 Meter Höhe des westlichen Passes. Regen und kalter Wind umtosten das Café da oben, aber kein Schnee. Wir wärmten uns bei heißem Tee. Erteilten geduldig Auskünfte zu den Rollern. Dann stiegen wir auf die N 9 hinab, in Richtung Ouarzazate. In der Hochebene von Khela Tasserda, auf der anderen Seite, empfing uns Seitenwind von ungeahnter Heftigkeit. Er warf sich gegen die Frontscheibe und missbrauchte sie als Spinnaker. Um uns herum war das Land sandig, steinig, kaum besiedelt. Es roch nach Sand. Man konnte die nahe Wüste ahnen, die den Fremden wie eine neue, geheimnisvolle Welt empfing.

Im Süden quoll eine düster-graue Wand auf. Sah bedrohlich aus. Wuchs größer und größer. Sandsturm! Der orgelte über die N 9 heran, warf sich grimmig gegen uns. Fegte die Fahrbahn, und versuchte uns zu wirbeln wie Gänsefedern. Sturm drückte die Roller in atemberaubende Schräglage, bis ein hochbeladener LKW schwankend heranpreschte und uns in die entgegengesetzte Richtung presste. Die Windschlüpfrigkeit lehrte das Fürchten. Die Straße bestand aus konturenlosem Nichts. Sand peitschte in Augen, Nase und Mund. Tränende Augen schmerzten. Der Luftdruck blockierte das Atmen. Vom Tempo runter!

Endlich! Schemenhaft tauchten Häuser auf. Ouarzazate war erreicht. Der Sandsturm hielt uns noch Tage im Bann. Immer ab Nachmittag bis in die Nacht hinein. Ab heute folgten wir der N 10, der berühmten „Straße der tausend Kasbahs" nach Osten, durch die karge, wildromantische Landschaft, durchsetzt mit verfallenen Wehrdörfern und Burgen aus roter Stampferde.

Ein Abstecher führte in die bizarre Schlucht Georges du Todra, wo sich Dattel-, Oliven-, Granatapfelhaine am Fuße von 300 Meter senkrecht aufragenden Felsen festkrallen. Wände, an denen Freeclimber aus aller Welt ihre Kletterkünste beweisen. Schließlich hielten wir vor Kasbahs, verfallen, wie frühmittelalterliche Burgruinen, tags umkreist von Falken und Mauerseglern, nachts von Fledermäusen, Vampiren gar? Turm- und Mauerstümpfe waren von Störchen bevölkert.

Und der Mensch? Der hat sich in die hintersten, kühlen, noch intakten Räume zurückgezogen. Dort leben mehrere Generationen in ärmlichen Verhältnissen, wie Höhlenkinder. Ernährt von einem, der im fernen Casablanca etwas Arbeit hat, als Anstreicher, Maurer oder Zimmermann.

Familie Abdilah umlagerte unsere Roller, dann bat sie zur Burgbesichtigung. Starker Tee, Gebäck, doch vor allem herzliche Gastlichkeit beschämten uns.

An den Straßenrändern hatten sich fliegende Händler platziert. Sie boten Keramik, Schmuck, Mineralien mit interessanten Versteinerungen an. Halten und Gucken war riskant. Die Händler lassen niemanden ungeschröpft aus den Fängen. Mitten im Sandsturm erreichten wir die Oase Erfoud. Es dämmerte bereits. Plötzlich flog Werner eine lebende Katze vor den Roller. Ein Bursche wollte ihn mit dem lebenden Geschoß zum Halten zwingen. Und tags darauf mussten die Roller entsandet, die Luftfilter mit Pressluft freigeblasen werden.

Vor uns lag die Sahara, das große Sandmeer. Im Osten flankierte das Erg Chebbi, Marokkos mächtiges Dünengebiet mit über 100 Meter hohen *Erg-Jbels* unsere Piste. Im

23

Westen erstreckte sich eine riesige flache Ebene, übersät mit schwarzen, scharfen Basaltsteinen. Die Schotter- oder Serirwüste.

Was wie eine Fata Morgana am Horizont tanzte, entwickelte sich zu einem tatsächlichen See mit Schilf und leibhaftigen Flamingos! Aus dem Süden zog eine Karawane heran, begleitet von stumm schreitenden Männern, deren schlanke Gestalten in blaue, weiße und schwarze Gewänder, die *Ganduren*, gehüllt waren. Stolze Tuareg, einst Herren der Zentral- und Westsahara, gefürchtet und geachtet als Räuber und Ritter, kamen aus dem fernen Mauretanien oder Mali heraufgewandert, um in den Oasen Rissani, Dar Kaoua, Erfoud marokkanischen Händlern Handwerkskunst für Touristen anzubieten: Leder-, Knüpf-, Metallarbeiten. Beliebt bei den Besuchern: *Gumia*, der Tuareg-Dolch; *Gri-Gri*, das Amulett zur Abwehr böser Geister; *Nails*, Sandalen; *Sif*, ein fein ziselierter Säbel. – Amerikanerinnen kaufen gern den *Litham*, den nur von Tuareg-Männern getragenen Gesichtsschleier.

Versonnen, fast wehmütig, schaute ich der Karawane nach. Bald werden wir in Mali sein – inschallah. Ich werde sie aufsuchen, in Timbuktu. Bestimmt können sie mir etwas über die verschollenen Schriften berichten. Timbuktu – wieder fieberte ich der sagenhaften Oase entgegen. Uns trennten nur Sand und 3000 Kilometer.

Die Schotterwüste beutelte uns wie ein Schüttelsieb. Wie lang wohl die Reifen hielten? Die Piste wurde sandiger. Wir glitten über Verwehungen wie über Eisflächen. Für den C1 mit uns im Sattel war das Reiz, Abenteuer und Herausforderung in einem. Schlitternd preschten wir weiter gen Süden. Stunden rannen dahin. Sandfahrten sind Tempofahrten. Nichts für ängstliche Gemüter. Vollgas und durch, heißt die Devise. Wer zaudert versackt, kommt nicht mehr weiter.

Im Süden ist die Grenze offen. Waren wir schon in Algerien? Wir schwammen über den Flugsand wie ein Skink ... Da tauchte plötzlich in der Biegung ein gelber, verdammt hoher Sandberg auf. Rechts umfahren, dachte ich noch. Da saßen wir schon drin, im weichen, tiefen Sand. Die kleinen Reifen hatten sich bis an die Bodenplatte eingegraben. Regelrecht in die Sahara gebohrt. Um den Verlauf der Piste zu inspizieren, konnten wir die Roller einfach im Sand stecken lassen. Wir mühten uns auf den Dünenkamm und blickten über einen Ozean aus Sand. Flugsand, vom Sturm der letzten Tage, hatte sich über die Piste gelegt, diese abgeschnitten und in alle Richtungen unpassierbar gemacht. Durch viele Wüstengebiete gereist und gewandert, war mir eine dermaßen abgeriegelte Piste noch nicht vorgekommen. Laut fluchend, stampften wir zurück. So abrupt hatten wir uns das Ende nicht vorgestellt! Natürlich hatten wir äußerst schweres Gelände einkalkuliert. Hatten geplant, die Roller auch mal auf geländegängige LKWs verladen zu müssen. Aber das, was wir gerade vor uns hatten, war selbst für Land Rover unpassierbar. Wir studierten Karte und Navi. Irgendwo bei Taouz im Südosten Marokkos mussten wir kapitulieren, vorerst. Sandwüsten sind immer in Bewegung, trösteten wir uns. In ein paar Tagen konnte die Piste wieder frei sein.

Wind riss Sand von Dünenkämmen. Ein langer, trauriger Blick nach Süden …

„Tauschen wir erst einmal die Roller in geländegängigere Transportmittel!" schlug ich vor. Werner, erst skeptisch, gefiel der Vorschlag dann doch, C1 in Dromedare zu tauschen.

„Das Gesicht eines Menschen
erkennst du bei Licht,
seinen Charakter im Dunklen. "

(Marokkanisches Sprichwort)

Wüstenritt

Kehrt marsch! Am Nachmittag standen die Roller unter dem Verschlag einer Karawanserei in der Oase Khemliya. Dromedar-Mann Mohammad erschien mit einem fröhlichen „Moin, Moin", auf den Lippen und zwei gesattelten Wüstenschiffen. Vor langer Zeit hatte der Marokkaner als Schlosser in Oldenburg gearbeitet. Bis es ihn wieder zurück in die geliebte Sahara zog. Hier verkleidete sich der Marokkaner in einen malerischen Tuareg, seiner Kunden und besserer Geschäfte wegen. Auf schaukelnden Rücken ging's ab in den ewigen Sand des Erg Chebbi. Nach Osten, an die algerische Grenze. Ein grandioser Ritt in die Stille der Wüste! Nach drei Stunden stieg Werner ab und ging zu Fuß weiter. Er hatte Magenprobleme.

„Wüstenschiffe schaukeln schlimmer als Jollen in der Nordsee!" meinte er.

Mohammad kicherte in seinen *Litham* und meinte: „Klar doch, unsere Dünung ist auch höher!"

Das Nachtlager schlugen wir in einem Dünental auf, in dem eine einzige Dattelpalme ums Überleben kämpfte. Wüstennächte sind berauschend schön und klar, als sei man in ein Meer von Sternen gebettet. Aber bisweilen auch kalt. Mohammad warf uns Kameldecken über, schwer wie Zementsäcke. Neben uns lagen die Dromedare, kauten und rülpsten. Ihre Mägen arbeiteten wie eine Toilettenspülung.

Vor Sonnenaufgang weckte uns das Trällern einer Wüstenlerche. Spuren an den Sandflanken zeugten von besonderer Nachtaktivität. Mohammad zeigte Abdrücke von Schwarzkäfern, Wüstenspringmäusen, Fenneks (Wüstenfüchsen), Wüstenwaranen und Skinks. Die Wüste lebt tatsächlich, man muss nur hinschauen!

Mit dem Sonnenaufgang floss gleißendes Licht über die Dünen, und mit dem Licht Wärme, aus der rasch bedrohliche Hitze entstand. Wir tranken Unmengen Pfefferminztee. Redeten über dies und das, schließlich über die Rallye

Dakar, die nach Südamerika verlegt wurde. Ein Nachteil für die Menschen?

„Wir trauern der Rallye nicht nach. Die brachte uns nur Lärm, Staub und Unfälle. Meine Dromedare zitterten nach der Aufregung noch tagelang", meinte Mohammad, „ja, Mensch und Tier haben unter dem Rallye-Trubel ziemlich gelitten!"

Hoch zu Dromedar zogen wir weiter, hinein in die Unendlichkeit.

Plötzlich schreckte ein Handy auf. Es war meins. Verfluchte Zivilisation! Meine Frau erkundigte sich nach unserem Ergehen. Mohammad drehte sich langsam um, und fragte durch seinen Gesichtsschleier: „Soll Ali Baba jetzt zum Essen kommen?"

Die überwältigende Weite beflügelte die Gedanken und ließ sie durch die Geschichte schweifen. Marokkos älteste Sultansstadt ist das im Jahre 808 gegründete Fès. Später sollte die Stadt als das bedeutendste arabo-islamische Geisteszentrum gelten. Aus gutem Grund: Ahmed el-Mansur, dem mächtigen Saadier-Sultan, fiel 1591 eine Bibliothek, nämlich Timbuktus geballte Wissenschaft, in die Hände. Der Büchertempel Malis wurde zerstört, sein Inhalt teils vernichtet, teils in Archiven von Fès und Marrakesch versteckt, um Marokko zu geistig-kultureller Blüte zu verhelfen. Durch die Invasoren aus dem Norden verlor Timbuktu nicht nur Pracht, Bedeutung und Literaturschätze, auch die meisten Gelehrten wurden nach Fès verschleppt, um dort ein neues Wissenszentrum unter den Saadiern zu gründen. Um 1600 drang Ahmed el-Mansur bis nach Gao vor. Doch bald schon rieb sich die Dynastie der Saadier in Kämpfen mit aufständischen Berberstämmen und in ständigen Thronfolgekrisen auf: Von den elf Sultanen dieses Herrscherhauses wurden acht ermordet.

Und im 17. Jahrhundert lösten die Alaniten (auch Aliden genannt), die Saadier ab. Sie regieren noch heute in Marokko mit König Mohammed VI. Die aus der Oase Tafilalet stammende Dynastie führt ihre Herkunft auf den Prophet

Mohammed zurück. Mulai Ismail gilt als der größte und berühmteste marokkanische Sultan. Dieser ebenso tatkräftige wie intelligente und grausame Monarch soll 500 Frauen, 30 000 Sklaven und 12 000 Pferde besessen und 36 000 Menschen mit eigener Hand getötet haben. Wahrscheinlich hat er zum Ausgleich ebenso viele neue Leben gezeugt ...

Heiße Luft blies wie ein Höllenatem. Ein kräftiger Schluck aus der Feldflasche löste die ausgedörrte Zunge vom Gaumen. Das Wasser tat gut. Die Kehle rieb wie Sandpapier, dennoch genoss ich den Ritt durch die Wüste, gab mich geduldig dem schwankenden Passgang des Dromedars hin. Ich starrte in das Blau des wolkenlosen Himmels, in dem die Sonne wie ein Feuerball brannte. Mit Träumen verrinnt die Zeit in Wüsten rascher: Timbuktu – welch ein magisches Wort. Was für Assoziationen weckt es in Zivilisationsmüden und Abenteurern? Timbuktu klingt nach Geheimnis, nach blutrünstigem Mittelalter, nach Schatzkarawanen, die erscheinen und davonziehen. Seit ich die Geschichten der Entdeckungsreisenden Gordon Laing, René Caillé, Heinrich Barth gelesen hatte – das ist lange her – hatte mich die Oase in den Bann geschlagen. Heute, da ich endlich wieder auf dem Weg zu ihr war, fieberte ich danach, sie besser zu erkunden und ihr, wenn möglich, letzte bibliophile Geheimnisse zu entlocken.

Kreuz und quer durch Mali sollte es gehen. Die Roller werden wir verladen und den Niger befahren, Flussdörfer besuchen, fremde Stämme und Völker sehen ... Gedankenfetzen all dessen, was wir planten, beflügelten mich. Aber wird uns die Wüste durchlassen, werden wir die Piste befahren können?

„Reposez!" rief der Dromedar-Mann von unten herauf und riss mich aus meinen Gedanken. Wie Taschenmesser klappten die Tiere zusammen, dann lagen sie im Sand. Ihre Bäuche dienten uns als Rückenstütze. Stumm kauten wir kaltes, sandiges Kuskus und schlürften *thé à la menthe*, das Nationalgetränk. „Ein Königreich für ein kühles Helles", ließ Werner verlauten.

„'N Bier und 'n Korn", antwortete Mohammad und reichte ihm einen vollen Becher Tee.

Nachdenklich wanderten die schwarzen Augen hinter den Sehschlitzen von Werner zu mir. Dann fragte unser Kameltreiber: „Was habt ihr vor? Die Wüste beschnuppern und dann?"

„Nach Mali", sagte Werner, als ginge es um eine Fahrt von Hamburg nach Hannover.

„Mit den Rollern – nicht zu schaffen!"

„Wir versuchen es."

„Seid auf der Hut, unten ist das andere Afrika, vor den Schwarzen müsst ihr euch in acht nehmen."

Ich klopfte dem Dromedar-Mann auf die Schultern und sagte: „Weißt du, was die Schwarzen sagen?"

„Achtung, Berber, denen kannst du nicht trauen – ich weiß", Mohammad lachte.

„Das nennt man Völkerverständigung", meinte Werner.

„Warum reist ihr Europäer so viel? Ständig seid ihr unterwegs. Gefällt euch euer zu Hause nicht?" fragte der Marokkaner.

„Ein Teil meint, Reisen bildet. Und wären es nur Einblicke in die eigenen oder fremden Abgründe. Ein anderer Teil gibt einfach nur sein Geld aus", sagte ich.

Mohammad blieb nur Kopfschütteln.

„Allons maintenant!"

Die Dromedare hielten von dem Aufbruch in der Mittagshitze gar nichts. Sie brüllten, gurgelnd entblößten sie die Schneidezähne und rollten böse mit den Augen. Mohammad musste sie hochprügeln. Bei jedem Hieb zuckten wir zusammen. Schließlich ergaben sich die Tiere in ihr Schicksal. Stoisch zogen wir durch Sandtäler und über Dünengrade, nur vom Knarren des Sattelzeugs und dem Wimmern des Windes begleitet.

Wieder lagerten wir in einer Senke. Verdorrtes Gras und erbärmlich zerzaustes Gestrüpp ließen darauf schließen, dass sich Grundwasser nicht allzu tief befinden konnte.

Am Morgen dieses vierten Tages in der Sahara klopfte

ich meinen rechten Schuh aus. Ein Skorpion fiel heraus:
Etwa acht Zentimeter lang, feingliedrig, von gelber Farbe.
Sofort schnellte er auf seine Beine und reckte kampfeslustig
seinen Stachel in die Luft. *Buthus occitanus* heißt diese Spe-
zies. Sie wird als gefährlich eingestuft. Kreislaufschwache
Menschen können an ihrem Stich sterben.

Mohammad hatte die Szene beobachtet, drängte mich zur
Seite. Dann geschah etwas Merkwürdiges: Aus Packpapier
drehte er eilig eine Wurst, die er vorsichtig eng um den lau-
ernden Skorpion drehte. An verschiedenen Stellen zündete
er das Papier an, das rasch zu einem Feuerkreis aufloderte.
In Panik geraten, drehte der Skorpion Runden im Kessel.
Zuckte wild. Steil reckte sich sein Schwanz mit dem gefähr-
lichen Stachel in Richtung seines Rückens. Ein aufbäumen-
des Beben ging durch den Körper, dann verschied er. Was
war geschehen? Skorpione sind wechselwarme Tiere, die ab
einer gewissen Temperatur panisch reagieren. Das Spinnentier war an einem Hitzestau gestorben. Es ist eine Mär, die
da sagt, Skorpione begehen in ausweglosen Situationen
Selbstmord, indem sie sich selbst stechen. Sie bohren sich
den Stachel nicht in den Rücken. Warum auch? Ihr eigenes
Gift tötet sie nicht. Laborversuche bewiesen, dass ihr Gift
sie gar nicht umbringen kann! Vorsichtig wickelte Mohammad das Spinnentier in ein Taschentuch, um es mir zu
geben.

Auf meinem Schreibtisch ist „Buthus" unsterblich. Ich
habe ihn in Spiritus gelegt und in einem Glasbehälter ein-
schweißen lassen. Während ich an dieser Geschichte
schreibe, denke ich, wie es mir wohl ergangen wäre, wenn
ich den kleinen Burschen nicht rechtzeitig entdeckt hätte.

Nachmittags zerriss hochtouriges Motorengeräusch die
Luft. Kaum standen turmhohe Sandstaubfahnen im Osten
über den Dünen, donnerten zwei Enduros und zwei getun-
te Landcruiser durch den Sand. Die Wüste bebte, die Dromedare fielen vor Scheck in Trab und rissen Mohammad
um, zerrten ihn hinter sich her.

Ich saß auf dem Wüstenschiff wie Laurence von Arabien

bei seinem Sturm auf Akaba, kurz vor dem Abwurf. „Durchgeknallte Franzosen, die eine Privat-Rallye veranstalten", keuchte der Marokkaner, als der Spuk vorüber war und wir uns gesammelt hatten. Die Teams waren mit mindestens 100 Sachen im 90 Grad Winkel die Dünen hinaufgeprescht, bisweilen ohne Bodenhaftung, und Hänge hinabgeschossen. Kamen direkt aus Algerien herübergerast. „Da sind Profis on tour!" rief Werner anerkennend, „wir sollten sie für Mali anheuern." Abends war ich mit der Sorge um den Pistenzustand eingeschlafen und morgens mit demselben Problem aufgewacht. Diese verdammte Piste entschied über den Verlauf unserer Reise. Nachts träumte ich, in einem Loch Fließsand mitsamt dem Roller verschlungen zu werden. Werner lag bäuchlings am Rand und musste mit ansehen, wie ich langsam aber sicher verschwand.

Böse Vorahnung? Eine Spruchweisheit aus Mali fiel mir ein:

„Siehst du den Aasgeier auf einem toten Menschen, dann sag: ‚Weg, du, von meiner Leiche!'" Ich wurde von großer Unruhe gepackt und wollte zurück zur Karawanserei, auf die Roller und den zweiten Versuch starten.

Drei Tage später war es Gewissheit und endgültig: Die Wüste hatte uns mit ihrem Schrecken und ihrer Schönheit besiegt. Wir saßen hoch oben auf dem Dünengrad, traurige Blicke schweiften über das ungeheure Meer aus Sand, das jetzt, so schien es, wie eine ozeanische Dünung in Bewegung war. Taouz hieß auch heute unser Punkt der Umkehr. Wir waren keinen Meter weitergekommen. Über der Piste lag ein Gebirge von Sand, wie für die Ewigkeit aufgetürmt. Was ist die Wüste? Das Ausgeliefertsein an uns selbst? Unsere Wüste war Erfolglosigkeit, Einsamkeit, trostlose Trockenheit, Rückzug, Aufgabe eines Plans. Keinem wird der Weg durch die Wüste geschenkt. Jeder muss bereit sein, sich der Wüste zu stellen und, wenn es sein muss, zu unterwerfen, weil sie ganz einfach erhaben und stark ist.

Wer die Gunst der Wüste sucht, ihren erquickenden Morgentau, muss auch ihre Tränen wollen.

„Schon wahr", sagte Werner gegen den Mittagswind, „die Wüste ist faszinierend schön und schrecklich grausam." Dabei ließ er ihren Sand durch die Hand rieseln.

Zurück ging's in wildem Ritt durch die Schneefelder des östlichen Hohen Atlas nach Fès. Noch heute habe ich den bestialischen Gestank von Taubenkot in der Nase, denke ich an das Gerberviertel. Und in der Altstadt sicherten wir uns ängstlich ab, als litten wir unter Verfolgungswahn. Selbsternannte Fremdenführer hatten uns fest im Griff. Ihre Aufdringlichkeit musste natürlich mit Bakschisch „belohnt" werden.

Dann grüßte uns der Atlantik wieder, mit Tanger. Und über der Bucht lag jener Hauch von Verruchtheit, der allen morbiden Hafenstädten eigen ist. Eugène Delacroix kam mir in den Sinn: „Ich fühle mich im Augenblick wie ein Träumer, der Dinge sieht, von denen er befürchtet, sie könnten ihm entschwinden."

Der Wind der Freiheit umspielte Kopf, Haare und Körper, nicht Helm und Lederpanzer. „C1 cruisen" – das ist echtes Motorradfahren, mit dem Gefühl der Easy Riders! Auf dem Ufer-Boulevard kam die Sonne heraus, warm und schön, wie eine alte Freundin.

Ich lehnte mich zurück, stellte die Füße auf die Verkleidung und ließ die Luft durch die Hosenbeine fegen. Die Fahrt durch Marokko war schon bald vorbei, doch sie war verdammt schön gewesen, trotz der Enttäuschung! Und sie bräuchte niemals zu enden.

Hamburg erreichten wir nach sechs Wochen und 11 872 Kilometern, ganz nebenbei ein Langstrecken-Rekord mit diesen Rollern. Wir hatten buntes, abenteuerliches Westafrika gesucht, die Faszination der Ferne. Einiges hatten wir gefunden. Wir waren in die Wüste gefahren und heil herausgekommen, dafür sind wir dankbar.

Mali habe ich nicht aufgegeben. Dogon, Timbuktu, verschollene Schriften lassen mich längst nicht mehr los!

„Die Kraft des Baobab (Affenbrotbaum)
liegt in seinen Wurzeln. "

(Mali-Sprichwort)

Mali im nächsten Versuch

Gespräche am Fluss

Maison des Jeunes: Träge gurgelte der Niger unter der Pont des Martyrs in Richtung Nordosten. Die Hektik der zwei Millionen-Metropole lag hinter mir, die Ruhe eines großen Flusses tat gut. Afrika! Bamako! War ich wieder zu Hause? Ich weiß, die einen verklären ihn, die anderen verfluchen ihn, den Schwarzen Erdteil. Weil er sich nicht entwickelt – in unserem Sinn nicht prosperiert. Aber vielleicht ist es gerade dies, das Verharren in Lethargie, was uns Romantiker aus der Welt des schnellen Big Business so anzieht? Und in Afrika suchen wir nicht die Resorts, nicht die Animateure, nicht das All-inclusive-Programm, vielmehr den Kontakt zum Menschen, seine Geschichte, seine Beweggründe.

Ein Grund, nicht im *Hôtel de l'Amitié*, dem ersten Haus, sondern hier im *Maison des Jeunes* zu sein, mit Schlafsaal, Kakerlaken, Hitze, Informationen und Kontakten. Und einem herrlichen Plätzchen auf klapprigem Rohrgestühl am Ufer des Nigers. Ungemach darf nicht stören. Halte es wie Gandhi, der auf die Frage, warum er die dritte Klasse benutze, antwortete: „Weil es keine vierte gibt!" Nur so kommt man an gute Storys! Über die Brücke schob sich eine endlose Autoschlange, im Uferschlamm standen Frauen und wuschen Wäsche, junge Burschen badeten ausgelassen. Slumbewohner wollen auch reinlich sein. Pirogen, von Paddeln bewegt, glitten dahin. Pinassen von röhrenden Motoren angetrieben, flitzten von Ufer zu Ufer. Drüben befindet sich die Deutsche Botschaft.

„Bon jour, Monsieur. Comment ça va?" fragte ein breit lächelnder Afrikaner, mit der Hautfarbe wie Ebenholz, um die 40.

„Ça va bien, merci."

„Des souvenirs, des masques, des tableaux?"

„Non, merci!"

Der Mann war mit allerlei Krimskrams behängt wie ein überladener Weihnachtsbaum. Die Hitze waberte schier unerträglich über der Stadt. Erbsengroße Schweißperlen standen dem Afrikaner auf der Stirn. Er wirkte irgendwie abgekämpft. Er streifte die Souvenirgehänge ab und ließ sich neben mir auf den Stuhl fallen. Einfach so. „Merde, überall Wirtschaftskrise, keiner kauft. Allemand, gerade angekommen?"

Mir war tatsächlich nicht nach Kaufen und Handeln zumute. Wollte einfach in Ruhe, allein, in den Nachmittag dösen. Keine aufdringlichen Fragen beantworten. Stur schaute ich über den Fluss. In der Hoffnung, dass sich der Händler rasch trollte. Natürlich tat er mir den Gefallen nicht. Er griff in sein Gewand und fingerte ein Paket Postkarten heraus, das er mir wie ein Kartenspieler austeilte und ganz beiläufig einwarf: „Sankoré-Moschee in Timbuktu, Bambara bei der Arbeit, Dogon bei der Zwiebelernte, Hannibals Elefanten von Douentza …"

Spätestens jetzt riskierte ich einen Blick, den er sofort auffing und entwaffnend lachte.

„Sie sind zur richtigen Zeit gekommen, in der nächsten Woche wird unsere berühmteste Moschee wieder verputzt. Ein erlebenswertes Spektakel!"

„Die Moschee von Djenné?"

„Ganz recht, die Renovierung findet in der Trockenzeit, immer im April, statt."

Ich hatte vernommen, dass man von dem Gotteshaus einen herrlichen Blick auf die Stadt mit dem Bani hatte und fragte: „Kann man aufs Dach steigen?"

„Sie nicht mehr!" sagte der Händler. „Seit vor ein paar Jahren Fotografen für ein amerikanisches Magazin dort Aufnahmen mit schwarzen Models machten. Dem Iman waren die Mädchen zu unzüchtig gekleidet."

Wieder lachte der Afrikaner schelmisch. Und allmählich

wurde er mir sogar sympathisch. Sympathie wecken Händler in Afrika höchst selten.

Als die grazile Bedienung vorbei schlappte, fragte ich ihn: „De la bière ou de l'eau?"

„Oh – de l'eau, s'il vous plaît, Monsieur."

Die Getränke kamen, er reichte mir seine feuchte Hand: „Ich heiße Abdullah Mokambé, bin Tuareg und lebe in Bamako – noch."

Ich sagte ihm meinen Vornamen und ergänzte: „Bin *Toubabon* und komme aus Deutschland." Bei dem Wort Toubabon gluckste er laut. „Das sehe ich, Wolfubu!"

Dass ich mich als „Weißer" bezeichnete, amüsierte ihn kolossal, prompt verpasste er mir den afrikanischen Namen mit dem Hinweis, ich sollte ihn ab jetzt führen. Eine malische Sitte. Merkwürdig, vor vielen Jahren hatten mich ghanesische Fischer auch „Wolfubu" genannt.

„So, so, Tuareg trinken nur Wasser?" bemerkte ich.

„Nicht alle, ich bin Muslim und halte mich an Wasser, Tee, Cola."

Wir amüsierten uns noch eine Weile über afrikanische und europäische Eigenarten, bis ich merkte, dass es sich bei meinem Gegenüber um keinen einfachen Straßenhändler handelte, vielmehr um einen erstaunlich aufgeschlossenen, ja gebildeten Zeitgenossen. Ich erfuhr, dass er in Paris Geschichte und Politik studiert hatte, und mütterlicherseits Senufo war. Nach den Tuareg-Angriffen von 1990 kam er voller Tatendrang nach Hause und wollte sich politisch engagieren. Er fiel in Ungnade und wäre um ein Haar liquidiert worden.

Bis 1993 kam es zu einer regelrechten Hinrichtungswelle der Regierung an der Tuaregbevölkerung. Aufstände des nordöstlich lebenden Nomadenvolks flammten immer wieder auf und erreichten jüngste Höhepunkte Ende 2007 und Mitte 2008. Für Mokambé gabs weder als Politiker noch als Lehrer eine Chance. Grollendes, akademisches Proletariat: eine gefährliche Mischung! Gebildet, doch ohne Perspektiven. Mokambé schlug sich als Händler bei einer straff organisierten Drückerkolonne durch. Und die Kolonne schuftete für einen libanesischen Unternehmer-Clan, der in Westafrika verstreut operierte.

„Es ist zum Kotzen, Schwarzafrika tritt auf der Stelle. Schuld sind Uneinigkeit, Vetternwirtschaft, mangelnde Bildung und Bestechung. – Die Machthaber hocken wie goldene Schmeißfliegen auf den Fäulnissstellen der Gesellschaft!" klagte er.

„Nicht der Kolonialismus?" fragte ich.

Er lachte. „Ich weiß, Ihre Linke führt das gern ins Feld. Aber ich sage Ihnen: Der Kolonialismus hat uns wenigstens ansatzweise Strukturen, Organisation und etwas Infrastruktur gebracht. Und die einheitliche Sprache nicht zu vergessen. Wir sind ein Vielvölkerstaat, in dem Tribalismus an Stelle von Staatsbewußtsein herrscht."

„Die willkürlichen Grenzen haben Volksgruppen getrennt. Wie kann das Herz eines Fulbe, der in Niger lebt, für Mali schlagen und umgekehrt?"

„Das ist richtig und ein großes Problem. Dennoch: Ohne Kolonialismus wären wir in der Bronzezeit, so sind wir wenigstens im Mittelalter."

„Und die Migranten?" fragte ich, wollte auch mal die andere Seite dazu hören.

„Mon Dieu, ein panafrikanisches Phänomen! Afrikaner verlassen Afrika, weil sie in ihren Ländern verhungern. Ich hege auch Pläne abzuhauen. Ich will nicht verhungern!"

„Auf unserem Globus leben 200 Millionen Migranten. Bald sind es 500 Millionen oder eine Milliarde. Sie sind selten willkommen ..."

„ ...Aber sie sind durch Gesetze und Mauern nicht aufzuhalten!" fiel mir Mokambé ins Wort.

„Und woran liegt das?"

„An ihrer total verfehlten Entwicklungspolitik! Die EU und Amerika strangulieren uns wirtschaftlich, indem wir unsere Produkte nicht verkaufen können, andererseits werden Entwicklungsgelder überwiesen, die oben, in der korrupten Regierungsclique, hängen bleiben."

„Verstehe, die Industrienationen sollten keine Fische verteilen, sondern Angeln liefern."

Mokambé dachte einen Moment nach und sagte: „Genau, aber man muss uns moderne Fangmethoden lehren und die gefangenen Fische zu einem fairen Preis auf dem Weltmarkt verkaufen lassen. – Und so lange ihr das nicht zulasst, kommen wir, um uns unseren Anteil zu holen!"

Ich hatte die schwarzen Flüchtlinge in Tanger vor Augen und den Film *Der Marsch*. In dem rottete sich eine kleine Schar hungernder Menschen zusammen und wanderte aus den Dürregebieten Afrikas gen Norden. Mehr und mehr Menschen, die nichts zu verlieren hatten, strömten hinzu, bis schließlich eine friedliche, aber erdrückende Armee von Millionen Hungernder vor dem südlichen Tor Europas stand und im Begriff war, von Spanien, Italien und Frankreich aus die „Futterkrippen" zu erobern. Militär fuhr auf, um den Marsch gewaltsam zu stoppen. Kanonen wurden in Stellung gebracht. Abgefeuert. Erfolglos!

Was vor 28 Jahren in William Nicholsons (Drehbuchautor) utopischer Story ablief, ist im Begriff brutale Wirklichkeit zu werden. Vor den Grenzen der Industrienationen stehen Abermillionen Menschen, die hinein wollen.

Mokambé lächelte in sich hinein und meinte: „Könnte man da nicht von ausgleichender Gerechtigkeit sprechen? Ihr kamt vor 300 Jahren und habt euch geholt was ihr begehrtet, nun kommen wir zu euch und holen uns, was wir brauchen. Holen uns gewissermaßen zurück, was uns gestohlen wurde."

Ich ging nicht darauf ein, merkte, dass er provozieren wollte.

„Schon `mal was von Mohammed Ibrahim gehört?" fragte ich stattdessen.

„Der Milliardär aus dem Sudan? Ja, habe ich."

„Seine Stiftung würdigt afrikanische Exregierungschefs bei anerkannt verdienter Staatsführung in ihren Ländern mit fünf Millionen Dollar Preisgeld."

Der Souvenirhändler: „2009 hat er keinen gefunden! Das

ist doch bezeichnend. In Afrika klammern sich die Präsidenten an die Macht, bis sie weggeputscht werden oder einem Attentat zum Opfer fallen."

„Und warum?"

„Bei euch erhalten ausgeschiedene Regierungschefs gut bezahlte Pensionen und Aufsichtsratsposten. In Afrika gibts das nicht. Ausscheidende Präsidenten haben nichts, höchstens viele Feinde. Also klammern sie sich an die Macht und schaffen Geld im Amt beiseite."

„Geld aus der Entwicklungshilfe zum Beispiel. Mohammed Ibrahim sagt: Geldgeschenke als Entwicklungshilfe schadet nur", entgegnete ich.

„Das stimmt. Dringend gebraucht werden Firmen, die in Afrika investieren. Der Markt hat Potenzial. Ibrahim, der Elektronik-Ingenieur und Unternehmer, hat sein Vermögen in der Mobiltelefonie in Afrika verdient – ohne Investitionen, ohne Jobangebote laufen mehr und mehr Afrikaner davon."

Mokambé drehte sich um und winkte einen Kollegen heran, der sich aufs Verkaufen von Stoffen verlegt hatte.

„Pièrre Obotan ist erst 22, doch als Flüchtling erfahren." Und zum Händler sagte er: „Bruder, komm her. Erzähl Wolfubu von deinem Erlebnis."

Pièrre ließ sich nieder. Er trank Bier, wollte sich aber als Migrant nicht outen. Schilderte vielmehr das unauskömmliche Leben hier, und den Willen sehr vieler junger Menschen, das Land zu verlassen.

„Der Norden wird von den Afrikanern überrollt, wenn die Hilfe vor Ort an der Bevölkerung ausbleibt", bekräftigte Abdullah.

Eine Weile später erfuhr ich doch noch etwas aus dem jungen Leben eines Migranten.

„Ein Hügel, der nicht möchte,
dass man auf ihm herumtritt,
darf keine essbaren Pilze wachsen
lassen. "

(Mende, Afrika)

Flüchtlinge

Vor Jahren schon hatte sich Pièrre Obotan aus seinem Dorf Kita, in Westmali am Senegal gelegen, nach Westen aufgemacht, nach Nouakchott, der Haupt- und Hafenstadt von Mauretanien. Die Fahrt an die Atlantikküste glich einem Viehtransport. Menschen hingen wie Trauben auf und an der Ladefläche des Lkws. Alle hatten nur eines im Sinn: Weg, nach Norden! Nun hatte er das Paradies zum Greifen nah vor sich. Das glaubte er wenigstens. Doch er hatte Angst vor dem Paradies, weil er keine Vorstellung davon hatte, weil ihn noch viel Wasser von der anderen Welt trennte. Außerdem war er nicht allein mit dem Wunsch. Wenn sich Pièrre Obotan an der staubigen Hafenmole umsah, hockten da viele Schwarze und stündlich trafen mehr ein. Bald würden es 2000 - 3000 Afrikaner sein, die auf ein Boot warteten, das sie nach Norden bringen sollte.

Pièrre befühlte ein kleines Päckchen, das in seinen Rocksaum eingenäht war. Geld, mit dem er hoffentlich die Überfahrt bezahlen konnte. Das Dorf hatte zusammengelegt, um ihm, dem einzigen jungen Mann mit leidlicher Schulbildung, alle Ersparnisse zu übergeben. Er war Treuhänder eines Dorfvermögens und schwor bei sich und seinen Ahnen, alles doppelt und dreifach zurückzuzahlen, wäre er erst in Europa.

Das Vermögen war schon arg geschrumpft, obgleich er wie ein Hund gelebt hatte. Bestechungsgelder an der Grenze, der Lkw-Transport, hatten ihn bluten lassen. Nun hieß es warten.

Warten auf Pirogen, auf die sich 70 bis 80 Leute quetschen konnten. Bis zu den Kanaren waren es von hier über 1000 Seemeilen. Es kursierte das Gerücht, dass in Nouadhibou, etwa 250 Meilen nördlich, umzuladen sei. Außerdem sprach sich herum: Im letzten Jahr seien 3500 Migranten auf dieser Route umgekommen.

Die meisten waren verdurstet oder ertrunken. Doch ihn

trieb – mit 20 Millionen Afrikanern – der Glaube und die Hoffnung auf eine bessere Zukunft durch den Schwarzen Erdteil und aus Afrika heraus.

Im Nebel schoben sich Pirogen an die Mole. Am Ufer geriet die träge, dämmernde Masse Mensch in Aufruhr. Schlepper kassierten sofort. 50 Euro bis Nouadhibou. Nicht besonders viel. Für schwarze Flüchtlinge jedoch ein Vermögen! Pièrre Obotan stemmte sich über die Bordwand eines dieser seeuntüchtigen, morschen Schweinetröge und ergatterte ein Plätzchen im Bug. Bald pressten sich über 80 Leiber ins Boot, aus Kamerun, Nigeria, Ghana, Benin, Mali ... Alles junge Männer zwischen 18 und 30 Jahren.

„Ich hatte Glück. Der Zufall wollte es, dass Michèl, ein Landsmann, neben mir kauerte", berichtete Obotan weiter.

„Michèl schlug sich im letzten Jahr auf einem Fluchtweg über Tamanrasset nach Norden. Am Stacheldrahtzaun von Ceuta blieb er zweimal hängen und wurde eingesperrt. Nun versuchte er sein Glück über Nouakchott.

Unser Boot sackte immer tiefer ins Wasser. Die Bordwand schaute nur noch 30 Zentimeter heraus. Ich konnte vom Sitz ins Wasser greifen. Noch im Nebel stahlen sich die Skipper mit den überladenen Pirogen davon. Von Michèl erfuhr ich, dass seine Schwestern zur Ware geworden waren.

Seine Familie war bitterarm und musste Sumla und Jamira Schleppern übereignen, in der Hoffnung, dass irgendwann Geld aus dem Paradies zurückkäme. Werden die Schulden, rund 100 000 Euro, den Menschenhändlern nicht zurückgezahlt, verlören Michèls Eltern doppelt: die Töchter und ihr Land mit dem Haus. Alles hatten sie und Verwandte den Schleppern verpfändet. Keiner konnte sich vorstellen, wie schwer es sein würde, 100 000 Euro zu verdienen – in den Bordellen Europas. Dort führte der Weg der Mädchen doch hin!"

Michèl hatte von seinen Schwestern nie mehr etwas gehört. Wusste nicht, ob sie noch lebten. Konnte er auch nicht wissen, weil dies sein letzter Fluchtversuch sein würde.

Der Törn bis Nouadhibout verlief glimpflich. Wenn nur der Gestank nicht gewesen wäre. Die Männer mussten sich entleeren wo sie saßen, standen oder lagen. Niemand konnte weichen.

Die Weiterfahrt mit den anderen Booten, mit anderen Skippern, war die Hölle. Wann würde die Seefahrt am Strand irgendeiner spanischen Insel enden? Im Magen bohrte der Hunger. Mund und Kehle lechzten nach Wasser.

Am dritten Tag überfiel ein heftiges Gewitter die Piroge. Wasser schüttete ins Boot und in gierige, offene Münder. Linderung und Angst. Angst vor dem Untergang, der vollaufenden Nussschale. Dem Skipper wurde mulmig. Der sechste Tag auf See und immer noch kein Land am Horizont? Wieder schickte die Sonne ihre tödlichen Lanzen ins offene Boot. Michèl versuchte seinen Durst mit Seewasser zu lindern. Unter den Flüchtlingen brach Panik aus, als der Skipper eine Flasche Wasser an den Mund setzte. Die Piroge drohte zu kentern. Ein Peitschenhieb zuckte übers Boot. Jetzt ließ der Skipper seine Machete aus dem Überwurf sichtbar werden und brüllte: „Verdammte Bande, Ruhe oder es gibt Tote!"

Tags darauf gab es die ersten Toten! Ein Kaventsmann von Welle fegte vier Mann über Bord. Michèl war unter den Unglücklichen. Ungerührt tuckerte der Skipper weiter, die Brüllenden hinter sich lassend. Der Tumult wurde mit Peitschenhieben und Stockschlägen niedergeknüppelt. Bevor das Chaos unkontrollierbar wurde, kam Land in Sicht. Die Seefahrt endete bei Nacht in einer versteckten Bucht von Teneriffa. Die Menschen wurden ausgesetzt. Der Skipper drehte bei und verschwand am Horizont. Orientierungslos schlugen sich die Schwarzen in die Büsche, versuchten bei den Weißen unterzutauchen. Im Morgengrauen wurde Pièrre Obotan mit vier weiteren Flüchtlingen von einer spanischen Zollpatrouille gestellt.

„Drei Tage später war ich wieder in Bamako", schloss Pièrre den Bericht seiner ersten Flucht.

Die zweite Odyssee verlief nach Osten in die Sahara, durch den Niger, den Tschad bis nach Tripoli an Libyens Küste. Sie dauerte zehn Monate, war gekennzeichnet durch ewiges Warten in Karawansereien auf Mitfahrgelegenheiten, Gefängnisaufenthalten, Polizeischikanen; Schleppern, die kassierten, doch nicht weiterhalfen, Diebstahl, Verrat, ewigen Peinigungen, Erschöpfung und Krankheit. Der heiße Tipp, sich durch Libyen ans Mittelmeer durchzuschlagen, war eine sichere Falle. Gaddhafis Polizei greift jeden auf und jagt ihn erbarmungslos zurück. So passierte es auch Pièrre. In Tripolis Straßen wurde er aufgegriffen, verhört, eingesperrt, verprügelt und durch die Wüste zurückgeschickt.

„Mit neuen Fluchtplänen zurück in der Heimat!" schloss Pièrre Obotan seinen Bericht. Und ergänzte nach einer Weile: „Ich versuch's wieder. Schon bald. Hier hab ich keine Chance!"

Gaddhafi ist weg. Das Nadelöhr wurde Algadez. Wer's da durch schafft, erreicht die Küste und vielleicht ein Schlauchboot nach Italien.

„Schon von Flüchtlingsdeals mit Libyen, Tunesien, Marokko und Antimigrationseinheiten gehört?" fragte ich.

Soll's geben. Na und? Ich schaff's oder sterbe. Es liegt in Allahs Hand!" meinte Pièrre.

„Die Richtung ändert sich, aber die Migration bleibt", ergänzte Abdullah. „Ist es nicht das Recht des Menschen zu wandern, wenn er in Not ist? Ich habe davon gehört, dass Iren und Deutsche einst nach Amerika ausgewandert sind."

Pièrre schwieg. Leerte sein Glas in einem Zug, stand auf, belud sich mit seinen Stoffballen, dann verschwand er. Betretene Nachdenklichkeit blieb zurück.

Nach einer Weile sagte Abdullah: „Migration ist die Geschichte einer ewigen Suche. Der Suche nach einem Ort, an dem der Mensch hofft, besser leben zu können. Europas Furcht vor der Völkerwanderung kann ich verstehen."

„In Afrika leben eine Milliarde Menschen, davon sind rund die Hälfte arm und hungrig. Allein heute schon sind unter ihnen 20 Millionen auf der Flucht. Wo soll das hinführen?"

„Ach, Wolfubu", sagte Abdullah, „machen Sie sich keine Gedanken. Das ist die Aufgabe der Politiker. – Unsere Nöte müssen sie ja erdrücken. – Mal zu Ihnen: Seit wann sind Sie in Mali?"

„Gestern angekommen."

Als mich Abdullah danach fragte, erinnerte ich mich der Ankunft. Die Maschine war in Bamako mit Beginn der Dunkelheit gelandet. Moschusartiger, schwüler Geruch hing über dem Rollfeld – der Geruch Westafrikas. Wir marschierten zum Flughafengebäude. Von den Gesichtern rann Schweiß wie dicke Blutstropfen. Im Gebäude herrschte grandioses Durcheinander. Vor den Boxen der Emigrationofficers entstand Geschiebe und Gedränge. Ein massiger Schwarzer saß am Schreibtisch, strafte mich mit Missachtung, indem er den Pass langsam von vorn nach hinten, von hinten nach vorn, wie eine Fahndungsakte durchstöberte.

Unmissverständlich machte er klar, wer hier Herr im Hause war. Und mit einer Stimme, die nicht zum Spaßen aufgelegt war, fragte er nach dem Zweck meiner Reise, nach Dauer und Aufenthaltsort. Brav antwortete ich mit: „Tourist, vier Wochen, Ségou, Mopti, Timbuktu." Er schlug zwei Stempel in den Pass und schob ihn mir zu: lässig, regungslos, ohne aufzuschauen. Ein cooler Afrikaner an einem tropisch-heißen Abend!

Ich war in Mali – schon stürzten sich Kofferträger und Taxifahrer wie Aasgeier auf uns Ankömmlinge. Ich packte meinen Spezialrolli, der auch als Rucksack gute Dienste tut, kämpfte mich durch die Masse anstürmender Dienstleister, schob mich ins erstbeste Taxi und ließ mich ins *Maison des Jeunes* chauffieren. Wo ich jetzt war, um einen Plan zu entwickeln, wie ich meine Vorhaben in Mali am besten in die Tat umsetzen konnte.

„Sie werden doch sicher nicht im hässlichen Bamako bleiben?" fragte Abdullah.

„Hässlich? – Der *Marché Central* ist einer der farbenprächtigsten und quirligsten Märkte Afrikas. Das *Artisanat*, der Handwerkersouk auf der Place de la République, beeindruckend in seiner Vielfältigkeit, dann das Nationalmuseum, die große Moschee."

„Oh, Sie waren schon mal hier. Es freut mich, dass Sie in der Stadt Schönes entdecken können."

„Vor einigen Jahren, aber nur kurz. Jetzt will ich Mali besser kennenlernen."

Abdullah gab sich plötzlich einen Ruck. „Ich muss verkaufen, Wolfubu, mein Patron schmeißt mich sonst raus."

Ich kaufte ihm noch rasch einige Postkarten ab.

Mit einem freundlichen „à bientôt", verabschiedete sich der Händler. Setzte seine Runde von Tisch zu Tisch fort. Ich schaute ihm nach. Immer noch erstaunt über einen Händler, der mir an meinem zweiten Tag in Mali so viel Informationen zukommen ließ.

Als die Sonne im Niger versank, war klar, wie ich durch das Land zu reisen gedacht: Zuerst, gleich morgen, werde ich ins Nationalmuseum fahren, mit Abdul el Bedars Kontakt aufnehmen, einem Mitarbeiter der Bibliothek, zuständig für alte Schriften. Mit ihm werde ich mich für eine Fahrt nach Timbuktu verabreden. Das bedurfte etwas Zeit der Vorbereitung für Abdul. So bliebe mir sicher die Chance Djenné zu besuchen. Abdullah Mokambé hatte mich auf den Ort mit der Großen Moschee neugierig gemacht.

*„Ich zeigte dir den Mond,
und du sahst nichts als
meinen Finger. "*

(Mali-Sprichwort)

Im Klang der Nacht

Noch war sie unverbraucht, die Nacht in Bamako. Ich folgte den Klängen Malis, nahm „un bain de foule", ein Bad in der Menge in der Avenue de la Nation. Tauchte ein in eine fremde Lebensart von verwirrender Farb- und Klangpracht. Schöne und abgrundhässliche Menschen schoben sich leichten, fast tänzelnden Schritts an mir vorbei oder strömten entgegen. Frauen schritten wie Ballerinen, alle in Landeskleidung gehüllt. Ein schwebendes, schrilles Farbenmeer: Mali, der hippe Hüftschwung Afrikas? Planlos flanierte ich über die Avenue. Nur die Sinne waren empfangsbereit. Und das war schön und wie ein Spaziergang im Fluss der Klänge. Vor dem *Colombo* hatten die Klänge magische Wirkung. Ich schlüpfte in die Disco, um ihr nach drei Minuten zu entfliehen. Der Kopf dröhnte, den Ohren war das Gehör entwichen, das Zwerchfell bebte. Afrikanische Beats hatten mich betäubt. Nun hatte ich Moussa als Schatten. Ein Entrinnen war unmöglich. Es hieß, das Beste aus der ungebetenen Begleitung zu machen. Moussa schätzte ich auf 35, hatte Rastalocken bis zu den Schultern, ein schmales Gesicht mit verwegenem Oberlippenbart, sein Teint war rabenschwarz. Er sah aus wie Bob Marley, der Reggae-Musiker aus Jamaica. Natürlich war er es nicht. Aber, und das war von Interesse: Malis Musikszene schien ihm vertraut.

„He, Mann, wohin so eilig?" Er tänzelte einen Schritt hinter mir, wie ein Typ, der sich gerade ein paar Smarties „reingeworfen" hatte. Hyperaktiv, vom irren Sound im *Colombo* gepushed.

„Ich will afrikanische Musik hören. Kein Heavy Metal!" rief ich ihm zu.

„Klar doch, ich zeige dir die Stimme Malis, die Kora".

So tänzelten wir gemeinsam im Rausch der schwülen Nacht. Es ging in Richtung Avenue du Fleuve. Irgendwann tauchten wir ins Schummerlicht der *Akwaba-Bar*. Moussa hatte meinen Geschmack getroffen. In der Ecke, rechts auf dem Boden, saßen drei Musiker. Flackerndes Öllampenlicht ließ ihre Konturen erahnen. Ein Trommler, ein Xylophonspieler und einer, der an einem sperrigen Instrument zupfte, das aussah, als hätte man eine lange Stange mit einer Menge Saiten in eine Riesenmelone gestochen. Ein vierter Afrikaner schob sich nun von einem Barhocker und sang. Die Musik machte Gänsehaut. Die heisere Stimme im Instrumentenrhythmus klang nach Flamenco. Einige Paare erhoben sich und tanzten. Eng, schmachtend, schöne, runde Körper aneinander reibend.

„Der an der Kora ist ein *Griot*", erläuterte mein Begleiter.

„Das musst du mir erklären."

„He Mann, das Teil mit dem langen Hals und dem Bauch ist eine Art Harfe mit 21 Saiten. So wichtig wie bei euch `ne Geige oder `n Klavier. Und *Griots* sind Mitglieder unserer ehrwürdigen Musikerkaste."

Aha, und in einer Pause erfuhr ich etwas über das fulminante Klangwerk des „Symmetric Orchestra" um Toumani Diabaté, dem König der Kora. Der mittlerweile berühmte Diabaté, stammt aus einer Familie, die sich angeblich seit über 60 Generationen der Kunst des Koraspielens widmet. Die Kora ist die westafrikanische Kreuzung aus Harfe und Laute. Diabaté spielte mit 50 Musikern in der dritten Etage des Hotels *Mandé* das Album *Boulevard de l'Indépendence*.

Das *Mandé* ist am Niger gelegen, mit Blick auf ein inspirierendes Panorama. Toumani Diabatés Stück war in zwei Wochen im Kasten und wurde 2006 von dem Londoner Weltmusik-Label *World Circuit Records* veröffentlicht: eine musikalische Sensation aus Klangrausch, Rhythmen, blitzenden Gesangs- und Instrumentalstimmen. Doch vor allem eine unwiderstehliche Einladung in die Heimat der Kora.

Im Diskant der Stimmen und Instrumente verwandeln sich die Geräusche Afrikas in Musik: Das Hufescharren der Rinder, das Stimmengewirr auf den Märkten, das Fauchen des heißen *Harmattan*, das rhythmische Klopfen des Stößels im Mörser und die gurgelnden Wasser des an- und abschwellenden Nigers werden im Klangspektrum der Kora hörbar.

Im *Symmetric Orchestra* machen moderne Tanzmusik und traditionswarende *Griots* einander bekannt. Kora, *Nyoni*, eine kleine Laute, und *Balaphon*, das Mali-Xylophon, stoßen auf E-Gitarre, Bass, Keyboard und Schlagzeug.

Moussa verriet: „Toumani ist mein Idol. Ich spiele Balaphon – zu Hause. Manchmal auch mit Freunden auf der Straße oder am Niger. Eines Tages, Mann, werden wir eine CD rausbringen und bekannt werden, wie Toumani. Ganz sicher!"

„Musik ist für mich ein Fluss. Ist man durstig und kommt zum Fluss, kann man seinen Durst stillen, aber man kann nie den ganzen Fluss austrinken", verkündete Toumani einst nach seinem Erfolg und erklärte seinen Titel *Boulevard de l'Indépendance*: „Weil diese Straße, die durch Bamako führt, Ausgangspunkt ist für Reisen durch die Länder Westafrikas und zu den Städten am Rand der Wüste."

Wie Bamako ist Ségou ein Zentrum traditioneller Musik und Tänze. Große Festivals werden im Land organisiert und begeistert wahrgenommen, erfahre ich von Moussa. *Das Festival sur le Niger* oder das *Festival au Désert*, nordwestlich von Timbuktu. Sie sind jeweils international besetzt. Ich werd' dasein, Mann, und Toumani zujubeln und Boubacar Traoré."

„Wer ist denn Traoré?"

„He, du kennst Boubacar nicht? Shit! *Mouso Téiké Soma Ye* heißt sein Song. Er ist Sänger und Gitarrist aus Ségoukoro."

„Ein Bambara?"

„Richtig, auch seine Musik gehört zur Seele Malis. Aber Diabaté ist der Größte. Für sein Album mit Ali Farka Touré, dem Meister des Gitarrenblues, leider vor 'n paar Jahren gestorben, ist er mit dem Grammy ausgezeichnet worden. Verdammt, Mann, das ist doch was!"

„So häufig wie sechs Richtige im Lotto", bemerkte ich.

„Ihr Weißen seht nur Probleme. Ich sehe seinen schicken Chrysler, zwei Frauen, drei Häuser. Er spielt vor dem Präsidenten und finanziert Nachwuchstalente. Eine seiner Villen lässt er in ein Plattenstudio umbauen. Außerdem tourt Diabaté regelmäßig durch Amerika und Europa."

„Neidisch?"

„Kein Stück! Er ist der König der Kora. In ein, zwei Jahren bin ich *le roi du Balaphon*, wart's ab, Mann." Dabei hämmerte Mousse mit seinen Fingern auf die Tischplatte. Längst hatte die Musik wieder eingesetzt. Handflächen wirbelten übers Trommelfell, Finger zupften Saiten, Hämmerchen sausten über Holzstäbchen. Die raue Stimme klang nach Andalusien. Aus abgewetzten Sofas und Sesseln stemmten sich die Paare – wieder rieben sich die Körper. Kreisten mit dem Po, dem runden ... Ich kann nur bestätigen: Das ist der hippe Hüftschwung Afrikas!

Der Sound verzerrte die Sinne. Oder war es das Bier aus den Flaschen, den vielen großen leeren auf den Tischen und auf dem Boden da, im schummrigen Licht der Bar?

Musik, der Schlüssel für die afrikanische Renaissance? Ist das nicht absurd angesichts der Probleme? Mehr als die Hälfte der Malier kann weder lesen noch schreiben. Das Bruttoinlandsprodukt liegt bei kaum 800 Euro im Jahr pro Kopf. Die Korruption blüht. Gegen die subventionierten ausländischen Güter haben Malis Produkte keine Chance auf dem Weltmarkt. Junge Männer suchen ihr Heil in der Emigration ...

Trotz Moussa, dem Beispiel für Optimismus, befiel mich Resignation.

Wir verließen das *Akwaba*, durchstreiften die Umgebung bis hin zum *Marché Rose* mit seinen vollgepackten Tunneln, Gängen, Gässchen. Von überall schallte Musik. Es war wie ein Bad im Fluss der Klänge.

Und dann standen wir vor der „Galerie". Damit sollte sich mein Pessimismus auf wundersame Weise verflüchtigen. Die „Galerie" war ein Laden, dessen Torbogen rotbraun, mit Rauten und Kreisen in weiß, ummalt worden war. In der Tür stand eine Frau, wohl Ende 30, aber jünger wirkend. Schokofarbene Haut von Gesicht und Schultern sah glatt und gepflegt aus. Ebenso Hände und Fingernägel. Ihr blau-weiß geflammtes Batikkleid war ausgesprochen modisch und saß wie angegossen. Sie hatte eine Hand in ihre Taille gestemmt und schaute in die Menge der Passanten. Die Dame war schlank und groß gewachsen. Um Moussa auf die Wangen zu küssen, beugte sie sich graziös zu ihm herab. Die beiden kannten sich ganz gut, das stand fest. Sie warf noch einen Blick in die Straße, dann bat sie uns in ihren Shop. Trotz der nächtlichen Stunde befanden sich Kunden im Laden, die von zuvorkommenden Verkäuferinnen bedient wurden.

Ich befand mich in der Boutique „Galeria" von Madame Awa Meité. Vor einigen Jahren war sie nach einem Studium in New York nach Hause zurückgekehrt, um sich als Designerin niederzulassen. Heute schneidern, färben, hämmern 25 Frauen für sie. Ihr Laden in Bamako brummt. Stolz verkündete sie: „Bald werden Filialen in Mailand und Paris eröffnet. Meine Entwürfe sind nicht nur in Mali gefragt."

„Gratulation, Madame! Berlin könnte ich mir auch als Standort für Sie vorstellen."

Sie lachte und zeigte Zähne wie Südseeperlen. „Wer weiß. Erst einmal konzentriere ich mich auf Länder, deren Sprache ich spreche, das sind Frankreich, Italien und England."

„Was empfehlen Sie Ihren malischen Freunden als Überlebensstrategie?" fragte ich rundheraus, weil mich die Initiative von Awa Meité beeindruckte.

„Lernen, denken, handeln. Ich habe in den USA gelernt und gedacht und in Mali gehandelt."

„Nur Privilegierte können im Ausland studieren."

„Schon richtig, ich hatte das Glück ein Stipendium zu bekommen. Das war nicht ohne Mühen zu ergattern. Wissen Sie, Schwarzafrika muss sich von seiner ungeheuren Lethargie befreien, das können die Menschen nur selbst bewerkstelligen. Es ist der einzige Weg in eine bessere

Zukunft! So einfach und doch so schwer ist dieser Weg!"

Als ich meine Herberge erreichte, war der gewaltige Sternenhimmel im Begriff, im Niger zu verblassen. Vom Ufer hallten frühe Kinderstimmen. Esel schrien, Hähne krähten. Der Muezzin rief zum ersten Gebet.

In the Heart of the Moon heißt ein Song von Toumani Diabaté und Ali Farka. Er wollte mir nicht aus dem Kopf. Musik ist nun mal die Seele Malis.

„Die Grasfackel, die ein
schlechtes Haus verbrennt,
zündet auch ein gutes Haus an. "

(Ganda, Afrika)

Banco für eine Moschee

Ein Gotteshaus? Wie eine mächtige Trutzburg präsentiert sich die Große Moschee von Djenné. In dieser einst wohlhabenden Stadt am Bani-Fluss, dem Zentrum der mittelalterlichen, sudanesischen Lehmarchitektur. Seit 1998 ist die ockerfarbene Stadt Weltkulturerbe der UNESCO. Und im Herzen des Ortes, direkt am Marktplatz, von einer hohen Mauer umgeben, ragt die quadratische Anlage der berühmten Moschee in den wolkenlosen Himmel.

Ich hatte mich von Osten, vom Fluss her, durch die brodelnde Stadt herangearbeitet. Das Tamtam der Trommler dröhnte durch die Gassen, Flötentöne schrillten in den Ohren. Im Laufschritt eilten Frauen und Kinder, Eimer auf den Köpfen balancierend, dem Gotteshaus zu. Einem Gotteshaus, das mir wie eine für die Ewigkeit erbaute Festung erschien.

Die Jugend schleppte *Banco* in Bastkörben heran. Das ist der Baustoff des Sahels. Ein Gemisch aus Lehm, Spreu und Kuhmist. *Crépissage*, das Restaurierungsfest von Djenné, lief auf vollen Touren. Der Ort war vom Baufieber erfasst. Alljährlich im April, wenn alle Zeit haben und der Regen gefallen ist, heißt es für Gott und Gotteslohn arbeiten – und zwar für alle.

Bürgermeister, Imam, die Notabeln rufen zum Arbeitsfest auf, mit Musik und reichlich Essen. Um die Moschee von Djenné zu erhalten, müssen die Wasserschäden, meist klaffende Risse in den Mauern oder Abschwemmungen, behoben werden.

Ahmadu ist Zunftmeister der Maurer und verantwortlich für das Mauerwerk und fachkundliches Verputzen. Man könnte ihn „Herr der Kirchenmauer" nennen. In Djenné mit Sicherheit das wichtigste Amt der Stadt!

Ich stand staunend inmitten des wirren Trubels, wie ein Gelähmter in einem wuselnden Bienenstock. Ahmadu drängte mich in den Schatten einer Mimose zu Maurergesellen, die palavernd das Arbeiterheer beaufsichtigten. Mit dem Fortschritt des Restaurierens war man zufrieden. Die Abläufe klappten. Das Heranschaffen von *Banco* und Wasser geriet nicht ins Stocken. Mit der Hand schirmte ich die gleißende Sonne ab, um das atemberaubende Treiben in schwindelnder Höhe zu beobachten. An den Wänden der Moschee krabbelten Hundertschaften wie emsige Insekten. Männer hingen oder kletterten auf Stützbalken, die wie Moniereisen in Betonbauten der Konstruktion Stabilität geben. Hier haben die aus der Fassade ragenden Holzstreben eine doppelte Funktion: Sie dienen der Stabilität und als Leiter. Wer ohne Netz und doppelten Boden in 20 Meter Höhe auf glitschigen Balken Lehmpampe an die Fassade kleisterte, war schwindelfrei und besaß unerschütterliches Gottvertrauen.

„Vor Abstürzen sind die Männer durch *gris-gris* geschützt, das sind eingemauerte Amulette", sagte Ahmadu.

Die Mörtler, Bancoschlepper und wassertragenden Frauen sahen aus, als wären sie in einen Topf Ockerfarbe gefallen. Gelbbraune Patina hatte Gesichter und schwarze Körper überzogen. Aber alle waren mit Spaß dabei und grinsten fröhlich hinter der Maske.

Angefangen hatte das Spektakel eigentlich schon vor vier Wochen, nach der Reisernte. Obermeister Ahmadu besuchte die Maurermeister der Stadtviertel, besprach sich mit ihnen, dann schlugen sie dem Bürgermeister ein Datum für den Arbeitsbeginn vor. Ist der Zeitpunkt genehm, rufen die Trommler die Ratsherren zu einer Sitzung zusammen. Der Restaurationstermin wird offiziell beschlossen. Nun hat der Imam die Aufgabe, beim nächsten Freitagsgebet den Gläubigen den Beschluss mitzuteilen. Ein Beschluss, der zur kollektiven Arbeit verpflichtet.

In einer nahen Grube wird jetzt der Lehmputz, der *Banco*, vorbereitet. Er muss über mehrere Tage gestampft und umgerührt werden. Eine Aufgabe für die Jungs, die sich daraus einen Spaß mit Schlammschlacht machen, während Frauen und Mädchen eifrig Wasser aufs Material schütten, um es für den Start breiig zu bekommen. Am Vorabend des Festivals von Djenné wird der *Banco* in Bastkörben von der Grube in Flussnähe an die Moschee geschleppt. Da dies besonders rasch zu erfolgen hat, wird der Transport als Wettrennen inszeniert.

Tags darauf um fünf Uhr morgens, – schnell schickt der Imam noch ein Gebet gen Himmel – setzen die Musikanten ein. Dann steigt ein Heer dunkler Gestalten im Trommelwirbel in die Gerüste der Moscheemauern, wirft und streicht frischen Mörtel an die Fassaden, zieht ihn mit den Händen glatt. Fassadenrestaurateure sind nicht nur die Maurer. Es sind alle Männer der Stadt, die zupacken können. Die Maurerzunft ist vornehmlich für die technische Leitung zuständig. Auf Ahmadus Schultern lastete große Verantwortung.

„Maurer, musst du wissen, ist in Mali ein besonderer Beruf", erzählte Ahmadu geheimnisvoll, während mich das hektische Treiben am Gotteshaus nervös machte. Da, ein Schrei! Ist jemand aus der Wand gestürzt? In diesem Gewusel wird ein Unfall nicht wahrgenommen. Mein Gott, die deutsche Gewerbeaufsicht hätte längst die Hände über dem Kopf zusammengeschlagen, und wäre dem Ort der Untaten schreiend entschwunden.

Wie unter den frühen Schiffsbauern Europas, wird die Maurerkunst vom Vater auf den Sohn übertragen. Die Zubereitung des *Bancos* ist nicht das Geheimnis, auch nicht das Hochziehen von Mauern, das Stellen von Säulen und Dächern oder Einziehen von Decken aus den Balken der Delebpalme. Das Mysterium ist die Statik, das Wissen um die Standfestigkeit. Und die erhalte man durch ganz bestimmte Steine, die an besonderen Stellen eingebaut, durch Gebete „heilige Schutzsteine" werden.

„Was sind das für Steine?" fragte ich naiv.

„Wer das verrät, wird augenblicklich sterben!" meinte Ahmadu bedeutungsvoll.

Die Geschichte der Großen Moschee ist kein Geheimnis, wenngleich die Grundsteinlegung im Nebel vergangener Zeiten die Kontur verliert. Imam Es-Sa di überlieferte

1620, dass im Jahr 1180 der Sultan Koi Kunboro zum Islam konvertierte und seinen Palast zur ersten Großen Moschee von Djenné umbauen ließ. Seine Nachfolger fügten dem Bauwerk später Türme und Umfassungsmauern hinzu. Heute gilt als Baujahr des Gotteshauses 1240.

Der Gründer des Massina-Reichs, seines Zeichens ein fanatischer Fulbe namens Amadou Hammadi Bubu, auch Sékou Amadou genannt, ließ das Bauwerk 1834 zerstören, den Rest des Verfalls bewerkstelligte der Regen. Blasphemie, die Hammadi Bubu zu einer solchen Tat bewog? Im Gegenteil! Dem Eroberer war die Moschee zu üppig, zu luxuriös und, als ehemaliger Palast ungeeignet für einen Ort des Gebets. Bis ins Jahr 1896 erbauten Maurer der Stadt eine zweite Moschee, zwar nach alten Plänen, jedoch bescheidener. Sie galt als „Hammadi Bubus Moschee", war jedoch, niemand weiß warum, von einem Fluch belastet, und wurde zu einer Schule umfunktioniert, dann abgerissen.

1906 begann schließlich der Bau der jetzigen. Jenes prachtvollen, weit über den Sahel berühmten Bauwerks. Es ist das größte sakrale Lehmmonument sudanesischen Baustils in Afrika und nicht von ungefähr Weltkulturerbe geworden.

Ausgerechnet die Weißen, die Kolonialherren, ein Franzose, dazu noch ungläubig, verhalf Mali zu dem vielleicht berühmtesten Gebäude des Schwarzen Erdteils. Wie konnte das geschehen? Weil William Ponty sein Versprechen hielt. Ponty, ein französischer Verwaltungsbeamter, hatte den Marabuts von Djenné die Genehmigung für den Bau eines neuen Gotteshauses in Aussicht gestellt, für den Fall, dass er, William Ponty, Gouverneur von Französisch-Westafrika werden sollte. Er wurde Gouverneur.

Die Marabuts erhielten ihre Große Moschee mit europäischer Hilfe. Und der staunende Besucher fragt: Wie baut man ein solches Monument aus Lehm? Wer ist der Architekt, wer der Baumeister? Bei diesen Fragen lächelt Ahmadu, der Oberbaumeister, und antwortet nicht ohne

Stolz: „Geschaffen haben das Werk die Maurer von Djenné. Doch wie, das ist unser Geheimnis!"

Anfang November 2009 goss es Tag und Nacht vom Himmel. Dann stürzte der südliche Turm der Ostfassade ein. Ein schwerer Schaden! Er ist repariert worden, und zwar mit Hilfe des *Aga Khan Trust for Culture*. Für den jährlichen Erhaltungsaufwand müssen die Bürger selbst sorgen. Das tun sie kollektiv mit Eifer und Enthusiasmus.

Gerade beobachtete ich eine Gruppe Verwegener, die zwischen Himmel und Erde an Palmstämmen baumelten und Hände voller Lehmbrei in die entlegensten Spalten massierten. Das Zugucken machte schwindelig. Die Männer klebten wie Spinnen, wie Geckos an den Wänden. Ich möchte die Unfallopfer nicht zählen. Ahmadu spürte meine Besorgnis. „Der Glaube schützt sie. Ungläubige stürzen in die Tiefe."

„Ich wäre demnach längst unten – stimmts?"

„Spätestens beim Betreten der Keramikrohre, die sind äußerst glatt."

Den aus den Wänden herausragenden Holzstreben gleich, ragen die Wasserspeier aus Keramik über die Wände, sie sorgen dafür, dass das Regenwasser nicht am Gebäude herabläuft. Was für die Lehmkonstruktion fatal wäre.

Alte, ehrwürdige Maurer in wallenden Gewändern, um die Köpfe Baumwollschals gewunden, ließen sich im Schatten nieder und kommandierten lauthals das Heer des Restaurationsteams. Dabei erfuhr ich so manches zum Bau: Die fast 70 Zentimeter dicken Mauern bestehen aus sonnengetrockneten Lehmziegeln, *Ferey* genannt. Aus den Mauern ragen Palmstämme – das „Igelkleid" – ist multifunktional. Zum einen dient es als Leiter, zum anderen hat es statische Aufgaben, und schließlich soll es Wandrisse vermeiden, die das Bauwerk bei den großen Schwankungen von Temperatur, Trockenheit und Feuchtigkeit, gefährden würden.

Qibla, die Gebetswand der Moschee, ist gen Osten, nach Mekka, ausgerichtet worden, und der mächtige Baukörper wird von drei großen Minaretten und achtzehn kleineren Kuppeln überragt. Zu den Dächern der Türme führt eine spiralförmige Treppe, die sich auf die konisch zulaufenden Spitzen verjüngt, deren Abschluss Straußeneier bilden. Allahs Tempel wird unterteilt in einen überdachten Bereich, das eigentliche Moscheegebäude, und einen offenen Hofteil, in dem 2000 Gläubige Platz finden. Das Dach wird von 90 Holzsäulen getragen. Kommt es in der geschlossenen Gebetshalle zu einem Hitzestau, können über 100 Keramiklüftungsschlitze geöffnet werden.

Baumeister Traoré und seinen Maurern machten die jährlichen Überflutungen des Bani Flusses ernste Sorgen. Schließlich hatten plötzlich ansteigende Wassermassen Djenné ein Inseldasein beschert und bisweilen ganze Stadtteile überflutet. Der Standort der Moschee musste angehoben werden. Also ließ Traoré die rund 10 000 m² umfassenden Grundmauern auf einen künstlichen Hügel setzen. Mit Erfolg! Flusswasser konnte der Großen Moschee bisher nichts anhaben.

Dann erfuhr ich etwas über das Schaffen des Baumeisters Boubacar Kouroumansé. Der 49-jährige entstammt einer jahrhundertealten Dynastie von Baumeistern Djennés und ist heute ein gefragter Mann für sakrale Lehmbauten. Unlängst sei er in Südkorea gewesen, um in Jinhae eine Lehm-Moschee zu errichten. Aufträge haben ihn bereits nach Frankreich, Holland und in die USA gebracht. Es sieht so aus, als erkenne die westliche Welt die Vorteile Malis Lehmbauweise. In Deutschland eigentlich nichts Neues: Fachwerkhäuser des Mittelalters besaßen auch Lehmwände.

Bis in die Abendstunden tobte die Schlammschlacht, umschwirrten die Arbeitskolonnen das Bauwerk. Ohne Rast, ohne Verschnaufpause. Bancoträger und Mörtler ließen sich füttern oder mit Wasser versorgen. Die Arbeit durfte nicht stillstehen.

„Weißt du, wie Djenné gegründet wurde?" fragte Ahmadu auf einmal mit einem spitzbübischen Lächeln im Gesicht.

„Im 12. Jahrhundert durch Sultan Koi Kunboro", brachte ich mein bisschen Wissen an den Mann.

„Falsch!" sagte der Afrikaner, „genau 234 vor eurer Zeitrechnung, durch die Eimauerung einer lebendigen Jungfrau mit dem ältesten Baustoff." Und dann verriet er die Herstellung von *Adobe*, jene in der Sonne gebackenen Steine aus Lehm, Wasser und Häcksel. In der Tat, das Baumaterial stammt vermutlich aus Mesopotanien und mag 15 000 Jahre bekannt sein. *Banco* ist die breiige Abart von *Adobe*. An der Fassade krochen die Mörtler jetzt wie Chamäleons entlang. Längst hatten Kleidung und Haut die Ockerfarbe des *Banco* angenommen. Würden sie verharren, wären sie Teil der Moscheewand, fester Bestandteil der Lehmziegel.

Im *Le Campement*, keine fünf Minuten vom Marktplatz entfernt, fand ich eine Unterkunft. Das Zimmer war stickig, das Bett wollte ich gar nicht näher untersuchen. Ungeziefer scheucht man nicht auf. Es könnte sich rächen. Ich nahm ein paar Schlucke lauwarmen Wassers und streckte mich aus. Ahmadu ging mir durch den Kopf. Das Maurerhandwerk ist in Mali ein geheimnisvoller Beruf, dessen Wissen streng zu hüten ist. „Wer das Arkanum verrät, fällt tot um", hatte der Maurermeister verkündet und mir dennoch eine Menge verraten. Wie wird es ihm ergehen?

„Haue nie dem Mann
auf den Kopf, zwischen
dessen Zähnen du deine
Finger hast."

(Mali-Sprichwort)

Fourou im Goldrausch

Die Claims waren abgesteckt. Kapitalkräftige Minenbesitzer hockten im Schatten und ließen schuften für Goldstaub und andere Krümel. Nuggets strichen sie sich ein. In Alaska, viele Jahre war es her, hatte ich selbst nach Gold gegraben. War recht erfolgreich gewesen ... bis mir das Schicksal den Schatz aus den Händen gerissen hatte. In Afrika, in den Goldminen von Mali, ließ ich die Finger davon. Das Metier war zu unübersichtlich, zu brutal und zu korrupt. Die Fäden ziehen Konzerne und Politiker im Hintergrund. Dennoch, die Schürferszene faszinierte mich wie eh und je. Es waren die Menschen mit den Nuggets in Augen und Hirnen, dem Sand in den Händen. Arme Schweine mit ihrem ungeheuren Glauben und unverbesserlichen Optimismus.

Genau aus diesem Grund war ich hierher gefahren. Nach Fourou, einem staubigen Kaff 320 km südwestlich von Bamako. Die Grenze zur Elfenbeinküste ist kaum 12 Kilometer entfernt. Musste wieder wachrufen, was ich in der Wildnis des Nordens, bei *„Alaska-Fieber"* durchgemacht hatte.

In der Hauptstadt hatte ich mir einen Wagen geliehen, war erst der Asphaltstraße durch ausgedehnte Baumwollfelder bis Sikasso gefolgt. Dann stach ich auf einem Sandweg in den Süden. Die Goldminen befinden sich etwas nördlich von Fourou, am Fluss Bagoé. Während in Bamako noch immer Abdul el Bedars Vorbereitungen für die Nigerflussfahrt nach Timbuktu liefen, erkundete ich das Bonanzagebiet im Land der Bambara. Und schon wurde meine Wissbegierde herbe in die Schranken gewiesen. Security? Miliz? Privatarmisten? Mit Macheten und Gewehren bewaffnet, stoppten sie mich in freier Steppe.Eine Horde Strauchdiebe kam da plötzlich aus dem Elefantengras gestürmt und versperrte die Weiterfahrt. Ein Überfall? Es dauerte eine Weile, bis ich kapierte, dass mich Campguards gestellt hatten.

„Continuer interdit!" brüllte der Anführer, vor der Seitenscheibe. Ich stieg aus und versuchte die Situation zu entkrampfen. Teilte Zigaretten und Feuer aus. Was Wunder wirkte. Nach einer Weile rückte ich mit der Absicht heraus, mir die Goldminen einmal aus der Nähe anzusehen. Das Betreten des Geländes sei verboten. Anordnung von der Regierung, meinte Safit. So nannte sich der Anführer nach der zweiten Zigarette. Da ich weit und breit der Einzige auf diesem gesperrten Stichpfad war, musste ich mich auf eine lange, zähe Verhandlung einstellen.

Safit war rabenschwarz, sein geschorener Schädel glänzte in der Sonne wie eine Speckschwarte. Eine Narbe, vom Auge über die linke Wange bis zum Hals, ließ ihn wie einen kampferprobten Piraten erscheinen. Seine brennende Zigarette hatte er vorn in eine Zahnlücke geklemmt, so dass er ungehindert auf mich einreden und mich zum Umkehren ermahnen konnte.

Ich zeigte auf seine Narbe und fragte anerkennend: „Bambara?"

Er schüttelte den Kopf, antwortete: „Tuareg", und strich sich über den Hals.

Aha, wir verstanden uns. Er war Bambara, die Narbe hatte ihm ein Tuareg beigebracht, den er anschließend getötet hatte. Wahrscheinlich war er einst Regierungssoldat gewesen und hatte den letzten Tuaregaufstand bekämpft.

Nach einer Stunde verschwanden vier Sicherheitskräfte im Busch. Safit blieb, taute merklich auf. Schließlich befragte er mich zu Deutschland, wo doch Geld und Gold auf der Straße lägen. Was suchte ich hier im armen Mali? Meine Erklärungen schienen ihn nicht recht zu überzeugen. Nun sprachen wir übers Gold. Dass ich auch einst Goldsucher gewesen war, erstaunte ihn und imponierte ihm gleichermaßen.

Der richtige Zeitpunkt war gekommen. Ich fragte, was er haben wolle, wenn er mir die Mine zeige. Auf die Frage schien Safit gewartet zu haben. Der Betrag, 4000 CFA (Franc), kam wie aus der Pistole geschossen. Sechs Euro, die zahlen wir für manchen Museumsbesuch. Ich bat ihn einzusteigen. Seinem Kumpel gab er irgendeine Anweisung, dann schwang er sich ins Fahrzeug. Wir fuhren einige Kilometer durch Busch- und Grasland, bis das Gelände leicht abfiel. Hütten, aus Plastikresten und Palmwedeln zusammengeflickt, tauchten auf. Es sei das Goldgräbercamp, erklärte Safit. Verlassen und trostlos fraß es sich ins Buschland bis fast an den Fluss heran. 40 000 Menschen sollten hier hausen. Neben den erbärmlichen Unterkünften säumten behelfsmäßig gezimmerte Läden und Kneipen rotbraune, ausgewaschene Wege.

Im Schritttempo rollten wir durch Abfallgräben vor das *Frisco*, eine Kombination aus Lokal, Bar und Kolonialwarenladen. Safit sprang aus dem Wagen, rief etwas und verschwand in einem dunklen Raum. Mit einer jungen Schwarzen, die sich noch aus dem Schlaf rekelte, erschien er wieder und winkte mich heran. Cola wurde von einer Frau gebracht, die ein wahres Faltengebirge als Gesicht demonstrierte. Auf einer Art Veranda mit wackeligem Plastikgestühl ließen wir uns nieder und dösten in den Nachmittag. Über dem Camp lag eine ungeheure Lethargie. Mochte an der Hitze liegen oder an beklemmender Trägheit.

Während die junge Schwarze kurz die Augen verdrehte, von ihrem üppigen Busen nach vorn gezogen wurde, schlief sie wieder ein. Ihr Kopf lag auf dem Tisch. Schweigend „genoss" ich die Aussicht, den Abfall vor den Hütten, Hühner und schwarze Schweine, die von einem schattigen Plätzchen zum nächsten huschten. Hin und wieder erschien eine Marketenderin vor ihrem Laden oder schlich zu einem anderen.

Von Goldrausch keine Rede. Wo waren die Menschen? Wo die Gier? Hatten Sonne und Hitze jegliches Treiben, alle Energien erstickt? Ich war in ein Camp der Trägheit geraten. Goldgräber, die man zum Schürfen tragen musste?

Kurz vor Sonnenuntergang drang vom Fluss her Geschrei. Die Schwarze schreckte hoch. Safit stand auf und reckte sich: „Merde, da ist was passiert!" Aus der Niederung tauchte ein Pulk rennender Frauen und Männer auf. Das Lamentieren und Brüllen kam näher. Grimmige, verzerrte Gesichter eilten aufs *Frisco* zu, bogen dann aber nach rechts ab. Man trug einen Gegenstand, nein, einen Körper im Laufschritt.

„Wieder ein Toter, der rüber ins Hospital gebracht wird", sagte Safit, „sollten ihn besser gleich nach hinten auf den Friedhof schaffen."

Vom Fluss her quollen nun die Massen heran. In breiter Front wurde das Camp von den Diggern eingenommen, die von irgendwo da unten aus den Claims heranströmten wie ein Heer von Flüchtlingen. Die meisten in Lumpen und ausgemergelt. Von der Härte des Daseins gezeichnet. Goldsucher arbeiten unter Lebensgefahr. Selbst die wenigen freien Stunden bedeuten Lebensgefahr. Missgunst, Eifersucht, Habsucht, Lagerkoller setzen tödliche Kräfte frei.

Das *Frisco* war im Nu rappelvoll. Erschöpft warfen sich die Goldsucher auf die Stühle. Frauen knallten ihnen große *Castles* auf den Tisch, die wurden an die Lippen gestemmt und in einem Zug geleert. Ein Nachbartisch wurde mit Säften versorgt. Da hatten sich wohl Muslime niedergelassen. Zu essen gabs einen zähen Pamps aus Reis oder Hirse mit Gemüse. Der Fraß wurde mit den Händen verschlungen.

Einige Flaschen *Castle* lösten Safit die Zunge. Er verriet, was ich geahnt hatte. In den Minen von Fourou suchten keine Individualisten auf eigene Rechnung nach dem gelben Metall. Hier durchwühlten erbärmlich bezahlte und wie Sklaven gehaltene Arbeiter die Claims. Goldhaltiges Gebiet, das von Minengesellschaften ausgebeutet wurde, die mit Regierungsbeamten unter einer Decke steckten. Von den Bodenschätzen hatte die Bevölkerung nichts, es sei denn Tote, ausgebeutete Kinder, Frauen, Kranke.

Da lobte ich mir meine Art der Goldsuche mit Waschpfanne, Sieben, Hacke und Spaten, und die Hoffnung auf den großen Fund, der meiner bleiben durfte. Und ich konnte die unbezahlbare Freiheit genießen zu schürfen, wann ich wollte und mit wem ich wollte. „No Boss" – war für mich Freiheit. All das ist den schwarzen Leibeigenen verwehrt. Sie haben zu gehorchen oder sie sind gefeuert. Ihr Boss ist erbarmungslos. Wer sich ein Goldklümpchen heimlich in den Hintern steckte, wurde erwischt. Spätestens auf dem Massendonnerbalken, auf dem jeder jeden beobachtet.

„Wer in den Exkrementen Nuggets sucht und findet, wird liquidiert", sagte Safit, der mit seinen Leuten dafür zuständig war, dass kein Körnchen aus dem Camp geschmuggelt wurde.

In kreischende Lautsprechermusik und brüllendes Palawer hinein versuchte Safit etwas zu erklären. Ich verstand nichts. Er beugte sich herüber und flüsterte mit seinem fauligen Atem, etwas, das sich wie „Masuma" anhörte.

„Masuma?" fragte ich.

Er legte die Finger auf den Mund, als ginge es um ein Staatsgeheimnis oder eine Parole, von der die Existenz Fourous abhing. Später erfuhr ich, dass es sich um den Namen einer wichtigen Familie handelte. Einer Sippe aus Bamako, die diese Blutmine ausbeuten ließ.

Stühle wurden gerückt. Kess hockte sich eine Mulattin neben mich, grinste, was sie für verführerisch hielt. Um noch mehr Aufmerksamkeit zu erheischen, betatschte sie meinen Arm. Ich sah zum Oberaufseher rüber. Der schüttelte kaum merklich mit dem Kopf. Ich verstand. Sie nannte sich Chantal und so sah sie auch aus: Jung, schön, mit Kurven an den richtigen Stellen. Sie hängte eines ihrer langen Beine lässig über die Stuhllehne. Und ich wette, in dieser Pose hätten die Goldsucher gern gesehen, wo das Bein endete. Ganz ehrlich, mir war es egal. AIDS hing über Afrika wie ein großes Fallbeil. Chantal war eine der zahllosen Camp-Nutten. Aber augenscheinlich eine, die bei den Schürfern 'ne Menge Respekt hatte, da sie wusste, was sie wert war. 'Ne Nacht mit einem spendablen Europäer hätte ihr gefallen, vielleicht auch ihr Image gesteigert. Sie startete einen letzten Versuch: „Faire l'amour, nous deux? *Pavillon Rouge?*"

Das *Pavillon* lag schräg gegenüber. War unter den Camp-Puffs so was wie die erste Adresse. Meine Sturheit ging ihr auf die Nerven. Mit einem abfälligen Blick zog sie ihr Bein ein und schob sich an einen anderen Tisch.

Plötzlich stolperte ein Mann auf die Veranda. Seinen Bauch umspannte ein schmutzig-graues Hemd mit ´nem Einstich und einem mächtigen Fleck. Der Mann hatte eine frische Wunde, aus der das Blut auf die Bretter tropfte. Sein Gesicht überzogen dicke Schweißperlen wie Tautropfen. Gurgelnde Worte entwichen seinem Mund, dann stürzte er der Länge nach vor einen der besetzten Tische. Blutiger Schaum quoll aus seinem Mund. Die Blutlache am Bauch breitete sich aus. Ich wollte hinstürzen. Der Mann lag doch im Sterben. Safit hielt mich zurück.

„Toumba hat gestohlen. Man hat ihn abgestochen."

„Einfach so – abgestochen?"

„Warum nicht? Im Camp herrscht Kriegsrecht."

Dem Mann entschwand das Leben. Er lag da, starr, mit offenen Augen, tot. Endlich erhoben sich zwei Schürfer, packten den leblosen Körper an Beinen und Armen, schleppten ihn in die Nacht hinaus.

Safit wechselte mit der Vollbusigen vom Nachmittag einige Worte, dann sagte er: „Du kannst oben schlafen. Vor der Tür wird ein Wächter aufpassen."

„Ein Wächter?"

„Zwei Tote an einem Nachmittag. Die Stimmung ist gereizt. Ein neugieriger Weißer im Camp könnte die Männer auf dumme Gedanken bringen."

„Wir sehen uns morgen?" fragte ich.

„Du wartest, bis ich komme. Keine eigenen Erkundungen, sonst gibts Ärger!"

Ich bahnte mir den Weg hinauf in den ersten Stock durch eine Wand finsterer Gesellen, die an der Bar herumstanden. Dort nahm mich die Vollbusige in Empfang. Schloss die

Tür der Kammer auf, trat ans Bett, wo sie ein schmutziges Laken zurechtzupfte und dabei ihren runden Hintern zur Geltung brachte. Ich ignorierte die Anspielung und schob ihr ein paar Scheine fürs Zimmer in den Ausschnitt.

Ich war in kein Camp, sondern in eine gesetzlose Welt geraten, in der ein Menschenleben verdammt wenig wert war ...

Ein Alptraum riss mich aus dem Schlaf. Als ich die Augen aufschlug, glaubte ich eine Bande blutrünstiger Gesellen vor dem Bett zu haben. Das Weiße ihrer Augäpfel trat heraus. Sie fuchtelten mit Buschmessern über meinem Kopf herum. Ich schoss hoch ... Der Spuk war weg.

Aus der Nachbarkammer drangen Quietschgeräusche, dann Stöhnen. Wurde wieder jemand abgestochen oder war das eine Regung der Fleischeslust? Mir war alles egal. Ich schwitzte und hatte Angst. Leise schlich ich zur Tür, schloss sie auf. Tatsächlich lehnte jemand an der Wand. Mein schlafender Wächter. Ich weckte ihn und verzog mich.

Am nächsten Morgen war ich allein auf der Veranda. Das Camp war so verlassen wie am gestrigen Nachmittag. Die Vollbusige schlurfte mit Kaffee und Weißbrot heran. Sie setzte sich zu mir und erzählte aus ihrem trostlosen Leben.

Mit neun Geschwistern im Elendsviertel Bamakos aufgewachsen, vom Vater vergewaltigt, von der Mutter verdroschen flüchtete sie mit ihrem Freund nach Sikasso. Dort erfuhr sie, dass in einem Goldgräbercamp etwas zu verdienen sei. Oberaufseher Safit verschaffte dem Paar Arbeit. Sie, Sédar, bekam den Job im Laden, mit der Maßgabe, sich auch Männern zu widmen, die ihr Safit zuschanzte. Für Bares versteht sich, das Safit abzuliefern sei. Mir ging ein Licht auf.

Sédars Freund schürfte für die Gesellschaft Gold. Konnte sich nicht integrieren, wurde drei Mal zusammengeschlagen und verschwand bei Nacht und Nebel. Auch Sédar würde gern flüchten, aber wohin? Safit war zwar ein brutales *Cochon*, doch er beschützte sie. Kein Digger wagte es,

Sédar zu belästigen. Nachdenklich betrachtete ich die Frau: rundes Gesicht mit großen Augen, einer Stupsnase und vollen Lippen. Die krausen Haare hatte sie zu einem Zopf gebunden. Afrikaner mochten sie hübsch finden. Ihre vollschlanke Figur signalisierte Fruchtbarkeit. Das Lächeln in ihren Augen hatte etwas von Melancholie und Traurigkeit. Gut gelaunt spazierte Safit heran. Sichtlich zufrieden darüber, dass der Weiße und sein Wagen unversehrt geblieben waren, ließ er sich Kaffee bringen, klopfte Sédar auf den Hintern, dann fragte er rund heraus, ob sie mit mir geschlafen hätte. Als wir das verneinten, war er sichtlich enttäuscht.

„Das Zimmer musst du noch bezahlen", sagte er, „macht 100 Dollar."

Das war gesalzen! Ich beschwerte mich nicht, schob ihm das Geld zu.

„Gehn wir zum Fluss", schlug er vor, „du willst doch sehen, wo geschürft wird, oder?"

„Deshalb bin ich hier, Safit."

Wir marschierten querfeldein durch losen Sand, überquerten eine Bodenwelle, dann war der Blick frei auf das Flüsschen Bagoé, das sich nordwärts schlängelt um sich irgendwann im Flusslabyrinth des Nigers zu verlieren. Jetzt endlich sah ich, worauf sich das Campdasein konzentrierte: das gelbe Metall im und um das Flussbett. Gold hatte das Leben weggesaugt, in diese schlammige Niederung hinein, wo sich die Menschen durch Wasser und Erdreich gruben. Ein Trupp von Frauen und Mädchen stand knietief im Fluss und ließ die Waschpfanne kreisen. Jeweils bis zur Flussbiegung im Norden und Süden schäumte das Wasser vom quirligen Treiben der Schürferinnen. Die Waschpfannen bestanden nicht aus Blech, es waren braune Kalebassenschalen, in denen unermüdlich Schlammwasser kreiste. Vielleicht zeigte sich mal ein gelbes Körnchen? Harte Arbeit in stechender Sonne mit schmerzenden Rücken und aufgeweichter, aufgesprungener Haut. Ist es der Wert oder der magische Zauber, der Gold seit Jahrtausenden anhaftet und eine solche Fronarbeit verrichten lässt?

„Was ist denn da drüben los?" fragte ich erschrocken.

„Da wird in der Tiefe geschürft", meint Safit, als handelte es sich um harmloses Umgraben. Ganz wohl war ihm nicht, als ich mir ein stadiongroßes Gebiet hinter allerlei dichtem Buschwerk näher anschauen wollte. Wie ein Schweizer Käse war die Latheriterde durchlöchert worden. Runde Schächte, gerade mal schulterbreit, waren viele Meter senkrecht in die Erde gegraben worden. Und diese Löcher standen mit waagerechten Stollen in Verbindung. Ich befand mich am Rande eines Tunnelsystems, das Maulwürfe nicht besser hätten anlegen können. Es war der Schürferbereich der Männer und Jungs. Wer hier wühlte, musste mit dem Leben abgeschlossen haben oder ganz einfach verrückt sein. Gänge- und Tunnelwände waren, weder vertaut noch abgestützt, einfach in den krumigen Boden getrieben worden – heller Wahnsinn! Aus den weniger tiefen Löchern schaute ab und zu ein Kopf heraus, der wieder abtauchte. Dann warfen Arme Bastkörbe voller Erde auf den Rand von Hügeln. Ich sah eingestürzte Schächte, mochte nicht fragen, wer da lebendig begraben zu Tode gekommen war.

Schweigend schritt ich über das Feld, wie über einen Friedhof, auf dem sich die Toten ihr eigenes Grab schaufelten. Ich hatte Goldsucher an reißenden Flussläufen, an schwindelnd hohen Hängen und Schluchten gesehen, habe selbst Gold aus eisigen Bächen gewaschen, aber was sich hier unter Tage abspielte, hatte nichts mit Goldsuchen zu tun. Da waren Kommandos von Totengräbern am Werk. Das war brutale Kinderarbeit!

Ein Schrei durchschnitt die Luft. Ein Tier, ein Mensch gar? Männer rannten einem Loch zu, etwa 100 Meter vor uns. Wir eilten dazu.

Wieder war passiert, was passieren musste: Ein Schacht war eingestürzt. Eine Hand schaute aus dem Erdreich. Schaufeln emsiger Helfer schafften Boden beiseite. Der Stollen war nicht tief. Gott sei Dank. Verletzt, wimmernd,

wurde der Mann, nein, es war noch ein Junge, geborgen –
lebend. Er wurde weggeschafft. Die Übrigen wühlten weiter. Gruben nach dem verteufelten Metall, als hinge ihr Leben davon ab.

Von einer Gruppe grabender Männer löste sich eine Gestalt und trat zu uns. Sein mageres, rundes Gesicht, unter
den Backenknochen eingefallen, glich dem eines Bambara.
Er sah älter als 40 aus, wirkte aber jetzt, so locker vor uns
stehend, wie ein Raufbold. Ich spürte, was der Mann
durchgemacht und erlebt haben musste. Tiefliegende, glühende Augen verrieten es. Da hatte ein Afrikaner ein Leben
unverhüllt und unter ständigem Hochdruck geführt. Vor
uns stand kein Duckmäuser.

Safit gefiel die Situation nicht: „Daoloh, geh an die Arbeit. Sefadu lebt, er wird ins Lazarett gebracht. Alles in
Ordnung."

Daoloh ignorierte die Worte des Wächters. Seine Augen
funkelten. Unter einer großen inneren Anspannung bebte
sein nackter Brustkasten. Wilde Rohheit, doch auch eine
gewisse Sympathie gingen von dem Afrikaner aus. Seine
dunkelbraune Haut war von blanken Stellen durchsetzt.
Narben, die er sich wohl durch allerlei Verletzungen zuge-
zogen hatte.

Fast angriffslustig hatte er sich vor mir aufgebaut. „Was
sucht der Weiße hier? Will er sich am Leid der Goldsucher
ergötzen? Er soll abhauen!" Worte die er mir wie Peit-
schenhiebe um die Ohren schlug.

„Jetzt reicht's!" rief Safit, „ an die Arbeit, oder ich mach'
dir Beine." Dabei packte er sein Buschmesser fester und
zog es in Hüfthöhe. So trat er zwischen uns. Ein schriller
Pfiff von irgendwo her deutete eine Pause an.

Ich fingerte nach meinen Zigaretten und bot Daoloh eine
an. Er war verblüfft, griff jedoch zu und beruhigte sich.
Selbst Safit war erstaunt und entspannte sich. Rings um uns
herum krochen die Menschen aus ihren Höhlen und gönn-
ten sich ein paar Schlucke Wasser. Ich setzte mich mit
Daoloh auf einen Sandhaufen und erzählte ihm, dass ich

einst selbst nach Gold gegraben hatte, wenngleich unter anderen Umständen. Das ließ uns etwas näher kommen. Ich erfuhr, dass er Dogon war, aus dem Nordosten Malis. Die Not hatte ihn ins Camp getrieben. Sein Dorf, von Zwiebeln und Hackfrüchten lebend, war total verarmt, die Jugend – weggezogen, der Rest der Dörfler hatte sich aufgegeben. Die besondere Tragik barg der Umstand, dass Daoloh im größeren Nachbarort eine Missionsschule besuchen durfte.

Seine Sippe hatte alles Geld zusammengekratzt, um dem schlauesten der Kinder Rechnen, Schreiben und Französisch beibringen zu lassen. Er sollte es einmal besser haben als der Rest der Zwiebelbauern ... Bis die Dürre wütete und das Elend hereinbrach. Daoloh war mit seinem Bruder nach Bamako gegangen, wo sich beide im Slum mit Müllsuchen durchschlugen. Eines Tages hatte der Bruder Daoloh mit seinen Plänen konfrontiert, nach Europa zu gehen, um dort sein Glück zu machen. Geld für die Schlepper wurde bei Bekannten und Verwandten gesammelt, mit dem Versprechen es zehn- und zwanzigfach zurückzuzahlen, wäre man erst einmal im reichen Europa.

Daoloh sah seine Chance in den Claims von Fourou ... und wurde bitter enttäuscht. Von seinem Bruder hat er nie mehr etwas gehört. Sicher war er längst umgekommen, in der Wüste oder auf dem großen Meer, von dem der Dogon ohnehin nur eine vage Vorstellung hatte.

Die Verschnaufpause war längst zu Ende. Auf mein Bitten trieb Safit den Schürfer nicht sofort zur Arbeit zurück. Die Goldmine hatte Daoloh zu keinem besseren Menschen gemacht. Ganz im Gegenteil! Er war verbittert, zynisch und brutal geworden. In seiner Vorstellung hatte sich festgesetzt, dass die Weißen, die Europäer und Amerikaner, die eigentlich Schuldigen der afrikanischen Misere seien. Mein Hinweis, auch Chinesen beuten Afrikas Rohstoffe aus, brachte Daoloh von seiner Ansicht nicht ab. Wie sollte es auch, schließlich treiben die Chinesen eine äußerst geschickte Rohstoffpolitik im Schwarzen Erdteil, während die

Europäer seit dem 15. Jahrhundert die Bösen sind. Auch meine Vermutung, dass die Hintermänner dieser Goldmine Chinesen sein könnten, wies er empört von sich. Grausamkeit und Menschenverachtung in diesem Teil Malis haben in Daohlo ein unauslöschliches Bild vom hässlichen Weißen geprägt. Eigentlich, seit er und sein Bruder den Schutz des Dorfes verlassen mussten. Redlichkeit, Hilfe, Rechtschaffenheit, Familienbande, vor allem die Tradition, wichen quasi über Nacht in Bamako, dessen erbarmungslosem Kampf und der Ausbeutung des Schwächeren. Behütetes Dorfleben war wie ein Tischtuch brutal zerrissen worden.

Mein Blick schweifte über die Claims, mit den Menschen, die da schufteten. Was für ein Bild: Ameisen, in zwanghafter Arbeitswut, ihrer Königin den Staat zu erhalten und koste es das Leben. Ich hatte einen Seitenblick riskiert, einen Blick in die Hölle der Claims des dunklen Afrikas.

*„Ethnologie ist heute Gott sei Dank
nicht mehr das Bestaunen und Werten
von Ausdrucksformen exotischer
Naturgemeinschaften. Sie dient vielmehr
der Bereicherung und Erweiterung des
Menschenbildes in der Gesamtheit
und prägt somit eine vielschichtige
Vorstellung von uns selbst. "*

(Wolf-U. Cropp)

Das Dogon-Geheimnis – eine Botschaft aus dem All?

Weder die verdammte Hitze störte mich, noch ätzender Alkalistaub, der die Kehle wie Sandpapier rieb. Ich war im Banne der schwarzen Trommeln, deren Rhythmus von dumpfem Dröhnen in irres Pochen umschlug. Plötzlich stürmten von rechts schaurig-schön maskierte Gestalten auf den heiligen Versammlungsplatz, unterhalb der *Toguna*, dem heiligen Rathaus. Die Erde dröhnte unter den stampfenden Tanzsprüngen. Die Maskenmänner steckten in gelben und violetten Bastkostümen. Ihre Gesichter, ja die ganzen Schädel, waren eingeklemmt in schwere, prächtige Holzmasken – alle grimmig im Ausdruck. Gerade rannte eine Stiermaske durch den Staub, dann ein Gnom, weiß maskiert, mit Speer. Jetzt stakte die Attraktion heran: Stelzentänzer, mit Kaurimuschel-Masken, zwei Meter über dem Boden! Sie symbolisierten die Weiblichkeit, mit Busen aus halbierten Kalebassen. Flankiert wurden die Stelzen von Trägern mit Stockwerksmasken. Die wirbelten mit Masken umher, die drei Meter hoch waren und 40 Kilo wogen. Und das bei der Hitze!

Allmählich kam ich zur Besinnung. Wo war ich da hineingeraten? Vor vier Tagen hatte ich die Goldclaims von Fourou verlassen, war nach Bamako zurückgekehrt, um von dort aus mit einer kleinen Expedition und zwei Wissenschaftlern: Abdul el Bedars, Mitarbeiter der Bibliothek des Nationalmuseums und dem Historiker Michèl Palain, ins Dogoland zu gelangen. Unser eigentliches Ziel war Timbuktu mit seinen alten Schriften. Doch zuvor wollte ich im Yabatalou-Kral etwas über die Dogon erfahren, jenes mysteriöse Zwiebel- und Hirsebauernvolk, das im 15. Jahrhundert hierher an die *Falaise* (Steilwand) gewandert war und die Tellem aus ihren Höhlen vertrieben hatte.

Wir waren mit einem Land Rover über eine relativ gute Straße in Höhe Mopti gelangt, dann nach Osten an die

Abrisskante von Bandigara gefahren ... bis es auch mit All-rad und Differenzialsperre nicht mehr weiterging. Zu Fuß krochen wir auf schmalem Gebirgspfad hinauf nach Yaba-talou, einem der letzten abgeschiedenen Dörfer direkt unter der Felswand.

Was den Ursprung der Dogon betrifft, sind sich Ethno-logen uneinig. Eine Gruppe behauptet, dass die Dogon be-reits um Christi Geburt Ägypten infolge einer Dürreperio-de verließen. Und es heißt, das Volk habe einst Botschaften aus dem Universum erhalten. Andere behaupten die Do-gon, im 15. Jahrhundert einst Leibeigene der Mande-Völker, suchten im Süden eine neue Heimat. Eine dritte Vermutung sagt, sie seien auf der Flucht vor der marokka-nischen Invasion gewesen.

Die erste Erklärung scheint mir die interessanteste: Das Volk begab sich also aus dem Norden auf die Wander-schaft durch Mauretanien, um dann an den Felswänden Malis sein Rückzugsgebiet zu finden.

Die Dogon wollten, von der Außenwelt abgeschirmt, ih-ren kosmischen Festen, gepaart mit komplizierten Ahnen-kulten, huldigen. Allmählich erwarben wir das Vertrauen des Dorfchefs und durften auf dem Dach einer leeren Wohnhütte unser Lager aufschlagen.

Ein Rundgang

B egrüßen sich Dogon, verfallen sie in einen eigentümlichen, rituellen Wechselsprechgesang, der sich etwa so anhört: „Poo! Poo! Yaa poo! Oe Seoaa? Seoaa! Umanaa seoaa? Seoaa! Pege seoaa? Seoaa!" Seine Bedeutung wurde mir später vom Dorfchef mit den Worten erläutert, dass es jedes Mal etwas Besonderes sei, wenn sich Menschen begegnen. Das Wissen umeinander sei ein hohes Gut. Es werde gern und zu jeder Gelegenheit mit der Formel wiederholt: „Sei gegrüßt! Sei gegrüßt! Geht es dir gut? Ja, mir geht es gut. Und deiner Frau? Ja, ihr geht es gut. Und deinen Kindern? Und deinen Tieren? Und deinen Pflanzen? Und der Welt? Ah – gut!"

Boumarou schritt mit uns durchs Dorf, damit wir ja keine Tabus verletzten. Überall heilige Stätten, Opfersteine, Altäre, augenscheinlich leere, dennoch beseelte Orte, durch die man nicht gehen durfte. Vor dem Haus des *Hogon*, des Dorfpriesters, verweilten wir. Er besitzt enorme Macht über den Ort. Einmal gewählt, verlässt er niemals mehr seinen Innenhof und sein Haus. Mit Lebensnotwendigem wird er von der Gemeinschaft versorgt. Er hockte da wie eine schwarze Lederpuppe, in der sich nur die Augen bewegten. Sein Oberkörper war entblößt, den Kopf zierte eine rote Wollkappe. Die Begrüßungsfloskeln schwirrten hin und her.

Der Alte erhob sich, verschwand im Rundhaus. Umringt von neugierigen Kindern mit großen Augen und dicken Bäuchen, standen wir da. Plötzlich erschien der Priester wieder, in blauem Umhang und schwerer Holzmaske. Mit hoher Altmännerstimme redete er auf uns ein, was sich wie Schimpfen anhörte. Boumarou erklärte, er begrüße uns mit wohlwollenden Worten.

Den Europäern ist die komplexe Welt der Dogon erst seit 1946 bekannt. In jener Zeit erklärte der Jäger Ogotemmeli dem staunenden französischen Ethnologen Marcel Griaule in fünf Wochen die Kosmogonie, nachdem der

Wissenschaftler bereits seit 15 Jahren im Dogongebiet geforscht hatte! Voller Bewunderung schrieb Griaule: „Alle Vorstellungen von der sogenannten primitiven afrikanischen Mentalität wurden über den Haufen geworfen. Frönen die Dogon doch nicht einem primitiven Geisterglauben, sondern vielmehr einer monotheistisch geprägten Kosmogonie."

Gott *Amma* schuf einst die Erde als weiblichen Körper, mit dem Termitenhügel als Klitoris. Als er sie geschaffen hatte, wollte er mit ihr schlafen, doch das war nicht möglich. Der Termitenhaufen richtete sich auf, die Klitoris wurde zu einem Phallus. Kopulation fand nicht statt. *Amma* jedoch war allmächtig. Er riss den Termitenhügel heraus und bestieg die beschnittene Erde. Aus diesem Akt wurde der Schakal geboren, das Symbol für der Welt Ungemach und Schwierigkeiten. Zu einem besseren Ergebnis führte eine zweite Vereinigung: Das Wasser, Symbol für den göttlichen Samen, drang tief in die Erde ein. *Nommo*, das Zwillingspaar, wurde geboren, mehr ein Doppelwesen, rund und energiegeladen. In der Dogonkunst allgegenwärtig. Ein Wesen Gottes, weil aus seinem Samen entstanden und Sinnbild für Lebenskraft, Ausdauer und Ursprung. Welch eine starke Vorstellung: Der Sohn Gottes, entstanden aus dem Schoß der Erde!

Abdul el Bedars machte mich darauf aufmerksam, dass einige Hütten die Form eines Mutterleibs hätten.

„Die Anordnung ihrer Häuser in den Dörfern und der Räume innerhalb der einzelnen Gehöfte durchdringt auf eindrucksvolle Weise die geistige Wahrnehmung ihrer Umwelt", meinte Abdul, „Zwillinge spielen in ihrer Vorstellungswelt eine wichtige Rolle. Man braucht sie, um die Dualität bestimmter Erscheinungen zu deuten. Wie: männlich – weiblich, gut – böse, krank – gesund, tot – lebendig. Sehr häufig werden deshalb Hauskomplexe oder Dörfer als Zwillingspaare angelegt. So hat ein Dorf oberhalb der Felswand zumeist ein Pendant am Fuße der Wand."

Unser Dorf bestand aus einem Gewirr von Wohnhütten,

umgeben von Kornspeichern und Nebengebäuden. Mir fiel auf, dass, mit etwas Phantasie, die Dogonsiedlung in Form eines menschlichen Körpers angelegt worden war. Den Kopf bildete das Versammlungshaus, das auf dem Hauptplatz stand. Dieser Platz galt als Symbol für das erste Feld, bestellt vom ersten Dogon. An der Nordseite des Hauptplatzes befand sich die Schmiede. Östlich und westlich des Platzes standen die Häuser, in denen die Frauen während ihrer Menstruation untergebracht wurden. Diese Häuser hatten die Form riesiger Bäuche und stellten die Hände der Dorfanlage dar. Brust und Bauch der Siedlung bildeten große Wohnhäuser, die Füße Gemeindealtäre.

Im Herzen des Dorfes lagen Steine, auf denen die Früchte des *Hannea Akida*, des heimischen Ölbaumes, zermahlen wurden. Gleichzeitig verkörperten sie die weiblichen Geschlechtsorgane des Krals; die männlichen dagegen wurden durch den Gründungsaltar, gleich daneben stehend, symbolisiert.

Meine besondere Aufmerksamkeit weckte das Versammlungshaus der Männer im Dorfzentrum. Es ruhte auf acht Stützpfeilern, die acht Urväter repräsentierten. Urväter, die sich, nachdem sie eine Weile in menschlicher Gestalt gelebt hatten, zurück in Wassergeister verwandelten. Wasser, Wellen, Schlangen - verfolgten die Augen die Anordnung der Stützpfeiler, so erkannten sie darin eine Schlangenlinie. Wände und Holzpfeiler verzierten weibliche Brüste und Reliefs von Eidechsen, dem männlichen Sinnbild.

Überall im Dorf verbarg sich verblüffende Symbolik. Das Wohnhaus der Dogon war eine Darstellung von Mann und Frau. Der Eingangsraum stellte den männlichen Partner des Paares dar, das männliche Geschlechtsorgan war die Tür. Der große Innenraum, die Domäne der Frau, mit der Verbindungstür zum Vorratsraum als weibliches Geschlechtsorgan. So sollte der Innenraum mit den Vorratskammern das Abbild einer Frau sein, die mit ausgestreckten Armen auf dem Rücken liegt und den Mann erwartet. Die

Feuerstelle an der Rückseite des Hauses schließlich symbolisierte den Atem der Frau.

In einem Wohnhaus verharrten wir. Der Dorfchef ließ erklären: Wenn ein Kind geboren wird, setzt man die Mutter auf einen Stuhl in der Mitte des Hauptraums, wo andere Frauen ihr beistehen können. Das Neugeborene wird sofort auf den Boden gelegt, und zwar an der Stelle des Hauses, wo die Zeugung stattfand. Das Neugeborene soll an dieser Stelle auch seine Seele erhalten.

Wie zu erfahren war, ging es in den Ehebetten der Dogon sehr reglementiert zu: Irdene Erhöhungen dienten als Betten. Der Mann lag stets auf der rechten Seite, mit dem Gesicht nach Westen. Die Frau links, das Gesicht nach Osten gewandt. Der Mann berührte die Frau nur mit der linken Hand, die Frau ihren Gatten ausschließlich mit ihrer rechten.

Der Rundgang durch Yabatalou dauerte den ganzen Tag. Seine strenge Alltagssymbolik erschien mir erschreckend und tröstend zugleich. War sie doch nur in einer fest verwurzelten und sicheren Gesellschaft möglich. Auf der Zuflucht in neues Heimatland waren die Dogon hierhergekommen, vertrieben die Tellem und mussten sich im Laufe der Jahrhunderte mehrfach gegen Eroberer aus Ghana, Mali und Songhai verteidigen. Das gemeinsame spirituelle Wissen hielt das Volk zusammen, verlieh ihm Sicherheit und Vertrauen. Es schien mir, als haben die Menschen der *Falaise,* ungleich mehr als andere Völker Afrikas, eine großartige Konzeption vom Menschsein und dem Wesen der Welt entwickelt. Während die Fulani den Islam brauchten, um ihre Identität zu entwickeln, schufen die Dogon ihre Religion aus eigenen Quellen. Ethnisch gehören die Dogon der großen Gruppe der Volta-Völker an, wie die Senufo, Mossi oder Mande.

Als ursprünglicher Jäger- und Sammlerstamm wurden sie von den reichen Wildvorkommen der Hochebene angelockt. Der gewaltigen Steilwand als natürliche Festung in ihrem Rücken konnten sie nicht widerstehen, verließen die

unsichere Ebene, um sich der geheimnisumwitterten Felswand anzuvertrauen. Zuvor mussten sie jedoch die felsbe-
wohnenden Tellem vertreiben. Was ihnen durch ihre, dank
Schmiedekunst, bessere Waffentechnik rasch gelang. Aus
der Mythologie der Dogon ist bekannt, dass die Tellem zuvor das Zwergvolk der Andumbala, seit Urzeiten hoch
oben in Klippenhöhlen hausend, vernichtet hatten.
Doch auch in Yabatalou machte sich die Landflucht bemerkbar. Einige Behausungen waren verwaist, Vorratsspei-
cher leer oder verfallen.
Zum Dogonvolk zählen etwa 300 000 Menschen. Nicht
mehr viele Dörfer kleben wie Schwalbennester an den
Felswänden. Im Zuge der fortschreitenden Islamisierung
haben sich mehr und mehr Dorfgemeinschaften in der weiten Gondo-Ebene gebildet, wo ein leichteres Leben als
Bauer geführt werden kann.

„Ich habe mich eifrig bemüht,
der Menschen Tun weder zu
belachen, noch zu beweinen,
noch zu verabscheuen, sondern
zu begreifen."

(Benedictus de Spinoza, Philosoph)

Der *Dama*

Das Dorfleben nahm seinen beschwerlichen, streng geregelten Lauf ... bis Chef Boumarou eines Tages über den Dolmetscher berichten ließ, dass einer der Dorfältesten verstorben sei. Und das Erstaunliche war: Wir durften dem Totenkult beiwohnen! In respektvollem Abstand natürlich.

Eine unglaubliche Geste bei den Dogon, in deren Dörfern fast jeder Stein ein Altar, jeder Ast ein Fetisch darstellt, das tägliche Leben von unzähligen Tabus eingeschränkt wird und Fremde die heiligen Zeremonien entweihen.

War ich jetzt meinem Ziel, das Dogon-Geheimnis zu verstehen, näher gekommen?

Mitreißend, ja aufregend war es, Ahnenverehrung und Totenkult *Yimu gonu* (den Tod vertreiben), zu erleben.

... Immer noch wurden mächtige Fasstrommeln gerührt. Schweiß strömte über schwarze Haut. Maskenmänner tanzten sich in Trance. In gehörigem Abstand bildeten Frauen und Kinder eine schweigende Kulisse. Auf dem heiligen Platz wogten die Masken wie absurde Vogelscheuchen im Wind. Masken repräsentierten bei den Dogon das gesamte Universum, alles Bedeutsame: Fruchtbarkeit, Leben, Tod, Arbeit ...

Je nach Stand und Rang des Verstorbenen liegt eine lange Zeitspanne zwischen dem Ableben und der Beisetzungszeremonie, die das Totenritual abschließt. Die Zeit der Vorbereitung für die Rituale der „Abreise der Seele" gilt als besonders gefahrvoll für die Verwandten des Verstorbenen, ja für das ganze Dorf. In dieser Zeit bestehen besonders viele Verbote, weil die umherirrende Seele durch all jene Orte streift, an denen sie zu Lebzeiten einmal verweilte.

Der *Dama*, das Zeremoniell, hat die Aufgabe, die geheimnisvolle Kraft, die von dem Toten ausgeht, einzufangen und mittels Masken und Tanz zu den heiligen Plätzen zu lenken, wo sie gebändigt wird und zur ewigen Ruhe gelangt. Am Ende des *Dama* ist der Verstorbene in den Rang der Ahnen gerückt.

Die Rückkehr in die durch den Tod zerrüttete Ordnung erfordert zahlreiche symbolische Handlungen: Tanz, Masken, Musik, reichlicher Genuss von Speisen und Hirsebier. Ein *Dama* kann bis zu sechs Tage dauern. Das Surren des Schwirrholzes kündet den Beginn der Zeremonie an. *Awas*, Mitglieder des Maskenbunds, bereiten sich auf ihren Auftritt vor. Richten ihre Gewänder, Baströcke, Masken. Wenn die kostümierten *Awas* ihre geheimen Orte verlassen, verziehen sich Frauen und Kinder eilig in ihre Behausungen. Das ist kein fröhlicher Maskenzug, der da aufmarschiert. Da erschienen Darsteller eines kosmischen Theaters, die die Erschaffung der Welt, der Menschen, der Tiere, Pflanzen und Sterne wiederholen. Indem die Maskenmänner die Erschaffung des Universums beschwören, wird die Zeit der Gefahr und der durch den Tod hervorgerufenen Unordnung beendet. Ein tief ernster Ritus, der von den Dörflern gebannt verfolgt wird.

Beim *Dama* eines Notabeln ist der Platz der heiligen Tänze mit einem Wald unterschiedlich hoher, großer und farbiger Masken umstellt. Der Symbolkraft nach sind *Kanaga* und *Sirige* die wichtigsten Masken. *Kanaga* ist von einer Stange gekrönt, an der waagerecht zwei parallele Leisten befestigt sind. An den Enden befinden sich jeweils zwei Brettchen, die nach oben beziehungsweise nach unten weisen. Ein Helm aus hartem roten Fasermaterial umrahmt einen Teil des Maskengesichts. Mir erschien diese Maske wie ein Vogel mit ausgebreiteten Flügeln. Für die Dogon stellt sie den Menschen mit der Erdachse dar, die auf den Himmel, in den Kosmos weist.

Die *Sirige*-Maske hat ein rechteckiges Gesicht aus Holz, das durch einen vertikalen Grat in zwei Furchen geteilt ist und von einer riesigen schlanken Platte überragt wird, die bis zu fünf Meter lang ist und über 30 Kilogramm wiegt. Darauf erscheinen gemalte oder ausgeschnittene Motive in Form von Rauten, Vierecken oder parallelen Linien wie Gitter. *Sirige* heißt so viel wie „Haus mit Stockwerken".

Bei diesen Gebilden handelt es sich um die berühmten

Stockwerksmasken der Dogon. Sie sollen die Stadien der Schöpfung und die Generationsfolgen darstellen.

Nach mehreren Schritten, auf eine plötzliche Rhythmus-änderung der Trommler hin, kniet der *Sirige*-Maskentänzer in östlicher Richtung nieder. Durch Hin- und Herbewegungen des Oberkörpers berührt er mit den äußeren Enden der Maske den Boden und markiert so die Grenzen des Horizonts. Nun richtet er sich wieder auf und versetzt sich mit seiner Maske in eine horizontale Drehbewegung, als Lauf der Sonne um die Erde, und gibt so die Erschaffung des Universums durch den Umlauf der „göttlichen" Achse an.

Auf *Kanaga* und *Sirige* folgten während des *Dama* eine Vielzahl skurriler Masken mit teils unerforschter, mystischer Bedeutung. Ich war erschlagen von dieser überwältigenden Choreographie der Maskenmänner, die mir eine Welt bewusst machte, von der ich nicht mehr als einen armseligen Hauch spürte. Nur noch dies: Ich erfuhr, dass mit der Beschneidung der jungen Männer nach dem Glauben der Dogon, erst die endgültige Trennung der Geschlechter vollzogen sei. Und die zweite Stufe der Initiation geschieht mit der Aufnahme in den Awa-Maskenbund. In diese spirituelle Gemeinschaft kann nur aufgenommen werden, der die sittliche Reife besitzt und stark genug ist, um mit den schweren Masken tanzen zu können.

Das Begräbniszeremoniell strebte dem Höhepunkt zu: Über dem in Decken gehüllten Leichnam zerbrach der Dorfzauberer eine Hacke und steckte ihm glühende Holzkohle in den Mund, als Zeichen der Trauer. Unterdessen sangen die Frauen Klagelieder und schwenkten leere Kalebassen.

Der Torso wurde mit Grabschmuck verziert, dann von den Maskentänzern an eine Klippe getragen und mit Seilen in schwindelnde Höhe gezogen, wo der Tote in einer offenen Höhle seine letzte Ruhe fand. Die Dogon leben unter ihren Toten. Der Friedhof liegt oben, dem Himmel näher, in den Höhlen der einst vertriebenen Tellem.

Die Ahnen wachen über die Lebenden. Die Dogon glauben fest an ein Leben im Jenseits. Eine Erklärung für ihren extrem Ahnenkult. Überhaupt spielt der Himmel, das Universum, bei den Menschen eine elementare Rolle.

Als Tage später der letzte Trommelschlag verebbte, die Akteure sich kraftlos niederließen oder ermattet in ihre Hütten wankten, gesellte ich mich mit dem Übersetzer zu Boumarou.

„Unsere Frauen sammeln Sterne vom Himmel und geben sie den Kindern zum Spielen", sagte der Dorfchef versonnen, blickte aus seiner Hütte, dann fuhr er fort: „Die Fremden nennen uns ungläubig, das ist falsch, wir Dogon sind von tiefer Religiosität. Uns ist alles heilig: die Erde, der Himmel und was sich dazwischen befindet."

„Ihr Volk feiert alle 60 Jahre ein großes Fest", bemerkte ich.

„So ist es. Das Sigui-, das Reis-Fest, zu Ehren unseres Gottes *Amma*, dem Schöpfer der schwarzen und der weißen Menschen. Wir sind die ‚schwarzen Kinder des Lichts', erschaffen worden im hellen Sonnenschein. Später wurden wir schwarz. Die Weißen entstanden bei Mondschein, darum sehen sie bleich aus wie Larven. - *Sigui* ist ein Maskenfest, ähnlich dem, das Sie gerade erlebt haben. Mit den Masken treten wir mit den Ahnen in Kontakt."

Ich erfuhr, dass das Große Fest sieben Jahre dauert. Es ist eine zyklische Veranstaltung. Maskenmänner ziehen von Dorf zu Dorf und erzählen eine kosmogonische (weltbeschreibende) Geschichte über Leben, Tod und Auferstehung in sieben Kreisläufen. In jedem Jahr einen Zyklus.

Das nächste *Sigui*-Fest findet im Jahr 2027 statt. In 16 Jahren nämlich ist Sirius B dem hellen, sichtbaren Sirius A am nächsten. Damit Auslöser des Großen Festes.

Doch, woher wissen die Dogon das? Menschen können den Trabanten überhaupt nicht sehen! Woher haben die Hirse- und Zwiebelbauern die Information von der Existenz des Sirius B, den sie *Po*, „kleines Korn", nennen?

In ihrer Mythologie wird der Trabant als sehr alt, sehr

hell, sehr schwer und alle 60 Jahre wiederkehrend beschrieben.

„*Nommo* hat uns die Kunde gebracht! Ein kreisförmiges Wesen, das unter Lärm und Staubentwicklung einst vom Himmel herabstieg", sagte Boumarou in voller Überzeugung. Für Erich von Däniken, dem Schweizer Autor, der sich mit der Präastronautik befasste, ein klarer Beweis: Die Dogon hatten vor langer Zeit Besuch von Außerirdischen bekommen. Nur so konnte ihnen das phänomenale Wissen über den Kosmos vermittelt werden!

Eine Erklärung. Ist sie aber stichhaltig? Hat Marcel Griaule, der Völkerkundler, nicht erfahren, dass *Nommo* als Zwillingsgott aus dem Schoß der Erde entstammte? Rätsel über Rätsel! Rechnen wir nach dem komplizierten Dogon-Kalender zurück, so feierten die Bauern 1967 das *Sigui*-Fest zum 34. Mal, was auch tatsächlich zutraf, 10 Mal davon an den Felsen von Bandigara. Das stimmt mit dem Eintreffen des Volks in Mali im 15. Jahrhundert überein.

Interessant wird es, wenn wir uns die Zeit des ersten Festes 73 vor Christus vorstellen. Da lebten die Dogon noch am oberen Nil, was bedeutet, dass sie von den Ägyptern deren Wissen vom Sternenhimmel übernommen haben könnten. Ein Paläo-Astronom aus den USA wies nach, dass der kleine Sirius B bis zum Jahr 50 vor Christus mit bloßem Auge zu sehen war, dann aber kollabierte und dem menschlichen Auge entschwand. Mit Hochleistungsteleskopen kann *Po* einmal in 60 Jahren entdeckt werden, allerdings nur, wenn er Sirius A am nächsten ist – zur Zeit des *Sigui*-Festes! Astronomen machten den Trabanten als „Weißen Zwerg" mit ungeheurer Dichte aus, (ein Fingerhut, der rund 40 Kilogramm wiegt), wie aus der Boumarou-Mythologie übermittelt. Modernes Wissen, das einfache Dogon-Bauern bereits seit über 2000 Jahren besitzen.

Tief beeindruckt von den astronomischen Kenntnissen und dem komplexen Weltbild des Naturvolks verließen wir Boumarou, den Dorfchef, den Hüter des Ahnenkults, der Masken und Riten. Und brachen nach Norden auf, nach

Timbuktu. Auf der Suche nach einem anderen Geheimnis, dem der verschollenen Schriften.

„Ganz egal wie lang ein
Baumstamm im Wasser liegt,
er wird kein Krokodil werden. "

(Bambara, Mali)

Auf dem Niger durchs Sahel

Über 2000 Jahre lang war er eines der großen Rätsel der Welt. Gelehrte des Altertums, unter ihnen Herodot und Ptolemäus, vermuteten zwar, dass es ihn in Westafrika geben müsse, aber niemand vermochte zu sagen, ob er nach Osten oder Westen floss – der Niger. Einige Geographen hielten ihn für einen Nebenfluss des Nils, andere glaubten, er und der Kongo seien ein und derselbe Strom. Auch über das Ende des Nigers wurde gerätselt. Nach einer Theorie sollte er unter der Sahara hindurchfließen und ins Mittelmeer münden.

In Wirklichkeit entspringt er hoch in den Bergen einer entlegenen Gebirgskette zwischen Sierra Leone und Guinea, stürzt sich hinab in die sonnendurchglühten Ausläufer der Sahara, wo er 2600 Kilometer vom Meer entfernt im heißen Wüstensand so stark verdunstet, dass sein Lauf fast beendet ist. Vor der Oase Timbuktu strömen seine verzweigten, teils unter dem Sand verlaufenden Rinnsale zusammen und konzentrieren sich zu einem neuen Flussbett. Der Niger wendet sich nun dem Regenwald zu, taucht in ihm unter, um schließlich verästelt, fast heimlich, in den Sümpfen an der Atlantikküste Nigerias zu enden.

Auf seinem Weg vom Quellgebiet bis zur Mündung beschreibt er einen mächtigen, 4200 Kilometer langen Bogen, das Nigerknie. Der Niger ist der drittlängste Fluss Afrikas – und der faszinierendste. Mehr als 80 Millionen Menschen leben von und in seinem Stromgebiet. Die Stämme an seinem Ufer haben ihm viele Namen gegeben, doch zwei mit der gleichen Bedeutung tauchen immer wieder auf: *Dscholiba* und *Quorra*, was soviel wie „Vater der Flüsse" heißt. Nigerwasser nährt Städte, tränkt Reisfelder, belebt Fischerdörfer, macht das artenreiche Leben, von Sandmeeren eingebettet, erst möglich.

Eine Flussreise von Bamako aus nach Nigeria zur Mündung dauert sieben Wochen. Der Schotte Mungo Park bekam den Niger bei Segu in Mali 1796 als erster Weißer zu

Gesicht. Auf seiner zweiten Reise kam er um, vermutlich unterhalb der Nigerstromschnellen bei Bussa. Coraghessan Boyles Roman „Wassermusik" beschreibt melodramatisch die beiden Expeditionen des Schotten. Trotz des tragischen Endes kann sich bei Boyles Diktion amüsiert werden! Der Forscher Richard Lander suchte die Nigermündung 1830. Seine Expedition, unterstützt von der britischen Regierung, startete in der Nähe Bussas. Zwei Monate später wusste die Welt, dass der Niger im Atlantik mündet. Bussa und die Wasserfälle im Nordosten Nigerias gibt es heute nicht mehr. Das ganze Gebiet wurde durch den Kainji-Stausee überflutet. Le Delta intérieur du Niger heißt das Binnendelta des Nigers. Im Westen beginnt es bei Messina. Der Strom fließt dort in eine großräumige Mulde, verflacht, fächert auf und sammelt sich nach rund 450 Flusskilometern bei Tonka in einem konzentrierten Flussbett. Eine Seenlandschaft, durch Flussarme verbunden, markiert das Delta. Wasserarme, die sich in der Trockenzeit in den harten, braunen Uferschlamm graben. In der Regenzeit gleicht alles einer gigantischen Wasserfläche in der üppig-grünes Burgu-Gras sprießt. Am Horizont sind Dörfer oder Weiler zu erkennen. Auf Warften erspäht man die charakteristischen Moscheen des Binnendeltas. Pirogen, Pinassen, dann Vogelschwärme beleben die Schönheit des vom Wasser bestimmten Gebiets.

In Mopti, dem *Venedig Malis*, am Zusammenfluss von Niger und Bani, tauschten wir den Landrover gegen eine Pinasse. Der Wagen wurde in Bamako dringender gebraucht. Also schickte Abdul el Bedars den Fahrer mit dem Rover zurück. Ich empfand eine Flussfahrt als willkommene Abwechslung. Abdul sah das anders. Er hatte seine Gründe und mit der Flussschifferei schlechte Erfahrung gemacht. Die teuer ausgehandelte Pinasse mit Schiffer Bamadou blieb gerade mal fünf Stunden fahrtüchtig, dann gab sie ihren Geist mitten auf dem Fluss auf. Motorschaden.

Wir mussten paddeln und staken und zwar flussaufwärts zurück, kamen uns dabei vor wie Galeerensklaven, angetrieben von einem schlecht gelaunten, verärgerten Skipper. Nach der Regenzeit ist das Binnendelta breit wie ein Meer, und Mopti noch Kilometer entfernt ... Plötzlich hob sich etwas aus dem Fluss. Vor dem Bug klappte ein Rachen auf ... und tauchte zurück in die braune Flut. „Kroks sind heimtückisch, Hippos aggressiv!" rief der Schiffer und schlug mit dem Paddel auf den Fluss. Ließen sich auf diese Weise Krokodile oder Flusspferde vertreiben?

Endlich – wie aus einem Märchenland – tauchte sie wieder auf, die Silhouette Moptis, mit ihrer Moschee, verspielt wie ein Rokokoschloss, doch kleiner als das berühmte Gotteshaus von Djenné. Im Hafen hatten wir kein Auge für die Lehmarchitektur. Wir brauchten eine schwimm- und fahrtüchtige Pinasse, um nach Timbuktu zu gelangen. Die Oase liegt im Nordosten. Auf dem Flussweg könnte sie in drei, vier Tagen erreicht werden – Inschallah (so Gott will). Mit Hilfe Abduls, dem Bibliothekar, gelang es bald, ein neues Flussboot samt Bootsführer zu finden.

Abdul war nicht nur Bücherwurm und Schriftgelehrter, sondern auch Praktiker und Feldforscher, mit einem Schuss Abenteurerblut in den Adern. Ich war froh, dass ich ihn für mein Vorhaben begeistern konnte. Mit von der Partie war ja noch Michèl Palain aus Paris, Historiker an der Sorbonne, Maliexperte und wie ich, versessen, verborgene Schriften zu entdecken.

Die neue Pinasse hieß *Barley*. Ihr Diesel nagelte beruhigend rund. Ich genoss den kühlenden Wind und die Fahrt auf dem „Vater der Flüsse." Dessen Schlagader karges Land durchflutet und Mensch, Tier, Pflanze am Leben erhält.

Ein buntes Völkergemisch geht an seinen Ufern ganz unterschiedlichen Berufen nach. Dreiviertel von Malis Bevölkerung lebt im Rhythmus des Stroms. Da sind die Songhai mit ihren herrischen Frauen. Es sind Reisbauern. Sie ernten zweimal jährlich im überschwemmten Land des inneren Deltas zwischen Bami und Niger.

Auf den Märkten verkaufen malerische Fulbe-Frauen Milch, Quark, Käse. Präsentieren ihre Ware in bordierten Kalebassen. Einen Teil des Familienreichtums trägt die Fulbe-Frau von Stand stets bei sich: Die Ringe in ihren Haaren und das mächtige Ohrgehänge bestehen aus Gold. Und die unteren Kasten sagen: „Den reichen Weibern wachsen die längsten Ohren!" Die Männer, Brüder und Söhne ziehen mit Kühen, Ziegen und Schafen über Weideland. Vor stechender Sonne schützen sie Strohhüte, die, wie umgestülpte Trichter, ihre Köpfe zieren. Fulbe sind Viehzüchter. Wenn im Sahel nichts mehr grünt, treibt das Hirtenvolk seine Herden zum Niger. Die Flussüberquerung mit tausenden Rindern ist immer der größte und spannendste Tag im Jahreskreis der malischen Nomaden.

An einer Furt beobachtete ich eine Herde langhörniger Zeburinder, die gierig Wasser soff. Sie war von einer Sippe Wodaabe aus dem Nordosten herangetrieben worden. Der ruhelose Nomadenstamm gehört zum Fulbe-Bororo-Volk, das seinen Lebensmittelpunkt eigentlich im Niger hat.

Wir legten an und versuchten Kontakt zu den Viehzüchtern aufzunehmen. Umgeben vom Brüllen der Rinder und dichten Staubfahnen, die den würzigen Geruch von Dung herantrugen, stießen wir auf Wodaabe, die eifrig versuchten Ordnung in das Durcheinander durstiger Zebus zu bekommen. Einige Männer trugen dunkle Lederkappen, andere maisfarbene Strohhütte. Die Frauen, fast alle barbusig, waren mit bunten Halsketten und schweren Messing-Ohrringen behängt. Die Zahl der Ohrringe signalisierte den Reichtum ihrer Familie, der sich nach der Größe der Rinderherde bemisst.

Als sich allmählich Ruhe über die Herde legte, hatten wir den Anführer ausgemacht und ihn zu seiner Familie, dem Ergehen des Viehs und der Wanderung befragt. Bereitwillig erzählte er, dass die Familien aus der Gegend von Gao kämen. Die Weidegründe seien schlecht, und meist von anderen

Stämmen besetzt worden. Eine Verständigung war mühelos, da der Chef, auch einige Hirten, mit uns Französisch sprechen konnten. Mir fiel auf, dass die Frauen Holz sammelten. Wahrscheinlich wollte man hier am Niger lagern. Richtig. Schon wenig später flackerte ein Lagerfeuer, umrahmt von provisorischen Zelten und sich im heißen Wind blähenden Sonnendächern. Der Chef bat zum Tee unter einem Baldachin. Über den Sand hatten Frauen, eigens für die Gäste, Matten ausgerollt.

Ich studierte die Menschen: alles große, schlanke Gestalten. Die meisten hatten hübsche, ebenmäßige Gesichter in einer Hautfarbe goldgelben Teints. Wenn sie sprachen oder lachten, zeigten Männer wie Frauen herrlich weiße Zähne.

Wodaabe sind berühmt für ihren Schönheitskult, der die Grundlage eines ungewöhnlichen, ja einzigartigen Brautwerbungsrituals bildet. Sie nennen es *Gerewol* (das Umherschauen) und verbinden das Fest im September, nach der Regenzeit, mit dem Dank für üppigen Graswuchs. *Gerewol* dauert sieben Tage. Mehrere Wodaabe-Sippen treffen sich zu diesem Höhepunkt des Jahres. Nicht selten kommen dabei 1000 Menschen zusammen. Unter den kritischen Augen heiratslustiger Frauen treten die schönsten Männer zu einem Wettstreit an. Stundenlang dauert die Vorbereitung der Beaus.

Da werden Haare rasiert, sich gekämmt, das Gesicht geschminkt. Ein weißer Strich soll die Nase optisch verlängern und schmal erscheinen lassen. Augenränder und Lippen werden mit Kohle geschwärzt, um so das Weiß der Zähne und Augen deutlich hervortreten zu lassen. Natürlich wird das Gesicht auch gepudert, Kinn und Wangen bemalt. Man schmückt sich mit Straußenfedern und Kaurimuscheln.

So herausgeputzt kommen die Männer aus den Zelten und treten zum Tanz an, der gleichzeitig ein Test für ihre Ausdauer und ihr Stehvermögen ist. Sieben Nachmittage und Nächte müssen sie tanzen. Dabei versuchen sich die

Männer mit eindrucksvollem Grimassenschneiden zu übertreffen. Zuvor haben die Ältesten der Gastgebersippe andere Wodaabegruppen von weither begrüßt und das *Gerewol*-Festival mit einem „Kreistanz" eröffnet. Die Akteure tanzen jetzt in diesem Kreis zu einem stampfenden Rhythmus, der von Trommelschlägen begleitet wird. Sie rollen mit den Augen, entblößen die Zähne, blähen die Backen und stoßen, sehr zum Gefallen der Frauen, seltsame Laute aus. Auch wird der Charme und Liebreiz der Mädchen besungen. Und immer wieder hört man den Kehrreim: „Yi n'di yihi, yihi yi n'di" (lieben um zu sehen, sehen um zu lieben). Der Weiblichkeit obliegt auch die Entscheidung über den Tages- und am Ende über den Festsieger. Sinn des *Gerewol* ist es, dass möglichst viele der Teilnehmer das Fest beglückt als Braut und Bräutigam verlassen. Der berühmteste Jahrmarkt der Eitelkeiten findet in Ingall im Niger statt. Findige Reisegesellschaften haben das Ingall-Festival in ihr touristisches Programm genommen.

Wir sprachen über das entbehrungsreiche Nomadenleben der Wodaabe. Der Chef meinte: „Unser freies Leben hat eben seinen Preis. Wir erdulden die Wüste ohne Klage. Wir sagen: Wer den Rauch nicht ertragen kann, wird das Feuer nie erreichen. Wir kämpfen nicht gegen die Wüste, wir passen uns ihr an."

Wodaabe leben im Wechsel der Jahreszeiten. Fällt der Regen, wandern sie nach Norden bis in die Sahara zwischen Azaouak und dem Air. In der Trockenzeit ziehen sie südwärts, bis nach Mali an den Niger, wo sie dann auch ihre Feste feiern. Polygamie gehört zu ihrer Tradition. Ein Mann kann vier Frauen haben, aber er muss sie auch ernähren können. Am Anfang einer Bindung stehen stets Sympathie und Zuneigung. Zwangsheirat gibt es nicht.

Vermählt sich ein Wodaabe, gründet er mit der Familie gleichzeitig eine Rinderherde, denn an diesem Tag erhält er das Erbteil seines Vaters. Das Trachten des Mannes ist es, dass bei seinem Tod die Herde wenigstens um ein Rind, die Familie um einen Sohn vermehrt wurde.

Neben dem prasselnden Feuer saß eine junge Frau und reichte Michèl eine Blechdose frischen Tees. Dabei lächelten ihre schwarzen Augen. Sie hatte ein anmutig-schönes Gesicht. Ihre Stirn zierte eine Stammesnarbe in Form einer römischen Sechs. Ihr Blick war immer noch auf den Franzosen gerichtet. Ein melancholischer, fast trauriger Blick, wie ein Blick aus der Unendlichkeit der Wüste. Was sie wohl dachte? Empfand sie Sympathie für Michèl? Dem Sippenchef war das Verhalten der Frau nicht entgangen. Er gab die Erklärung: „Eine schmale, lange Nase und eine möglichst helle Haut ist das höchste Schönheitsideal unserer Frauen, müsst ihr wissen. – Aber eure Zähne, die lassen zu wünschen übrig."

Die Bozo sind Fischer. Ihre Frauen säumen das Ufer mit Fischen aus dem Niger, Stock-, Brat- oder Räucherfisch, und der strenge Geruch wehte bis zu unserem Boot herüber. Unweit der Fischer stapelten hellhäutige Tuareg Salzplatten auf Bastmatten, grau, weiß und schwer wie Marmorbruch. Sie kamen aus den Salinen der Sahara, aus Taoudenni. Tuareg, einst die Ritter der Wüste, sind Nomaden. Sie versuchen, als Karawaniers, Betreiber oder Führer von Kamelkarawanen zu überleben. Das entspricht einem Naturell, das es nirgends lange aushält.

Bodenständig sind die Marka, das Volk der Händler. Sie sind auf den Märkten Malis zu Hause, in Bewegung sind ihre Waren durch regen Umsatz.

„Schon mal etwas von Hannibals Elefanten gehört?" fragte Michèl in das Tuckern der Pinasse.

„Ja, aber nicht verstanden, was damit gemeint wird."

„Meine erste Reise führte mich in das Reservat des *éléphants du Gourma*, südöstlich von uns. Elefanten galten in Mali als ausgestorben. Durch Schutzmaßnahmen hat sich eine kleine Population zwischen Gao und Douentza erholt und vermehrt. Heute gibt es etwa 900 Dickhäuter, die in kleinen Gruppen leben und sich auf weite jahreszyklische Wanderungen begeben.

Gourma-Elefanten sind Steppenelefanten und zählen, nach den ostafrikanischen, zu den größten weltweit. Nun gut, ich hatte die imposanten Tiere beobachtet und von den Wildhütern erfahren, dass irgendwo im malisch-mauretanischen Grenzgebiet eine besondere Spezies Elefanten überlebt haben sollte. Wüstenelefanten, etwas größer als Pferde. Restgruppen jener legendären Elefanten, mit denen der Eroberer Hannibal von Karthago aus über Spanien die Alpen überquerte, um schließlich Rom anzugreifen."

„Elefanten kaum größer als Pferde?"

„Hannibals Elefanten waren nordafrikanische Wüsten-Dickhäuter, die noch bis vor gut 2000 Jahren große Areale der grünen Sahara bevölkerten, bevor diese endgültig trockenfielen. Felszeichnungen zeugen davon."

„Und was ist nun mit Hannibals Elefanten?"

„Ich reiste eigens durch den unwegsamen Busch von Gourma-Rharous bis hinauf nach Süd-Mauretanien. Heiße Spuren, die Mittelsmänner verrieten, trieben mich in die unwegsamsten Winkel. Zoologen in Paris hielten die Zwerg-elefanten für längst ausgestorben. Ein befreundeter Wild-heger hatte Kontakt zu einem erfahrenen Spurenleser, der behauptete, einen Wechsel kleiner Elefanten bei Hombori entdeckt zu haben. Und wieder gings zurück, dann auf die andere Nigerseite. In dichtem Staub, bei mörderischer Hitze, verfolgten wir Wildspuren. Stießen auf alles mögliche, auch auf Elefantenspuren und Losung. Doch immer von den bekannten aus dem Schutzgebiet. Es war zum verzweifeln. Ich hatte viel Geld in die Expedition gesteckt. Wollte als Entdecker einer ausgestorbenen Spezies in die Zoologie eingehen."

„Und, was wurde daraus?"

„Wir trafen den Spurenleser Bondogo in Douna, luden ihn ein und begaben uns gen Westen. Er redete unentwegt von seinen ‚kleinen Elefanten', zu denen er mich bringen werde. Doch zuvor verlangte er ein saftiges Honorar für seine Bemühung. Ich gab ihm eine Anzahlung, den Rest sollte er bekommen, sobald wir Hannibals Nachkommen zu Gesicht bekämen. Die Absprache machte Bondogo lustlos. Er führte uns im Kreis durch dichtesten Alkalistaub. Schließlich wurde er frech. Uns blieb nichts anderes übrig, als den Aufschneider lamentierend in Douna abzuliefern. Natürlich war mein Freund mehr als sauer. Was musste ich von ihm halten, hatte er mir doch den Scharlatan empfohlen."

„Machs nicht so spannend, Michèl, habt ihr die Kleinen gefunden oder nicht?"

„Wir suchten weiter. Mein Wildhüterfreund Nondolo fand einen frischen Elefantenwechsel, stieg aus, untersuchte die Spuren und die Losung, von ihm treffend „Ka-Ka" bezeichnet. Ergebnis: zu alt. Ich popelte jetzt auch in den Scheißhaufen herum und vermaß die Spuren. Das konnten unmöglich Hannibal-Elefanten sein. Das waren stattliche Steppendickhäuter, die hier vor Tagen vorbeigezogen waren! Im letzten Büchsenlicht stießen wir auf einen einsam dahintrottenden Bullen mit imposanten Stoßzähnen. Wir pirschten uns mit dem Fahrzeug von hinten heran. Ich filmte, der Wildhüter hatte den Bullen im Auge, rollte langsam näher und näher. Plötzlich schwenkte der Koloss herum, warf seinen Rüssel in die Luft, stieß einen grellen Trompetenton aus, rollte den Rüssel ein, klappte seine Ohren nach vorn. Was für ein Koloss! Was für ein Bild! Nondolo stoppte jetzt, schob rasch den Rückwärtsgang ein. Im richtigen Moment. Der Bulle setzte zum Spurt an. Scheinangriff oder Ernst? Ich warf die Kamera ins Fach. Verdammt. Hinter uns nur weicher Sand. Wenn wir uns festfahren …

Ich sah den dunklen Strich hinter dem Auge. Der Bulle hatte seine Stirndrüsen in Funktion gesetzt. Das bedeutete Angriff und Wut. Ich sage dir, mir saß die Panik im Nacken. Hatte das Bild eines Zoologen vor mir, der von einem wütenden Elefanten samt Fahrzeug zertrampelt worden war. Ein anderer war von den Stoßzähnen eines Bullen aufgespießt worden. Du musst wissen, aufgebrachte Tiere vermögen ihre fünf Tonnen aus dem Stand schneller als ein Sportwagen zu beschleunigen, um dann den Gegner im 40-Kilometer-Tempo niederzurennen. – Nondolo gab Gas. Der Wagen brauste rückwärts durch Sand und Buschwerk. Der Bulle war mit unserem Rückzug zufrieden und stoppte. Nun wischte ich mir erst einmal den Angstschweiß von der Stirn, während der Ranger grinste und meinte: aufgebrachte Elefanten liefern die besten Bilder! – Für mich war der Bedarf an Elefanten vorerst gedeckt."

„Kann ich mir vorstellen. Ich hatte mal ein ähnliches Erlebnis im Waza-Park von Nordkamerun. – Nun verrate endlich, ob ihr die Kleinen entdeckt habt."

„Hannibals Elefanten haben wir nicht gefunden. Sie bleiben verschollen, ein Geheimnis. Vermutlich befinden sie sich doch viel weiter nordwestlich, bei Moudjeria in Mauretanien."

„Gut möglich, im Massif de l'Assaba sollen ja auch noch Wüstenkrokodile leben."

„Wer weiß, vielleicht mach' ich mich noch mal dahin auf. Ich bin zwar kein Tierkundler, aber die mysteriösen Hannibal-Elefanten lassen mich nicht los!"

Interessant: Später erfuhr ich, dass der Deutsche Gerhard Göttler sich auf ganz ähnliche Weise auf die Suche nach den geheimnisvollen Zwergelefanten begeben hatte. Wer wird sie am Ende finden?

Je näher wir Timbuktu kamen, desto stärker wuchs die Spannung. Nachts lag ich oft lauschend im Zelt, hörte das Gurgeln des Flusses, das Schnauben der Zeburinder – oder Hippos? – voller Erwartung auf die geheimnisvolle Stadt. Ich sah mich mit Abdul el Bedars und Michèl Palain durch den Sand waten, verfallenes Gemäuer, Verließe inspizieren, immer auf der Suche nach alten, verschollenen Büchern und Schriften. Würde es uns möglich sein, in einem vom Wüstenstaub bedeckten Werk zu blättern?

Al-hamdulillah! (Gott sci gepriesen!) Der Niger wurde gebündelt und konzentrierte sich auf einen überschaubaren

Flusslauf. Nur noch wenige Stunden bis Timbuktu. Schmetterlinge gaukelten wie Kirschblütenblätter. Hitze waberte über dem Fluss. Nicht an Abkühlung oder Schwimmen denken. Bilharzilose und andere Wurmkrankheiten lauern nicht nur in toten Flussarmen! Der Koch des Schiffers war ein Multitalent, mit der einen Hand hielt er den Wels, mit der anderen schmierte er den Dieselmotor. Im stinkenden Bilgenwasser lag mein Schlafsack, durchtränkt von Öl und Schwefelsäure, reif für die Entsorgung. Die Hitze schlug auf den Darm und der wurde achtern entleert, stehend an der Bordwand ... Lustig war das Flussschifferleben.

„Ein Verliebter betrachtet eine
Blume mit anderen Augen
als ein Kamel. "

(Tuareg, Mali)

In der Stadt der Legenden und Geheimnisse

Da war sie wieder, die Vorstellung vom magischen Ort der Sehnsüchte und Begierden. Allein der Name „Timbuktu" beseelt Entdeckerlust. Eine Oase, die die Phantasie anregt. Sklaven- und Schatzkarawanen kommen und am Horizont entschwinden lässt … Die aber auch von Glanz, Reichtum, ja sogar von Wissenschaft, Lehre und Forschung berichtet.

Ibn Battuta, ein Historiker, und Leo Afrikanus, ein afrikanischer Reisender, waren die Ersten, die mit Berichten den Grundstein zur Timbuktu-Saga legten: Stadt mit goldbedachten Palästen und üppigen Gärten. Ort der Gelehrten. Ein Zentrum des Islams. Reich geworden durch den Handel mit Gold, Elfenbein, Seide, Gewürzen, Sklaven, Salz, berühmt durch die Wissenschaften und Universitäten. Mit einer bedeutenden Bibliothek. In Timbuktu, der Kathedrale des Wissens, hieß es, ständen Manuskripte und Bücher höher im Kurs als alle Handelsgüter. Wissenschaftliche Werke würden mit Gold aufgewogen. Ein halbes Kilo zahlte man für die Abschrift eines Werks.

Ab dem 14. Jahrhundert war der Ort rund 200 Jahre lang Heimstadt der bedeutendsten Universität der damaligen Zeit, mit 180 Koranschulen, 25 000 Studenten, einer Bibliothek mit 400.000 Bänden. Nur die wesentlich ältere Bücherei Alexandrias war ihr ebenbürtig. Wen wundert's, dass das hungrige Europa die Kunde aufsaugte und am Überfluss des Songhaireichs teilhaben wollte? Wurde doch zu jener Zeit gerade einmal Bologna, Europas erste Universität, gegründet. Aber die Reise durch die Sahara war ein Himmelfahrtskommando und Timbuktu für alle Ungläubigen eine verbotene Stadt. Aufgegriffene Christen mussten mit ihrer Hinrichtung rechnen.

Der Offizier Alexander Gordon Laing war der erste Europäer, der 1826 als Überlebender einer britischen Expedition die Stadtmauern Timbuktus erreichte. Kaum hatte er den

Ort betreten, wurde er liquidiert. Zwei Jahre später versuchte es René Caillié. Verkleidet, der arabischen Sprache mächtig, schlich sich der französische Schuster und Abenteurer als Abd Allahi in die heilige Oase. Seine Tarnung flog auf. Um sein Leben zu retten, floh er am 13. Tag und erreichte nach strapaziöser Rückreise seine Heimat. Sein Timbuktu-Bericht war deprimierend. Von Gold, Reichtum, Büchertempeln keine Rede!

1853 betrat der Hamburger Forscher, Geograf und Wissenschaftler Heinrich Barth den bedrohlichen Ort. Auch er sollte ermordet werden. Obgleich ihn Scheich Achmed el-Bakay unter seinen persönlichen Schutz gestellt hatte, galoppierten die Häscher aus der Wüste heran, um den Hamburger umzubringen. Barth hatte Glück. Jäh starb Ali Ueled Abeda, der Anführer der Islamisten. Der Christ blieb in der Stadt und forschte weiter. Wäre Barth Gold und Glimmer auf der Spur gewesen, er wäre tief enttäuscht. Timbuktu war längst kein erhebender Ort mehr: Schutt, verfallene Häuser, versandete Gassen – Zeugen eines Untergangs.

Der Wissenschaftler war an Timbuktus Historie interessiert. Er stieß auf alt-arabische Schriften, die etwas vom kosmopolitischen Flair vergangener Zeit offenbarten. Bücher und Skripte, die über ein Wissenszentrum in der Wüste berichteten.

Bestände müssen hier noch heute schlummern: verborgen, verschollen, in Koranschulen, Moscheen, in Privatbesitz, im Sand. Davon war ich überzeugt. Ahmed el-Mansur, ein Saadier-Sultan aus Marokko, fiel 1591 die Bibliothek, und damit Timbuktus geballte Wissenschaft, in die Hände. Der Büchertempel wurde zerstört, sein Inhalt teils vernichtet, teils in Archiven von Marrakesch und Fes versteckt. Timbuktu verlor seine Pracht und verfiel ... Doch seine Magie verlor die Stadt bis heute nicht!

Wir legten an. René Cailliés Gedanken aus seinen Memoiren kamen mir in den Sinn:

„Diese Stadt wurde das unaufhörliche Objekt meiner Gedanken, das Ziel all meiner Anstrengungen. Ich nahm

mir vor, sie zu betreten oder zugrunde zu gehen." Sehnsüchte, die ich in diesem Moment teilen könnte!

Ein Toyota stand mit laufendem Motor bereit. Der glut-
äugige Fahrer, der sein Gesicht bis zur Unkenntlichkeit mit
blauem Tuch umwickelt hatte, sprang aus dem Führerhaus
und umarmte Abdul. Wir tauschten das Boot gegen den
Landcruiser. Ärmliche Hütten, windschiefe Verkaufsstände,
eine provisorische Mole umgaben uns. Timbuktu?

Nein, es war Kabara, der Flusshafen. Timbuktu ist längst
eine einsam vom Sand umschlossene Oase geworden.
Selbst der Niger hat die sterbende Stadt verlassen, hat sich
sein Bett 15 Kilometer südlich gegraben ... Und die Oase
versinkt.

Jährlich werden zehn Prozent vom Wüstensand neu bedeckt. Dennoch, die Stadt bleibt mein Arkanum, das mit
anderen Augen gesehen werden muss. Um falschen Vorstellungen zu begegnen, um vor Enttäuschungen gewapp-
net zu sein, hat der französische Reporter Albert Londres
gemahnt: „Alle kommen, um ein Geheimnis zu sehen. Ohne Erfolg ... Aber ein Geheimnis sieht man nicht, meine
Freunde. Man spürt es. Es äußert sich ohne Stimme, lautlos, wie ein Taubstummer."

Und ich spürte das Geheimnis der Stadt, je näher wir ihren Mauern kamen. Die eigentümliche Neugierde packte
mich erneut. Wie mochte der Ort jetzt aussehen, wie wirken? Würde er endlich etwas von seinem Geheimnis preis-
geben?

Wir rollten ein, durch das Portal hindurch. „Stadt der 333
heiligen Männer" las ich in großen, grünen Lettern neben
einer Werbetafel für Coca Cola. „Heilige Männer", wachen
sie noch immer streng über Fremde? Hat das Misstrauen
noch Tradition? Oh, der Mystische - an dem sich Gier und
Neugier der Europäer entfachte – schattenlose Ort, der unter der Sonne Blasen warf. Das Ende der Wüste! Ist es da
schön?

Nein, können sandige Gassen, durch die Wind den Staub
treibt, können eingefallene Lehmwände schön sein? Oder

Häuser, die zu Sandhaufen zerbröseln?

Wir stoppten auf der *Place de l'Independence*, einer runden, sandigen Fläche vor dem Rathaus, und traten in Wüste, die bis in die Stadt geweht war. Abdul meinte, ich sollte mir erst einmal zu Fuß einen Überblick verschaffen.

Timbuktu war klein geworden. Von einst 250 000 Bewohnern harrten gerade noch 30 000 aus: Kinder, alte Leute, Tagelöhner, Händler, die ein genervtes: „Non, merci!" als Aufforderung noch härter zu verkaufen, verstanden. Aber, ich muss gestehen, mir gefiel Timbuktu. Ich mochte das morbide Flair, die Stadt vor dem definitiven Untergang, die grazilen Songhai-Frauen in ihren wallenden Gewändern, mit den großen klimpernden Ohrringen. Bewunderte den Müßiggang der verschleierten Männer, mit ihren glänzenden Speeren, den langen Schwertern. Die vornehmen, in weiße, schwarze oder indigofarbene *Ganduren* (Gewänder) gehüllten Tuareg. Einstige Ritter der Sahara, die meisten längst ohne Güter und total verarmt, aber stolz, wie es eben Herren der Wüste geziemt.

„Werfe in Timbuktu nie mit Steinen nach einem Hund!" mahnte Abdul, „die ausgemergelten Tiere könnten *Dschinns* sein, böse Geister, die dich nachts heimsuchen."

Vor den *Dschinns* der Wüste fürchten sich selbst tapfere Tuareg. Ein Grund für ihre Verschleierung? Nebenher schützt sie der *Litham* (Gesichtsschleier) vor dem ewigen Flugsand. Flugsand gabs immer und überall. Kaum war ich einige Schritte nördlich spaziert, am Großen Gebetsplatz und am Restaurant Kona vorbei, in Richtung des Großen Markts, hatte ich Sand zwischen den Zähnen. Selbst Tee und Fladenbrot blieben von ihm nicht verschont.

Seit geraumer Zeit wurde ich von einem Mann eskortiert: groß, schlank, umhüllt von einem weißen Gewand mit schwarzem *Litham*. Stumm hielt er mir allerlei Gegenstände unter die Nase. Ich ignorierte seine Angebote, marschierte stur weiter, um im Marktgewühl Abdul nicht zu verlieren. „Ich, Sullahm, berühmter Karawanen- und Touristenführer mit Lizenz", sprach plötzlich der vermummte Kopf.

Wahrscheinlich lachte er dabei diebisch in sich hinein. Aber das konnte ich nicht sehen. Sah nur das Blitzen in seinen Augen. Im Museumshof befand sich eine versandete Zisterne. „Der Brunnen gilt als Grundstein und Namensgeber Timbuktus", erklärte Abdul, „er ist über 1000 Jahre alt. Der Legende nach erhielt die Oase ihren Namen von einer Frau namens Buktu, die diesen Brunnen *tin* bewachte. Timbuktu heißt also ‚Brunnen der Buktu'!"

Ich wollte meine Version von Timbuktu, nämlich: „Frau mit dem großen Nabel" (*Tin buktu*) los werden, da stieß mich Sullahm an und meinte, diesmal in flüssigem Englisch, der richtige Name leite sich von zwei Engländern ab, die nach langem Wüstenritt in die Oase kamen und nach schönen Fulbefrauen Ausschau hielten. Hinter den Dünen der Stadt warteten Damen der käuflichen Liebe auf Kundschaft. Am nächsten Tag wurde Jim, einer der Engländer, nach den Frauen gefragt und er verriet: „I booked one, Tim booked two." Der „Karawanenführer" schüttelte sich vor Lachen über seinen Scherz.

Vorbei an wunderschön ziselierten Eingangstüren gelangten wir in die Rue Heinrich Barth. Natürlich entrichtete ich einen kleinen Obolus und trat durch das Holzportal mit der Gedenktafel darüber.

Hier hatte der Hamburger acht Monate geforscht, gesammelt und ausgewertet, war immer beargwöhnt worden und in Lebensgefahr. Barth war der respektvollste und ernsthafteste aller Timbuktu-Sucher. Die beiden Studierstuben sind heute ein kleines Museum mit den Möbeln von damals.

Die Wände sind mit alten, vergilbten Schriftstücken und Fotos behängt. Bundespräsident Heinrich Lübke weihte das Barth-Haus seinerzeit ein. Und Malis Schaukelstuhlpolitik ermöglichte es, dass Chemnitz zu DDR-Zeiten Partnerstadt von Timbuktu wurde. Ich denke an Barth und seine Aufzeichnungen: „So brach endlich der Tag an, der mich nach monatelanger Anstrengung dem Hafen von

Timbuktu zuführen sollte. – Wir wurden gastfreundlich behandelt und im Überfluss bewirtet, denn außer zwei ungeheuren Schüsseln oder flachen Trögen voll Reis und Fleisch, in einer Masse Butter schwimmend, welche für uns zubereitet wurden, schlachtete man für uns noch ein Rind. Die Stätte war sehr anmutig, und ich spazierte lange auf den Sanddünen umher, die mit einer reichlichen Menge Akazien geschmückt waren und eine interessante Fernsicht über den See eröffneten. – Dann erreichten wir das dem Scheich gehörende Haus, das mir zur Wohnung bestimmt war, und ich war froh."

Die Intrigen, die Barths Aufenthalt in der Oasenstadt auslöste, offenbarten ihm die Machtverhältnisse jener Zeit. Es herrschte nomadische Anarchie. Tuareg, Fulbe und sesshafte Bauern bekämpften einander. Gefahr drohte ihm, der von den Afrikanern respektvoll *Adl el-Kerim* (Diener des Allerhöchsten) genannt wurde, von einem fanatischen Christenhasser, dem Fulbe-Scheich A'hmedu ben A'hmedu. Barth notierte: „Das erste, was ich am Morgen des 8. September hörte, war, dass Hammadi, der Nebenbuhler und persönliche Feind El-Bakays, die Fulbe davon in Kenntnis gesetzt habe, dass ein Christ die Stadt (Timbuktu) betreten hätte, und infolgedessen hatte diese herrschende Klasse den Entschluss gefasst, mich zu töten."

Der Wissenschaftler war in höchster Lebensgefahr. Er musste sich in Sicherheit bringen, wollte er nicht seinen Expeditionskollegen James Richardson und Adolf Overweg folgen, die zuvor im Tschad den Tod gefunden hatten. Ohne Barth drohte die britische „Central African Expedition" zu scheitern.

In einer Ecke seines Arbeitszimmers entdeckte ich den Ausschnitt einer Karte vom Niger mit Timbuktu und äußerst detaillierten Eintragungen wie: dichter Wald, Sumpfboden, hohe Sanddüne, Lager eines Tuareg-Häuptlings, ausgedehnte Überschwemmungen, große Reisfelder, Rinder und Pferde, Nilpferde und vieles mehr. Die Landkarte war von Heinrich Barth angefertigt worden. Sie stammt aus seinem Bericht „Reisen und Entdeckungen in Nord- und Central-Afrika in den Jahren 1849 bis 1855", mit dem Vermerk zum Aufenthalt in der Oase: 7. September 1853 bis zum 18. März 1854.

Mit Kindern, Tuareg, Bambaren und natürlich meinem Schatten, „Karawanenführer" Sullahm, im Gefolge, zogen wir zur Djinger-Ber, der Großen Moschee, deren Minarett wir erklettern durften.

Die Moschee Sankoré dann barg einst eine der vielen mittelalterlichen Universitäten. Für heute bildete sie den Abschluss unseres Rundgangs. Westlich des Zentrums liegt das Azalai, das ehemalige Luxushotel der französischen Sofitel-Gruppe. Wir fuhren vor den Eingang und stellten das Foyer in eine dichte Staubwolke, aus der sich nach mehreren „Hallo"-Rufen zwei verschlafene Bedienstete bewegten. Mehr widerwillig als willig wurden uns die Zimmerschlüssel ausgehändigt. Wir waren die einzigen Gäste und störten die Dauersiesta des Personals. Auch die Concierge, die mich durch einen versandeten, verdorrten Garten an mein Bungalowzimmer führte, schien lautlos „Hilfe – Fremde, Gäste kommen!" zu rufen.

Im Raum stand die Hitze wie in einem Hochofen. Die Klimaanlage donnerte zornig, kühlte aber nicht. Dankbar nahm ich wahr, dass nur fünf, sechs Kakerlaken und ein Mäuschen unters Bett flüchteten.

Schräg gegenüber dem Gericht liegt das *Centre Ahmed Baba*, eine Manuskriptbibliothek. Abdul kannte den Leiter. Uns wurden uralte, wunderbare Handschriften gezeigt, teilweise in Goldschrift kalligraphisch illustriert.

„Ein winziger Teil eines Schatzes, der unsere ruhmreiche Vergangenheit ausmacht", meinte Doudon Mebec, der Bibliothekar.

„Ahmed Baba, nach dem dieser Bau benannt wurde, war einer der letzten großen Gelehrten Timbuktus. Ein Universalgenie!" flüsterte mir Michèl zu, und: „1591, als Malai Ahmed al-Mansurs marokkanische Armee die Salz- und

Goldminen Malis besetzte, fiel auch Timbuktu. Der Gelehrte Baba wurde mit den besten Köpfen der Oase nach Marrakesch deportiert, wo er allerdings weiter forschen und lehren durfte und schließlich nach zehnjähriger Verbannung heimkehrte."

Ahmed Babas Genius schwebt noch heute über dem Ort. Er forschte und schrieb über islamisches Recht, Psychologie, Algebra, Trigonometrie und Medizin. Da wurden Namen für Tiere und Pflanzen festgelegt und sich an komplizierte Augen- und Hirnoperationen herangewagt.

Der Sultan von Marokko wollte den „arabischen Leonardo" für die Verwirklichung eines Traumes verpflichten: Die Gründung der bedeutendsten Universität der damaligen Welt – und zwar in seinem Land.

Im Zusammenhang mit der Verschleppung Babas wurde Timbuktus sagenhafte Bibliothek zerstört und Bücher von unschätzbarem Wert wurden teils entwendet, teils vernichtet. Darunter Schriften, die beweisen, dass ein arabischer Seefahrer namens Abu Barka II. Amerika lange vor Kolumbus entdeckt hatte. Und Abhandlungen, etwa die eines Ahmad Wahshiyad, der den Code der ägyptischen Hieroglyphen dechiffrierte, 800 Jahre bevor dies dem Franzosen Jean Champollion gelang. Dann Alhazen, er konstruierte im 10. Jahrhundert die ersten Fernrohre und machte Aufzeichnungen darüber, als in Europa noch angenommen wurde, Augen könnten nur deshalb sehen, weil sie Lichtstrahlen aussenden.

Die Kompasserfindung wird fälschlicherweise dem Italiener Flavio Gioja aus Amalfi zugeschrieben. Tatsächlich ist sie jedoch eine Entwicklung der Chinesen, die über die Araber nach Europa gelangte. Auch darüber hatte es Schriften in Timbuktu gegeben. Die islamische Wissenschaft war einst weltführend!

„Forschung und Glaube waren im Islam des Mittelalters kein Widerspruch", meinte Michèl, „im Gegenteil, die Wissenschaft stand im Dienst des Korans, während die christliche Kirche jahrhundertelang jegliche Forschung als Ketzerei verdammte und klugen Köpfen in Europa der Scheiterhaufen drohte. So erklärt sich der enorme Wissensvorsprung der frühen Muslime."

Mich interessierten besonders verschollene Schriften der Astronomie. Arabische Himmelskundler erforschten den Lauf der Gestirne. Sie wussten, dass sich die Erde um die Sonne dreht. In Europa fürchtete Galilei um sein Leben, da er ein ebensolches Wissen hatte. Giordano Bruno wurde, ob seines Weltbildes und ketzerischer Äußerungen, gar in Rom verbrannt!

Es musste doch noch verschwundene Aufzeichnungen aus der Blütezeit Timbuktus geben, die das großartige Wissen arabischer Astronomen beweisen. Doch wo waren diese zu suchen? Wie zu finden?

Das Centre Ahmed Baba ist die einzige öffentliche Institution, die sich mit dem Archivieren und Restaurieren alter Timbuktu-Skripte und Bücher befasst. Mein Interessengebiet sei nicht unter dem Material, meinte Doudou Mebec. Schade!

Wir standen wieder im Sand der Straße. In einer halben Stunde ging die Sonne unter. Wie aus dem Nichts tauchte Sullahm auf. Mein schweigsamer Schatten bis zum Hotel, dem gastfeindlichen. Es gab keine Cola, von Bier ganz zu schweigen, nichts zu Essen, muffiges Personal – nur Buden wie Backöfen. Ich bin ein genügsamer Mensch, mit dem Langmut einer Bergziege. Beim Hotelchef zu reklamieren hielt ich für zwecklos. Es bedurfte anderer Maßnahmen. Also trat ich vors Azalai ... Welch ein Wunder, Sullahm saß im Staub, als wartete er, als ahnte er, was kommen musste.

Rasch wurden wir uns einig. Und dankend nahmen wir sein Herbergsangebot an. Zogen kurzentschlossen in das schwarze Mehrfamilienzelt seiner Sippe, die im nordwestlichen Teil der Stadt, unweit der Sankoré-Moschee, campierte. Dort, wo die großen Salzkarawanen aus dem fast 1000 Kilometer entfernten Taoudenni eintreffen. Rasch stellte sich heraus, dass Sullahm Tshobit kein durchtriebenes

Schlitzohr war, vielmehr ein Targi, der den „Rittern der Wüste" alle Ehre machte. Er beteuerte, mich gegen die hiesigen Heerscharen fliegender Händler, die jeden ankommenden Weißen jagen, standhaft zu verteidigen. Die meisten Tuareg leben heute von den Touristen, dem Handel mit Wolldecken, Lederwaren, Stich- und Schlagwaffen, die sie selbst oder von ihren „Sklaven", den Bella, herstellen lassen.

Die Sonne war längst in die Wüste gestürzt. Wir saßen vor Sullahms Zelt am Lagerfeuer, atmeten die klare Luft, und die Weite unter einem berauschenden Sternenhimmel. Paul Bowles mit seinem Werk „Himmel über der Wüste" kam mir in den Sinn. Kaum ein anderer hat Suchende in der Sahara so packend eingefangen. Wir waren Suchende!

Ein unverschleierter Targi hielt die *Imzad* in seinen Händen, zog den Bogen über die Saite. Dem geigenähnlichen Instrument entwich eine melancholische Weise. Die Wüste ist ein philosophisches Paradoxon, das die Gestalt einer Landschaft angenommen hat. Ihre Offenheit und Weite scheint rein nichts zu verbergen und dennoch ist sie voller Geheimnisse. In ihr haben *Dschinns* Macht über Geist, Verstand und Materie. Null, die Zahl für das Nichts und die Vielheit wurde von den Arabern erfunden. In der Wüste! Wo sonst?

„Salz kommt aus dem Norden, Gold aus dem Süden, aber Allahs Worte, die Weisheit, kommen aus der Sahara, aus Timbuktu", erklärte Sullahm.

„Nicht aus Tadmekka?" fragte Abdul.

Der Targi horchte auf. Er schien informiert zu sein. Archäologen hatten erst vor einigen Monaten Überreste der 1200 Jahre alten Tuareg-Hauptstadt beim heutigen Essouk, nordwestlich von Timbuktu, ausgegraben.

„Wir sind die wahren Herren von Nordwest-Mali. Tadmekka ist der Beweis", verkündete Sullahm stolz und verschwand im Zelt.

Ich blieb noch vor dem verglimmenden Lagerfeuer sitzen, das Volk der Tuareg wollte mir nicht aus dem Kopf. Woher kamen sie? Wie sind sie organisiert?

Tuareg sind Sahara-Berber. Als berühmte Krieger und gefürchtete Räuber gingen die verschleierten Männer in das Bewusstsein der Europäer ein. Über ihre Herkunft gibt es abenteuerliche Spekulationen: Nachfahren von Kreuzrittern behaupten die einen, Abkömmlinge der Vandalen Tunesiens, die anderen. Zutreffend scheint zu sein, dass zumindest die hellhäutige Adelsschicht der Tuareg berberisch-altlibyschen Ursprung ist, wahrscheinlich Nachfahren der Garamanten und Nasamonen. Über das Volk der Garamanten berichtete bereits der Vater der Geschichtsschreibung, Herodot.

Als die Araber in Nordafrika eindrangen und die Berbervölker von Libyen bis Mauretanien unterwarfen, stießen sie auf ein Volk mit weißen, schnellen Reitkamelen, das allen Unterwerfungsversuchen Widerstand leistete. Die arabischen Krieger nannten die Ungläubigen auf den rasanten Kamelen „die von Gott Verlassenen", arabisch *ta warek*. Daraus entstand die Bezeichnung Tuareg, Einzahl Targi. Sie selbst nennen sich *Imazighen*, was „freie Menschen" bedeutet.

Die Sippen leben nach dem Matriarchat. Der Targia (Targi-Frau) kommt eine gehobene Stellung zu. Sie ist die Herrin des Zeltes, unterrichtet die Kinder, geht unverschleiert, lebt mit ihrem Mann in Einehe.

Einst organisierten sich Tuaregstämme in streng gegliederten Kasten. Hellhäutige *Imuhar* bildeten den Adelsstand. Etwas dunkler waren die Vasallen, die *Imrad*. Ihnen folgten die schwarzen Sklaven, *Ikla* oder *Bella*.

Die indigofarbene *Gandurah* war das Gewand des Adels. Imuharkriegern waren das Tragen der eisernen Lanze, der *Takuba*, einem Schwert mit Kreuzgriff und der Armdolch, vorbehalten. Doch das ist längst vorbei. Heute schmückt sich jeder nach Belieben mit Waffen. Das Klassensystem existiert nicht mehr. Anfang des 20. Jahrhunderts haben die Franzosen die Stämme mit modernen Waffen unterworfen und die Strukturen zerschlagen. Spätestens nach dem letzten fehlgeschlagenen Aufstand von 1996 sind die Tuareg Malis verarmt und im Mark erschüttert. Nördlich von Timbuktu herrscht immer noch das Gesetz des Stärkeren, und das sind Wegelagerer, Räuberbanden oder gekränkte, ausgebeutete Tuareg. Um fünf Uhr bohrte sich die blecherne Stimme des Muezzins in meinen Schlaf. Allah ließ rufen. Hunde antworteten bellend. Zur frühen Teestunde erschien Sullahm mit einem Schriftstück, auf dem sich merkwürdige Zeichen befanden. Abdul prüfte es sorgfältig und meinte: „Tuaregschrift, *Tamaschek* oder *Tifinagh*. Jene geheimnisvollen Lettern, deren Entstehung 2000 Jahre zurückliegt und vermutlich von den Berbern des südlichen Libyen stammen. Einst war es Aufgabe der Frauen, Kindern die Schrift zu lehren." Sullahm nahm das Dokument wieder an sich und rollte es behutsam in eine Schatulle.

Der Tag verstrich mit Sammeln von Informationen, Recherchieren und dem Besuchen von Informanten, die sich meist als Wichtigtuer entpuppten. Und es war eine Wanderung durchs Mittelalter. Verwinkelte Gassen und Gässchen, Lehmgebäude neben Lehmruinen, brotbackende Frauen an Öfen gleich an der Straße. Monotones Nachplappern von Suren in Koranschulen mit Marabuts, die gern mit dem Stock schlugen. Ziegen treibende Kinder, deren Nachthemden der Wind blähte. Männer, auf Open-Air-Klos, die hockend, Frauen, welche stehend an anderen Straßenecken ihre Notdurft verrichteten. Da stiegen Halbwüchsige in ein 25 Meter tiefes Loch, um mit einem Eimer voll kostbarem Nass heraufzukrabbeln. Wasser, für ein paar Quadratmeter Hirse im Wüstensand.

Dann wurde der große Markt erreicht: Frauen saßen vor ihren Waren, geduldig warteten sie auf Kundschaft. Andere hatten sich zu einem Schwätzchen eingefunden. Elegante, große Erscheinungen in bunten Tüchern. Songhai-Frauen wollen schön sein und gefallen in dieser Wüstenei. Ganz in ihrer Nähe schepperte ein zerlumpter Bettler mit seiner Blechdose. Tief gebeugt stand er da, den Arm auf einen Ast gestützt. Das Augenlicht verglommen. Auch das war Timbuktu. Und er mahnte mich: Das hier, Fremder, ist keine Animation für Touristen, das ist brutales Afrika – überladen, hilflos, mit einem Haufen Problemen.

Ein schauriges Problem hieß Mord und Massengrab. Es befand sich außerhalb der Stadt, hinter einem leeren, verfallenen Hotel in einem verwunschenen Dünental. Es ist verboten, diesen Schandfleck aufzusuchen. Doch Sullahm wollte ihn mir zeigen. Er musste dokumentieren, was Regierungssoldaten seinem Volk angetan haben. Im Sand lagen sie. Gebeine unzähliger Tuareg, die nicht rechtzeitig aus der Stadt flüchten konnten. Tote eines Aufstands, Leidtragende eines Hasses, der Mali seit Jahren spaltet. Den barbarischen Kleinkrieg trägt der Staat Mali mit seiner Armee gegen die Nomaden des Nordens aus, und Timbuktu liegt im Schnittpunkt der Auseinandersetzung. Beide Seiten metzelten.

„Hier wurde nicht im Kampf getötet", raunte Sullahm, „hier wurden Unschuldige exekutiert!"

Stumm schritten wir durch die Ebene. Bis der „Karawanenführer" das Schweigen brach: „Die Opfer lagen unverscharrt im Sand. Erst viel später wurden die Leichen bestattet oder entfernt." Doch der Wind hatte bleiche Knochen freigelegt, Schädel sichtbar gemacht. Das Massengrab hatte die Erinnerung zurückgerufen. Hier lag der Tod herum und mich schauderte. „Gehen wir", sagte der Tuareg bestimmt, „der Hass hat sich gelegt. Aber du solltest sehen, was meinen Brüdern widerfuhr."

Zurück im Zeltlager: Sullahm goss Tee in Glasbecher und reichte mir einen. Er selbst schob das Teeglas umständlich von unten her an den Mund heran. Der *Litham* blieb um sein Gesicht gewickelt. Viele Meinungen gibt es zur eigentümlichen Sitte des Schleiertragens der Männer. Einige Ethnologen behaupten, der *Litham* möge verhindern, dass die Seele ausgeatmet und böse Geister eingeatmet werden. Andere meinen, das vermummte Gesicht soll auf den Raubzügen eine Identifizierung unmöglich machen.

Einleuchtend ist die Erklärung, der Schleier sei ein Schutz, Mund und Nase vor der trockenen Luft und dem sandgeschwängerten Wind zu schützen.

Ich erinnerte mich einer Legende, die vielleicht erklärt, warum ausgerechnet die Männer den Schleier tragen und nicht, wie bei den Muselmanen üblich, die Frauen. Vor vielen, vielen Jahren kämpften die Tuareg gegen die Wargla. Nach der Schlacht kam die Zeit der Heimkehr, und die Tuaregfrauen schmückten sich festlich, um ihren Männern einen gebührenden Empfang zu bereiten. Schließlich erschienen die Krieger, erschöpft, verwundet, besiegt. Sie hatten keine Beute gemacht. Empört rissen die verschleierten Frauen ihre Tücher vom Gesicht und riefen: „Schande über die Besiegten. Von nun an sollt ihr euer Antlitz verhüllen!"

Wir hatten nun schon einige Zeit miteinander verbracht, so konnte ich mir erlauben, Sullahm einmal nach dem Grund der Gesichtsverhüllung zu fragen.

„Der *Litham* gehört zu unserer Kleidung wie die *Gandurah*. Es ist unschicklich, Mund und Nase unbedeckt zu lassen. Aber ich gebe zu, nicht mehr alle Brüder halten sich an den Brauch. Sie sind nachlässig geworden", lautete seine Erklärung.

Ein alter Targi, gebeugt von der Last des Lebens, kam schweren Schrittes ans Lagerfeuer. Verharrte, redete mit Sullahm in mir unverständlichen Worten, dann setzte er sich zu uns in den Sand. Sullahm reichte ihm ein Glas, ergriff die verrußte Teekanne und in hohem Bogen goss er grünen, heißen Tee ins Gefäß. Der Alte trank, stellte das Glas ab, zog seine *Gandurah* zur Seite, dann prüfte er den Sitz des Armdolchs.

„Aklomid ist ein Nachbar. Sein Zelt steht da drüben hinter der Düne", erklärte Sullahm. Nun schaute mich der Targi kurz an und lächelte. Es war ein scheues, skeptisches Lächeln. Die Haut um seine Augen herum sah schrundig aus, wie Rinde einer verdorrten Akazie. Seine *Gandurah*, einst hellblau gefärbtes Tuch, war mit grauen Flecken durchsetzt, an den Ärmeln abgewetzt. Aklomid entnahm jetzt seinem Brustbeutel eine schlanke metallene Pfeife, die einer Zigarettenspitze glich, deren vorderes Stück trompetenförmig erweitert worden war. Bedächtig stopfte er grünen Tabak in den Kopf. Mit einem glimmenden Holzscheit setzte er sein Pfeifchen in Brand, schmauchte und sah versonnen in die Ferne.

„Drei Dinge braucht ein Targi zum Glück", sagte ich, „Wasser, Tee und Tabak. Wasser zum Leben, Tee und Tabak zum Vergnügen. Ist es nicht so?" Sullahm nickte zustimmend.

Ich fragte den Alten, warum sein Zelt nicht in der Nähe der anderen stünde. Darauf antwortete er nach einer Weile: „Setzt eure Zelte weit auseinander, aber nähert eure Herzen."

Ich schaute hinüber zu den würfelförmigen Häusern, zwischen deren Fassaden Sandfahnen hingen, sann über die Verschiedenartigkeit des Lebens nach, als Aklomid fragte: „Habt ihr grüne Weiden und Wasser zu Hause?"

„Das haben wir. Es regnet oft bei uns."

Der Mann schaute auf, schob sich ein Stück Fladenbrot unter den Schleier, kaute nachdenklich, meinte dann: „Was suchst du in der Wüste?"

Gern hätte ich ihm mit den Worten Heinrich Barths geantwortet: „Wie sehne ich mich nach einem freien Nachtlager in der Wüste, in jenem unermesslichen Raume, wo ohne Ehrgeiz, ohne Sorgen um die tausend Kleinigkeiten, die hier den Menschen quälen, ich mich im Hochgenuss der Freiheit nach Beendigung des Tagesmarsches auf meine Matte zu strecken pflegte, um mich herum meine Habe, meine Kamele, mein Pferd."

Stattdessen sagte ich: „Vielleicht die Erhabenheit der Natur?"

„Reitest du zu Hause auf einem Dromedar?" fragte er.

„Nein, bei uns gibt es Dromedare nur im Zoo."

Eindringlich betrachtete er mich mit seinen uralten Augen:

„Kannst du mit einer Karawane von Oase zu Oase ziehen?"
Wieder musste ich verneinen.

Aklomid reichte mir seine Hand, strich nach Tuaregsitte über meine Handfläche und meinte: „Dann bist du ein armer Mann!"

Schweigend hatte Sullahm unserem Gespräch gelauscht. Nun sagte er: „Aklomid, musst du wissen, war ein großer *Amanar* (Karawanenführer). Viele Karawanen hat er nach Taoudenni geführt, sehr viele, und alle sicher zurück nach Timbuktu."

Es gibt ein Karawanenlied der Tuareg:
„Die Kälte peinigt uns,
wir haben kein Holz,
die Hitze martert uns,
wir haben kein Wasser.
Wir haben nichts zu essen,
die Kleider sind zerrissen,
wir sind müde,
wir haben viel gelitten."

Und ich antwortete: „Ein harter, entbehrungsreicher Beruf!"

Einst war ich mit einer kleinen Karawane von Agadez nach Aderbissinat gezogen. Gerade einmal 165 km. Der Dreitagesmarsch war die Hölle!

Der Marsch Timbuktu – Taoudenni – Timbuktu bedeutet 1700 km Quälerei durch den Sand. Kamele mit 150 Kilogramm beladen brüllen störrisch und die Treiber sind jeden Tag 16 Stunden auf den Beinen. Von 6 Uhr morgens bis 10 Uhr abends machen sie keine einzige Pause. Wer schwach wird – Mensch oder Tier – wird zurückgelassen. Die Karawane zieht weiter. Das Gesetz der Wüste! Gegessen und getrunken wird im Gehen, das Essen und der Tee für den Tag vor dem Aufbruch vorbereitet.

Sullahm: „Ein *Amanar* bekommt nachts selten mehr als vier Stunden Schlaf. Das Gehen im weichen Sand ist beschwerlich. Mensch und Tier sinken tief ein. Oft müssen steile Dünen überquert werden. Andere Gebiete sind mit scharfem Sand bedeckt, die Sohlen der Tiere laufen sich blutig. Die El Khenachich-Senke hat einen steinigen Untergrund. Hitze und Durst sind deine ständigen Begleiter."

Aklomid nickte beipflichtend mit dem Kopf.

Was ich da hörte verblüffte mich. Noch nie hatte ich Tuareg oder andere Wüstenvölker klagen, ihr Schicksal bemitleiden hören. Sie kannten nichts anderes als ihre Welt und waren damit zufrieden. Erst der Tourismus ließ die Menschen über ihr karges Dasein reflektieren. Es wurden Vergleiche angestellt, die eigene harte Existenz hinterfragt. Besonders die Jugend wird von dem vermeintlich schönen, bequemen Leben der Besucher geblendet. So gesehen, ist Timbuktu nicht nur durch den Sand bedroht, ebenso durch den unsäglichen Einfluss des Massentourismus!

Aklomid, der alte Karawanier a. D., dessen war ich sicher, wird den Verlockungen des „süßen Lebens" nicht erliegen. Etwa mit elf – natürlich war ihm sein Geburtsjahr nur ungefähr bekannt – begleitete er die erste Karawane seines Vaters, erinnerte sich der Alte. Seitdem hatte er ihm sieben Jahre als Treiber gedient. In der Missionsschule hielt er es nur zwischendurch für wenige Wochen aus. Er wollte unterwegs sein. Musste die Wüste lesen lernen. Wollte bald eine eigene Karawane führen können.

„Wie orientiert sich der *Amanar* im Sandmeer?" fragte ich.

„Den Kurs kannst du aus Sternen, Wind, Sand und Sonne ersehen. Nachts deuten wir den Lauf der Sterne und des Mondes. Am Tag geben uns Windstärke und -richtung zur bestimmten Jahreszeit und der Sonnenstand, dann die Länge der Schatten unserer Kamele, die Richtung an. Farbe, Form und Beschaffenheit des Sandes verraten den Standort. Wenn du die Zeichen lesen kannst, ist dir die Wüste ein vertrauter Garten. Wenn nicht, ist sie dein Grab."

„Und wann hast du die erste Karawane führen können?"

Der Alte zog bedächtig an seiner Pfeife und erinnerte sich, 20 Jahre alt gewesen zu sein. Obwohl er die Weiten des Erg Atouila nach Taoudenni gut kannte, war er sehr aufgeregt. Es war die Verantwortung für 80 Kamele und 25 Helfer.

„Keine Angst vor unvorhergesehenen Ereignissen gehabt?"

„Unvorhergesehene Ereignisse? Eine Karawane ist in Allahs Hand. Er bestimmt den Ausgang! Der *Amanar* ist nur das gute oder schlechte Werkzeug", erklärte der Alte. Geheimnisvoll rückte er heran. „Ich will dir etwas über die Sahara sagen. In der Wüste kannst du leicht überleben. Du musst nur zugeben, dass es in ihr etwas gibt, das größer ist als du: Entfernung, Hitze, Dürre. Wenn du das akzeptierst, dann ist die Wüste großzügig, wenn nicht, ist sie dir böse, sie wird dich vernichten. Inschallah."

In der folgenden Nacht weckte uns lautes Brüllen, Rufen und Schlagen. Auf dem Marktplatz war eine Salzkarawane eingetroffen. Mit Salz aus den Salinen von Taoudenni. Salz, das in Lagerhallen von Großhändlern Moptis oder Djennés gelangt, portioniert und teuer verkauft wird. Salz, das Karawanenführer durch die Wüste bringen – Tuareg, die besten Salzspediteure der Sahara. Gerade schritt der Anführer die Dromedarfront mit einer Laterne ab. Badukar navigierte eine 700 Meter lange Karawane mit 250 Tieren. Einige der Wüstenschiffe ließen sich erschöpft nieder. Dabei kauten und rülpsten sie. Ihre Mägen arbeiteten wie ein defekter Auspuff. Ich war aus dem Zelt gekrochen, um das Ereignis mitzuerleben. Das Eintreffen großer Karawanen ist immer ein Erlebnis.

Treiber luden jetzt die Last, schüsselförmige Salzbarren, ab und banden den Dromedaren die Füße zusammen. Badukar war angespannt und wortkarg. Schließlich verriet er doch, dass der Salztransport umgerechnet 250 Euro einbringen würde. Für 18 Tage fast pausenlosen Wüstenwanderns ein erbärmlicher Lohn für seine Karawane ...

Gern würde ich mehr über den Salztransport erfahren. Unsere Zeit war jedoch bemessen. Wir weilten hier, um verlorene Schriften zu suchen.

Und das war wie ein Hirsekorn im Wüstensand entdecken.

Ein nächster Weg führte zu Ali Ould Sidi, dem Bürgermeister. Der hatte nur die Probleme seiner Stadt im Kopf, fluchte über den Sand und die Dürre von 1970, die den Kanal zwischen Niger und Timbuktu austrocknen ließ. Seither gibt es für die Oase keinen Flussanschluss.

„Meine Stadt ertrinkt im Sand", stöhnte er, „und niemand zieht sie heraus!"

„Das stimmt so nicht", erklärte Michèl später, „erst vor wenigen Jahren wurde Timbuktu mit UNESCO-Geldern elektrifiziert, was Ali Ould einen Internetanschluss bescherte. Außerdem wurde die Wasserversorgung verbessert, allerdings mit äußerst hässlichen Wassertürmen."

„Alte Schriften? Ich weiß nichts darüber, gehen Sie ins Centre Ahmed Baba oder fragen Sie Sidi Yahia. Das ist ein weiser Mann, ein Hüter der Tradition und der Geschichte", gab uns das Oasenoberhaupt mit auf den Weg.

Yahia, Imam der Sankoré-Moschee, war ein ehrwürdiger Herr, in weißes Tuch gehüllt. Ein sorgfältig gestutzter Bart verlieh ihm zusätzlich Würde. Sein dunkelbraunes Gesicht durchzogen Sorgenfalten. Er war abweisend. Ich merkte es an seinem Minenspiel. Wer mag schon auf Anhieb neugierige Ausländer, dazu noch Ungläubige? Wir schlenderten von der Moschee seinem Steinhaus zu.

Er verweilte vor der silber ornamentierten Pforte aus der Zeit der marokkanischen Besatzer. Theatralisch vermittelte er uns sein Wissen zu Ahmed Baba ... Bis ihm Abdul, unser Bibliothekar, behutsam zu verstehen gab, dass wir das Wirken Babas kennen und hoch schätzen, und dass wir auf der Suche nach verschollenen Schriften sind, die Timbuktus Rolle als Gelehrtenzentrum unterstreichen.

Der Imam wurde etwas zugänglicher, indem er über bedeutende Erfindungen des arabischen Forschergeistes berichtete, die hier ihren Dreh- und Angelpunkt hatten: Al-Chwarismi, der Vater der Algebra und des Rechnens mit Dezimalzahlen wurde erwähnt.

Für die Orientierung in der Wüste und für die Bestimmung der Richtung Mekkas führte der Araber komplizierte Rechnungen durch. Mit dem Gelehrten Alhazen widmete er sich den Planetenbahnen des Kosmos. Al-Idrisi verfasste die erste vollständige Beschreibung der damals bekannten Erde. Aus seinem Atlas erhielten Italien und Spanien Kenntnis von Nordafrika, Indien und China. Zu den genialsten Erfindungen gehört das indisch-arabische Zahlensystem, das mit nur zehn Ziffern von 0 bis 9 jeden Zahlenwert darstellen kann und alle Rechenoperationen ermöglicht. Arabische Zahlen verdrängten bald die römischen, mit denen kaum gerechnet werden konnte. Wer vermag LXXVII durch XIX zu teilen? Ohne die arabischen Zahlen wäre die Computertechnologie unmöglich!

Ich hatte vernommen, dass sich noch um die 500 000 mittelalterliche Manuskripte in der Stadt oder der Umgebung befinden müssten – vergraben, versteckt, vergessen oder in gehütetem Privatbesitz von Nachkommen der Gelehrten. Es musste also Familien geben, die über Generationen in Timbuktu leben und ihren geheimen Bibliothekenschatz über Generationen weiter vererben.

War Imam Yahia ein solcher Geheimnisträger? Ich war besessen von der Vorstellung, ein frühes astronomisches Werk zu finden, darin zu blättern. Yahia machte keine Anstalten, uns einzuweihen. Stattdessen führte er uns ins Innere von *Djingere Ber*, dem einstigen Wissenstempel, in dem Achmed Baba forschte. „Seine Nachfahren, und auch ich zähle mich dazu, hüten das Erbe unserer großen Vergangenheit", sagte Yahia bedeutungsvoll.

„Und Sie wollen niemanden teilhaben lassen?" fragte Michèl.

„Wir Imame tragen eine große, schwere Verantwortung. Wer, wenn nicht wir, haben die heilige Aufgabe, die Schriften zu bewahren? Täten wir es nicht, würden sie in den Archiven der Ungläubigen in Amerika, in Europa verschwinden. Timbuktu wäre seiner Wurzeln beraubt. Haben uns die Saadier (Marokkaner) nicht schon genug gestohlen? – Ein altes Sprichwort lautet: Salz kommt aus dem Norden, Gold aus dem Süden und Silber aus dem Land der Weißen, aber das Wort Gottes und die Schätze der Weisheit sind nur in Timbuktu zu finden. Dabei möchte ich es bewenden lassen."

Klar, so einfach war der Vorbeter nicht zu erweichen. Trotzdem spürte ich, dass er unsere lauteren Absichten fühlte. Wir wollten nicht kaufen, keine Schrift entwenden, nur schauen, erklären lassen.

„*Al-hamdulillah* (Gott sei gepriesen)", sagte der Imam, neigte sein Haupt und schritt von dannen. Verwundert blieben wir zurück, genossen noch etwas die Kühle der Großen Moschee, dann traten wir ins gleißende Licht mit der lähmenden Hitze, schlupften in unsere Schuhe.

Andere Informanten wurden interviewt. Wie früher, überall die gleiche unüberwindliche Mauer des Schweigens!

Mehrere Tage weilten wir nun in Timbuktu. Auf der Suche nach verschollenen Büchern waren wir aber keinen Schritt weitergekommen. Dennoch hielt sich die Ahnung, dass Imame und andere einflussreiche Männer unser Anliegen wägten und heftig diskutierten ...

Auf dem Markt waren wir gerade mit einem der mächtigen Salzhändler im Gespräch. Salzbarone sind Leute, die über ein Netzwerk von geheimen Verbindungen verfügen und den Wüstensand rieseln hören. Ein Junge, wahrscheinlich ein Bote, zupfte mich am Ärmel, als Nuhn Agah, der Salzmagnat, geheimnisvoll: „Bou Djébéha", und „Abdel Boucton", flüsterte.

Der Bote führte uns durch versandete Gassen in das Haus eines gewissen Haidara, seines Zeichens Marabut, Heiliger und Schriftgelehrter. Der Name sollte mir später noch einmal begegnen. Der saß bedeutungsvoll auf seiner Bastmatte, als erwartete er uns bereits. Ein Mann von knapp 50 Jahren, mit schwarzen, intensiven Augen, hager von Gestalt. Von Büchern und Aktenstapeln war er umgeben.

„Sie interessieren sich für Timbuktus goldene Zeit? Nehmen Sie bitte Platz. Ich kann Ihnen etwas darüber erzählen", sagte er pathetisch. Heißer starker Pfefferminztee wurde gebracht. Wir ließen uns nieder und vernahmen, dass seine Familie seit dem 14. Jahrhundert in Timbuktu lebte. Sie sei aus Saudi-Arabien eingewandert. Er sei Verwalter alter Bücher und vieler Manuskripte. Ein halbes Jahr lebte er in der Oase bei seiner Familie, die andere Hälfte sei er Gastdozent an Universitäten in Marokko und Spanien. Abdel Kader Haidara sei studierter Historiker, Dichter, Schriftsteller und spreche mehrere Sprachen. Ein polyglotter Gelehrter also. Er berichtete von einem Geist der Stadt im 19. Jahrhundert, der weit und offen gewesen sei. Es gebe jüdische, auch christliche Gemeinden, die das kulturelle Leben befruchteten. Heute lebte kein einziger Jude hier und die wenigen Christen möchten keinesfalls auffallen. In einem Baptistenkirchlein mit Blechdach versammelten sich bisweilen gerade mal 50 Gläubige um Pastor Nouh. Es sei eine Mühsal als Ungläubiger unter Muslimen zu leben. Er, Abdel Kader, sei ein Freigeist unter den orthodoxen Jüngern Mohammeds.

Gebannt lauschten wir Bericht. Spürten seine Liebe zur Sprache, sei es arabisch, französisch, spanisch. Er hatte sie alle gelesen, die großen Philosophen, Denker und Dichter: Sartre, Camus, Jaspers, Heidegger, natürlich auch die Griechen. Als er gar Verse aus Schillers „Das Lied von der Glocke" in deutscher Sprache rezitierte, war ich gerührt. Mitten in Timbuktu:

„Fest gemauert in der Erden
Steht die Form aus Lehm gebrannt
Heute muss die Glocke werden!
Frisch, Gesellen, seid zur Hand! ..."
in fast akzentfreiem Deutsch zu vernehmen, barg eine gewisse Achtung vor der abendländischen Kultur.

Nun griff er hinter sich und schob einen braunen Lederkoffer in unsere Mitte. Mir klopfte das Herz vor Erwartungsfreude. Befanden sich in dem verstaubten Koffer Abhandlungen zur Astronomie? Er blies den Staub ab und hob den Deckel. Bücher und Skripte!

„Hier, schauen Sie die Werke durch", sagte er zu Abdul el Bedar. Unser Bibliothekar machte sich sogleich ans Werk, durchstöberte einen Stoß noch nie gelesener Schriften. Ab und zu entwich ihm ein: „Très intéressant!" Oder „Extraordinaire!"

Die kalligraphisch verschönten Blätter trugen ihn zurück in längst vergangene Zeit. Nach einer Weile ließ er uns teilhaben an dem Gelesenen. Es ging um medizinische Abhandlungen zur Malaria, zur Pest und Cholera, um Mittel der Potenzsteigerung, dann um Koraninterpretationen und Texte zur Scharia, dem religiösen Gesetz des Islams. Mein Interessengebiet war nicht dabei. Auch hatte ich den Eindruck, dass es sich zumindest bei einigen Schriften um Kopien oder solche neueren Datums handelte. Mir wollte die Botschaft des Salzhändlers nicht aus dem Kopf. Was hatte es mit „Bou Djébéha" und „Abed Boucton" auf sich?

Michèl Palai erklärte, dass es sich bei ersterem um eine Oase, gut 200 Kilometer nördlich Timbuktus, handelte, und „Abed Boucton" der Name des Scheichs dieser Oase sei. Gab es da einen Zusammenhang zu Büchern? Wir mussten das herausfinden!

Im Schnee auf dem Weg nach Andorra

Werner (mit Brille) unter Wasserverkäufern in Marrakesch

Blick „aus" dem C 1-Roller auf den Hohen Atlas

Der Scheitelpunkt Tichka im Hohen Atlas, Marokko

Auf der Piste Richtung Algerien. Dromedare haben Vorfahrt

Siesta am Rande der Sahara

Allein in der Schotterwüste. Am Horizont die Dünen des Erg Chebbi

Der Ritt im Erg Chebbi zwischen Marokko und Algerien

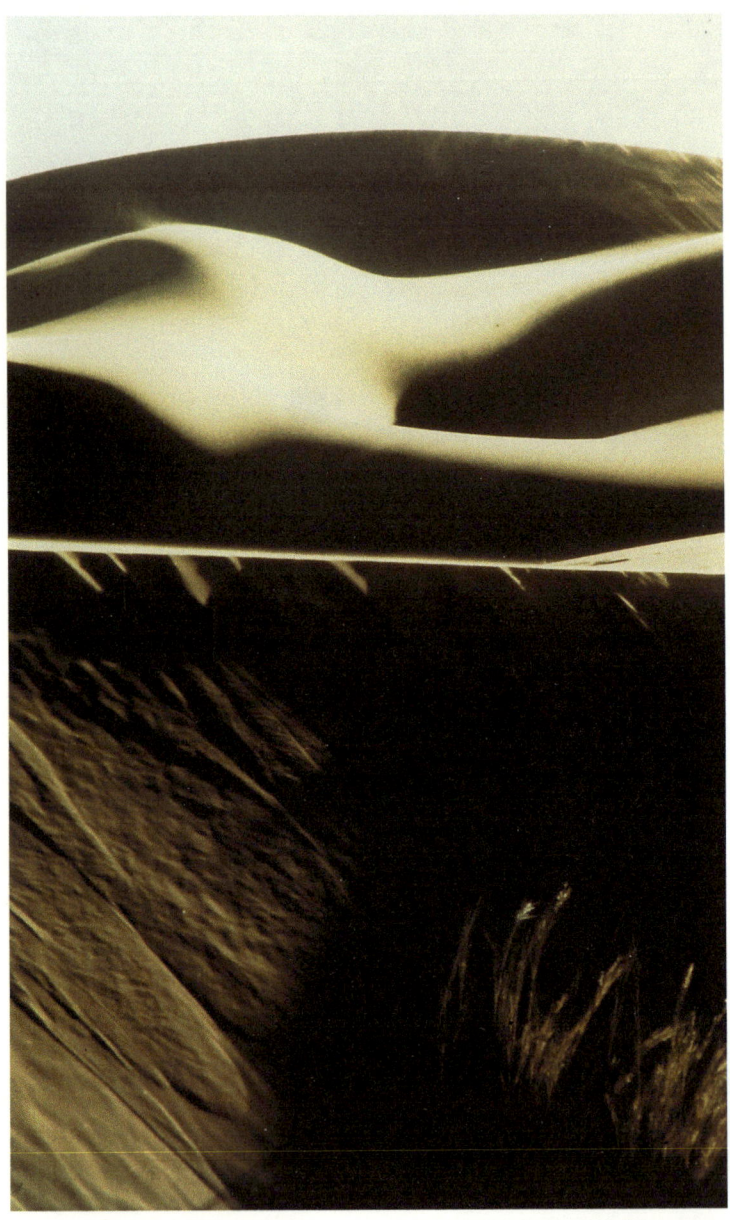

Eine herrliche Sandformation – mit dem Roller kein Durchkommen

Die Große Moschee von Djenné,
das imposanteste Lehmbauwerk der Welt nach der Restaurierung

Die heiligen Krokodile von Bandiagara
sind der Sage nach Auslöser für die Ortsgründung im Dogonland

Bambara-Frau in Fourou

Der Dogonbauer weissagt die Zukunft im Sandkasten
mit Knöchelchen und Steinchen

Hirsebauer mit Sohn vor den Vorratsspeichern in Yabatalou

Der Dama: Awas ziehen maskiert auf den heiligen Versammlungsplatz

Stelzentänzer in Aktion

Stelzen- und Stockwerksmasken-Tänzer harren ihres Auftritts

Alles Bedeutende hat bei den Dogon eine bestimmte Maske …

... und einen besonderen Tanz

Masken symbolisieren das Dies- und das Jenseits der Dogon

Der Stelzentänzer mit Kaurimuscheln und Kalebassenbusen
verkörpert Fruchtbarkeit

Hoch über dem Dorf Yabatalou ruhen die Toten
in den ehemaligen Höhlen der Tellem

Am Niger: Unsere Pinasse „Barley" wird beladen

In der Pinasse wird eine Mahlzeit vorbereitet

Der Iman Sidi Yahia versteht sich als Hüter alter Schriften und der Tradition

Der Brunnen Tin der Bewacherin Buktu,
Namensgeberin der Oase Timbuktu

Sullahm, mein Begleiter,
ein malerischer Karawanenführer, hier in hellblauer Gandurah

Tuareg waren einst Herrn und Ritter der Sahara.
Heute sind die meisten verarmt

Timbuktus Wahrzeichen: das Minarett der fast
1000 Jahre alten Sankoré-Moschee

Eingang zum Barth Museum in der Rue Heinrich Barth

Der Hamburger Afrika-Forscher Heinrich Barth
(Barth Museum in Timbuktu)

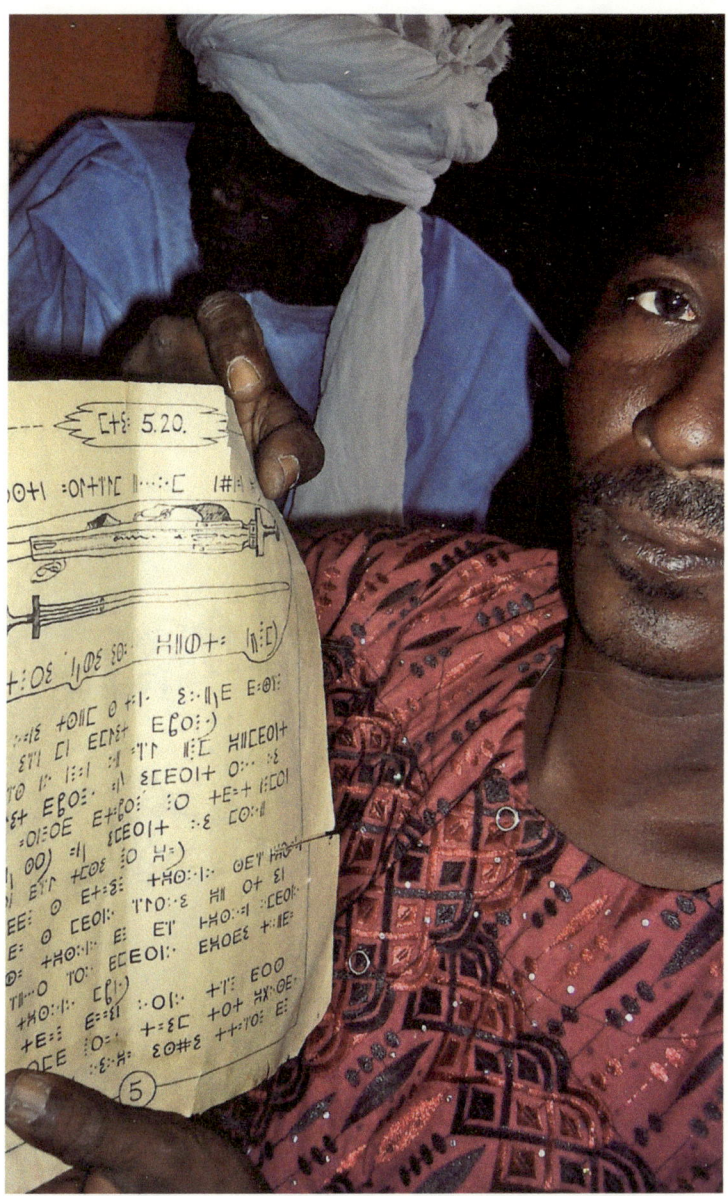

Ein Blatt mit Tuaregschrift, dem Tamaschek oder Tifinagh

Karawanen verbinden die Oasen Timbuktu und Taoudenni

Die Wüste kann grausam sein, sie verzeiht keine Fehler

Wodaabe-Hirte hat sich herausgeputzt

Ein besondere Fund: der Kommentar Al-Qadi Zadehs
aus dem 14. Jh. zum Lauf von Merkur und Venus um die Sonne.
Meine Gewährsleute sind davon überzeugt.

Für die Kinder gewohnter Alltag, die Bundeswehr in Gao

Fourou: Goldgräber im Schacht

Unter Maskentänzern im Dogon-Land

Hausa-Frau mit Goldgehänge

Scheich Abed Boucton gewährt Einblicke in seinen Schatz
verschollener, alter Schriften

Schulklasse in Touréla: Wir wünschen uns eine Toilette

Camp Castor in Gao: Die Aufklärungsdrohne
Heron wird aus dem Hangar gezogen

Im Innern „meines" *Fennek*

Milizionäre, Regierungssoldaten, IS-Kämpfer – wer weiß das schon?
Mali kommt nicht zur Ruhe

Auf Patrouille in Goa …

… am Tag

… des Nachts

„Wüste, die Sahara, zu fühlen,
zu schmecken, zu riechen, in
ihrer Stille zu lauschen,
erscheint mir ein seltenes,
ja großartiges Privileg."

(Wolf-U. Cropp)

Durch die Wüste

Unser Landcruiser bohrte sich durch weichen, tiefen Sand gen Norden. Die Welt reduzierte sich auf zwei Elemente: Sand und Himmel. Sand als Endprodukt von Materie, darüber der Himmel mit der Sonne, die alle Farben aus der Landschaft brannte. Abends dann gewannen die Dünen Konturen und Plastizität. Grate hoben sich wie Scherenschnitte vom Himmel ab. Schwarze Käfer, Skinke, Geckos schlüpften aus dem Sand in die Kühle der angebrochenen Nacht. Rannten umher, jagten, stießen Laute aus wie gequälte Babies – die Wüste der Nacht war voller Vitalität. Wir schliefen in den Dünen. Sandvipern und Skorpione wurden gedanklich ausgeblendet.

Der nächste Tag war noch heißer. Die Sonne donnerte ihre Strahlen herab wie auf einen Amboss. Hier, wo wir jetzt herumkrochen, wurden im Juli 2003 die deutschen Geiseln der Terroristen ausgetauscht. Den Norden Malis beherrschen rivalisierende Tuareg-Clans und Glaubensfanatiker.

Plötzlich verschluckte sich der Motor, bockte, dann stand der Wagen bis zu den Achsen im Sand. Wir schaufelten und schoben Sandleitern (perforierte Bleche) unter die Reifen. Michèl startete. Nichts. Der Toyota lag da wie einbetoniert. Bedrohliche Stille. Fast 50 Grad im Schatten. Verdammt!

Eine Autopanne abseits befahrener Pisten kann schnell zur Katastrophe werden. In der Wüste verliert ein Mensch pro Tag sieben Liter Wasser durchs Schwitzen. 14 Liter, wenn er zu Fuß unterwegs ist. Tod durch Verdursten ist qualvoll.

Mit Michèl und Abdul studierte ich die Karte.

„Hier sitzen wir fest", meinte der Franzose und zeigte auf eine gelbe Fläche, etwa 90 km unter Bou Djébéha. Mein Finger glitt nach Nordosten über die Djebel Timétine-Berge nach Tessalit.

„An dieser Stelle wurde 2004 eine Gruppe deutscher

Touristen von GSPC-Rebellen aufgebracht", sagte ich und deutete wieder auf unseren Standort.

„Stimmt, da gabs einen Zwischenfall", sagte Abdul.

Unter dem Titel „Gangster-Grüße aus Mali", war mir die *Focus*-Information im Gedächtnis. Die Gruppe war auf dem Weg nach Timbuktu, als plötzlich vier Pick-ups mit auf der Ladefläche montierten Maschinengewehren heranpreschten und die Deutschen zum Halten zwangen. Rebellen mit Kalaschnikows trieben zum Aussteigen.

Im Nu waren die Deutschen von einer 18-köpfigen Bande eingekreist, deren Anführer sich „Kommandant der islamistischen Terrorgruppe GSPC aus Algerien", nannte. Die Urlauber wurden in ein rund 20 km entferntes Camp der Wüstenkrieger verschleppt, wo sie den Grund für den Überfall erfuhren: Es ging nicht um Geld und Erpressung, es ging um das Versprechen, der Öffentlichkeit in Deutschland mitzuteilen, dass die islamistischen Terroristen jederzeit bereit wären, in Deutschland, Frankreich und den USA Attentate zu verüben oder Reisegruppen zu entführen und zu bestrafen.

Am nächsten Morgen ließen sich die Kidnapper sogar fotografieren. Man tauschte Namen aus. Die Touristen durften ihre Reise unbehelligt fortsetzen. Glück gehabt!

Später stellte sich heraus, dass es sich bei den Entführern um Anhänger des Islamisten Abderrassak al-Para gehandelt hatte. Al-Para hatte sich mit seiner Bande bereits einige Feuergefechte mit Regierungstruppen in Algerien und Mali geliefert und wird für das Kidnapping 2003 in Algerien verantwortlich gemacht.

Als der Wagen trotz aller Bemühungen nicht ansprang, der Wind Sandschleier vor sich herblies, die Nacht hereinbrach, erschienen unwillkürlich schaurige Bilder von Verdursteten. Und die von grandioser Urnatur. Was ist eine Wüste? Erfolglosigkeit? Krankheit? Einsamkeit? Trostlose Trockenheit? Die Ohnmacht angesichts erhabener Natur? Keinem wird der Weg durch seine Wüste erspart. Jeder muss dazu bereit sein, sich in seiner Wüste aufzuhalten.

Wer die Gunst der Natur erbittet, ihren rettenden Gnaden-
tau erfleht, muss auch die Erbarmungslosigkeit der Wüste
dulden. Ist sie nicht brutal und wunderbar, die Wüste? Da
war sie wieder gegenwärtig, die Weisheit aus Mali: „Siehst
du den Aasgeier auf einem toten Menschen, dann sag: Weg
von meiner Leiche!"
Und wie von weither erschien mir ein Erlebnis, das ich
vor vielen Jahren in der Zentralsahara hatte: Mit Georg, einem Ethnologen, versuchte ich, von Agadez aus durch den
Ténéré die Oase Faschi zu erreichen. Auf dem direkten
Weg sind das etwa 400 Kilometer. Keine besonders lange,
aber mit einem Fahrzeug recht schwierige Strecke in nord-
östlicher Richtung, hinein in den Grand Erg de Bilma. Alle
verfügbaren Blechkanister wurden mit Dieselöl gefüllt, insgesamt 180 Liter, was für etwa 1400 Kilometer reichen
müsste. Für die Rückfahrt würden wir eine ausreichende
Reserve übrig behalten. Nach Azzaouager folgten wir dem
alten Salzkarawanenweg durch eine Landschaft sehr weichen Sandes. Ausgedehnte *Fesch-Fesch-* (Flugsand) Felder
konnten nicht umfahren werden. Ständig sandeten wir ein.
Die Schwierigkeiten übertrafen unsere Vorstellung. Wir
mussten Sandblech für Sandblech legen, um darauf den
Wagen jeweils um drei Meter weiterzubringen. Georg
schaufelte die Reifen frei, schob 1,50 Meter lange Sandbleche unter die Vorderräder. Ich fuhr auf die Bleche. Damit
das gelang, musste Georg schieben und das unter glühend-
heißer Mittagssonne. Bisweilen schrie und fluchte der
Freund, da er sich am Wagenblech verbrannt hatte. Nach
1,50 Metern versackten die Vorderräder wieder, aber jetzt
erreichten die Hinterräder das Sandblech, noch einmal
ging's um 1,50 Meter voran ... Und wir saßen aufs Neue
fest. So bezwangen wir im Drei-Meter-Rhythmus eine drei
Kilometer lange Dünenauffahrt. Ergebnis: Wir waren nicht
nur völlig erschöpft, das Manöver hatte auch ein beträchtli-
ches Loch in unseren Dieselvorrat gerissen. Für die ersten
40 Kilometer hatten wir so viel Sprit verbraucht, wie sonst
für 250 Kilometer. Aber wir hatten uns gut eingedeckt und

die Strecke würde nach 200 Kilometern besser werden, hatte man uns in Agadez versichert.

Nein, sie wurde nicht fahrbarer. *Fesch-Fesch* reihte sich an *Fesch-Fesch*. Wieder das gleiche Spiel. Es war zum Verrücktwerden, und der Motor soff und soff. Diesel ging weg wie Bier auf dem Oktoberfest. Allmählich wurde uns mulmig. Wir hatten gerade drei Viertel der Hinfahrt zurückgelegt und bereits 70 Liter verbraucht. Wie sollten wir je zurückkommen? In Faschi Dieselöl zu bekommen, war so gut wie aussichtslos.

Georg sah das anders. Er hatte Informationen, dass sich von Zeit zu Zeit Lkws in die Oase wagten, folglich ein Tanklager bestehen müsse. Außerdem wollte er die Kanuri bei der Salzgewinnung erleben. Das war auch mein Anliegen. Da ich mich aber einst auf einer Fahrt südlich von Guezzam an der algerischen Grenze verfahren hatte und nur durch Zufall auf die Piste zurückfand, hatte ich größten Respekt vor der Gefährlichkeit der Wüste. Oder war ich einfach ängstlich geworden?

Wir fraßen uns weiter in die Sahara. Erreichten Faschi, studierten die Kanuri in den Salinen. In der Oase gab es kein Dieselöl. An die Rückfahrt mochte ich nicht denken. Unsere Reserve von 85 Litern reichte nur bei optimalen Sandbedingungen. Wir mussten zurück, das war klar. Aber die Rückfahrt war nicht riskant. Sie war leichtsinnig! Am Arbre du Ténéré ging der Sprit aus. Natürlich war die Piste nicht besser als zuvor. Wir verharrten, schweigend, deprimiert, mutlos, warteten auf ein Wunder.

Am westlichen Horizont reihten sich tanzende Punkte auf. Eine Stunde später hatten wir eine kleine Karawane vor uns. Der Anführer stieg vom Dromedar. Wir berichteten ihm unser Missgeschick. Er hörte schweigend zu, dann meinte er in gebrochenem Französisch: „Ein Mensch geht nicht weiter als sein Schatten. Ihr seid zu weit gegangen und solltet in Demut verharren, bis der Tod euch erlöst."

Erst brüskiert, dann betreten, ließen wir seine Worte wirken. Wie viel Wahrheit sprach der Mann gelassen aus! Ich habe seine Worte nie vergessen. Und was dann folgte, war noch unglaublicher: „Aber ihr sollt nicht sterben. Hätte Allah mich sonst geschickt?" Wir schauten den Mann der Wüste entgeistert an. Hinter ihm rülpsten die Kamele, die Treiber verharrten wie Salzsäulen. „Nehmt eure Kanister und folgt mir. Ich zeige euch, was ihr braucht." Er schritt eine Weile voran, über flache Dünen, durch ein sanftes Tal. Schließlich blieb er an einer Ansammlung alter Blechtonnen, einfach so in den Sand geworfen, stehen. Die Tonnen waren Fässer mit Dieselöl. Unfassbar! Der Mann drehte sich um, ging zu seiner Karawane und verschwand wie ein heiliger Geist in der Unendlichkeit. Wir wussten nicht, wie uns geschah. Dieselölfässer in dieser menschenlosen, total abgelegenen, noch kaum erforschten Region der Sahara, zum Teil ganz, teils halb im Sand vergraben! Und der Mann, der uns das Wunder beschied, verschwand, ohne von uns belohnt werden zu können!

Wir öffneten eines der Fässer und tankten, tankten alles voll, was wir an Kanistern bei uns hatten. So kämpften wir uns problemlos durch die spritfressenden *Fesch-Fesch* und erreichten bei Azzaouager erneut die Piste. Wenig später dann Agadez. Die Fässer im Wüstensand sind für mich noch heute ein Wunder. Auch wenn es dafür in der Oase eine Erklärung gab: Vor Jahren waren die Fässer für eine geplante Expedition als Depot dorthin geschafft, einfach liegengelassen und vergessen worden.

Merkwürdig: So vom Sand umgeben, muss ich an den großen alten Mann der Saharaforschung denken. Professor Théodore André Monod. Ich habe den unglaublich zähen, greisen Franzosen stets bewundert. Viele 1000 Kilometer hatte er die unberührte Sahara Malis, Mauretaniens oder Algeriens durchschritten. Zu Fuß, mit Kamelen, zuletzt 90-jährig und fast erblindet, mit seiner Biographin Isabelle Jarry, beseelt von einem humboldtschen Forschungseifer. Monod war eine absolute Ausnahmeerscheinung unter den Feldforschern. Zwischen 1953 und 1964 legte er fast 7000

Wüstenkilometer zurück, wobei er bis zu 900 km ohne Wasserstellen bewältigte. Das äußerste, was der Mensch zu Fuß mit Kamelen auszuhalten vermag.

Bei Essouk in Mali entdeckte er das 6000 Jahre alte Skelett eines Humaoiden, des „Menschen von Asselar", im Tibesti-Gebirge unbekannte Felszeichnungen besonderer Aussagekraft, in Mauretanien fand er Überreste einer verschollenen Karawane, abgesehen von den Tier- und Pflanzenproben, die er als Direktor des *Institut d'Afrique Noire* und Professor am Museum für Naturgeschichte in Paris analysierte und beschrieb.

„Im Grunde bin ich einer der letzten Saharareisenden des Karawanen-Zeitalters", pflegte er zu sagen, „man empfindet eine unterschwellige Wehmut, wenn man Dinge sterben sieht, die man sehr geliebt hat." Monod starb 2000 mit 98 Jahren in Paris. Gern wäre er in seiner geliebten Sahara geblieben: „Wenn ich in der Wüste sterbe", sagte er oft, „dann möchte ich dort in einem roten Burnus begraben werden."

„In der Wüste sind mehr Menschen ertrunken als verdurstet!" machte sich Michèl schon vor Sonnenaufgang bemerkbar. Der Morgenwind fegte Staubwolken wie wirbelnde Derwische. In aller Ruhe, mit technischem Geschick, reinigte der Historiker Luft- und Kraftstofffilter, baute die Teile wieder ein. Der Motor sprang an. Der Wagen schob sich aus dem Sand.

Am übernächsten Tag flimmerten Palmen und würfelförmige Häuser über dem Horizont. Eine Fata Morgana? Eine flirrende Unwirklichkeit? Nein, wir hatten Bou Djébeha erreicht. *Al-hamdulillah!* Alles war so grell wie auf dem Gipfel eines Gletschers. Dazu diese Gluthölle!

„Die Wüste ist für mich die schönste und traurigste Landschaft", pries Antoine de Saint-Exupéry. Ob er damit ihre zerstörende und zugleich konservierende Kraft meinte? Ab 9 Uhr trug sich die Sonne mit Mordabsichten. Über die Sahara quoll sie wie aufgeschlagenes Eidotter. Gedanken flossen zäh wie Brei.

*„Übertriebene Hoffnungen sind
eine Fata Morgana in der
Wüste des Augenblicks."*

(Andreas Tenzer)

Die Oase alter Schriften?

Menschen bewegten sich in dieser Hitze wie in Zeitlupe. Dromedare glotzten blöd-arrogant mit mahlenden Kiefern, während ihre Mägen wie Wackersteine kollerten. Die Residenz des Scheichs war rasch gefunden. Abed Boucton hielt Audienz im Saal seines ockerfarbenen Stampferdehauses. Dort thronte er auf einem roten Brokatkissen. Wir hockten im Schneidersitz in respektablem Abstand unter ihm. Seine stechenden Augen durchbohrten uns. Aus seinem Gesicht ragte eine Nase wie der Schnabel eines Geiers. Ganz Würde, zupfte er sein hellblaues Gewand zurecht. Dann begann sein Mund, umrahmt von einem grauen Prophetenbart, zu sprechen. Gut verständliches Französisch. Er fragte uns nach der Welt da draußen. Sein Horizont endete in Timbuktu.

Wir priesen seinen Ruhm, seine Güte, seine Weitsicht, all dies sei uns bereits in der *Oase der 333 Heiligen* zu Ohren gekommen. Ob ihm dies schmeichelte, konnte ich seiner versteinerten Mine nicht entnehmen.

Nun übergaben wir ihm Gastgeschenke: eine Solaruhr und zwei Solartaschenrechner. Wohlwollend, mit einem flüchtigen Lächeln, nahm der Scheich diese entgegen. Schließlich erkundigte er sich nach unseren Wünschen. Wir nannten sie ihm. Sein Gesicht verfinsterte sich wieder. Diesmal um eine zusätzliche Nuance.

Misstrauen?

Scheich Boucton erhob sich nach der Teepause und riet, morgen erneut zu erscheinen, er wolle unser Anliegen überdenken.

Tags darauf trafen wir ihn vor einem zerfallenen Haus am Marktplatz. In seinem Gesicht las ich friedliche Güte und etwas Konspiratives. „20 000 CFA (30 Euro)", zischte er. Ich steckte ihm die Scheine zu. Er schloss eine schwere Zederntür auf. Wir stiegen über Sandverwehungen, die sich in dem schummerigen Raum gebildet hatten.

Weiter ging's durch einen düsteren Gang, der lebhaft an

ein Verlies erinnerte. Ehrlich gesagt, ich kam mir vor wie Indiana Jones vor der Entdeckung des heiligen Grals. In der hinteren Ecke fegte Boucton eine Truhe frei.

„Was Sie jetzt zu Gesicht bekommen, hat noch niemand gesehen!" sagte der Scheich bedeutungsvoll." Andere Schriften und Bücher seien vor einem Jahr gefunden und katalogisiert worden. Ein Archivar des Centre Ahmed Baba sei hier gewesen. „Doch diese kleine Bibliothek hat mein Enkel erst zufällig vor ein paar Wochen entdeckt und freigelegt."

Er lüftete den Deckel. Staub der Jahrhunderte entwich. Ich starrte wie in eine Schatztruhe voll Gold und Diamanten.

Unglaublich! Vor uns lagen Skripte in arabischer Schrift, Zeichnungen, gut erhalten, wunderbar ausgearbeitet, andere vergilbt, angefressen. Dann Bücher, kostbar in Leder gebunden. Unschätzbare Werte!

„Vor 600 Jahren sind diese Schriften von einer Karawane hierher gebracht worden und in Vergessenheit geraten. Der Flugsand hatte sie verschüttet", erklärte Boucton.

„Eine Karawane? Woher?" fragte Michèl sichtlich erregt.

„Wahrscheinlich aus Timbuktu. Die Werke sollten vor den plündernden Saadiern gerettet werden."

Mit fliegenden Händen machten wir uns über den Schatz her, wie Bankräuber über ihre Beute – natürlich äußerst behutsam. Die Aufregung war immens. Michèl und Abdul lasen, machten Notizen, schrieben Passagen ab. Ihre fliegenden Finger glitten von rechts nach links über arabischen Text.

Ich blätterte andere Skripte durch … Da stieß ich auf eine Sammlung loser Blätter. Vergilbt, braun verstockt, etwas zerfleddert, mit arabischen Schriftzeichen in schwarzer und roter Tinte beschrieben. Auf der ersten Seite befanden sich ein großer und zwei kleine Kreise, mit Linien verbunden. Eine Umlaufbahn? Ich traute meinen Augen nicht, zeigte Abdul das Blatt.

„Phänomenal!" stieß er aus, „das muss der Kommentar

von Al-Qadi Zadeh zur Astronomie sein." Die Skizze beschrieb den Lauf von Merkur und Venus um die Sonne. Sie ist im 14. Jahrhundert angefertigt worden und beweist den Sonnenmittelpunkt weit vor Veröffentlichungen von Kopernikus oder Galilei. Ich hielt den Fund im Bild fest. Der Scheich erinnerte an die getroffene Abmachung: schauen, lesen, zurücklegen.

Schweren Herzens trennten wir uns am Abend von der Kostbarkeit. Die Truhe verschwand dort, wo sie einst gelegen hatte – im Sand.

Die Nacht durften wir auf dem Dach einer der Lehmhäuser des Scheichs verbringen. Mit dem Blick über die nächtliche Oase überdachte ich den Fund: Die Geschichte der alten Bücher und Manuskripte von Timbuktu und Bon Djébéla bleiben ein Forschungskrimi, dessen Fall gelöst wird, wenn sichergestellt ist, dass Mali die Werte in vertrauensvolle Hände gibt, damit das wahre Ausmaß islamischer Kenntnisse analysiert werden kann.

Die Wissenschaftstoleranz des Islams der Gründerzeit könnte dazu beitragen, dass verblendete Islamisten von heute sich ihrer führenden Rolle in der Forschung erinnern, vom Terror ablassen, um gemeinsam zukunftsorientiert mit Andersgläubigen an einem harmonischen Miteinander zu arbeiten.

In dieser Nacht dachte ich auch an den Afrikanisten Rolf Italiaander und unsere Gespräche in Rade. Wir waren auf alte Schriften gestoßen. Wie gern hätte ich ihm Aufnahmen von diesen Entdeckungen gezeigt und mit ihm darüber diskutiert. Doch Rolf war vor vielen Jahren gestorben.

Mali verließ ich mit Wehmut, Dankbarkeit, aber auch Hoffnung. Durfte ich doch einen kleinen Blick in die Geheimnisse der Wüste werfen. Abschied von dem gastlichen Land nahm ich in der Zuversicht, dass die Wissenschaften von damals und heute Menschen unterschiedlichen Glaubens in gegenseitiger Achtung zusammenführen mögen!

Au revoir l'Afrique, vielleicht bis bald, im Erdteil vieler Mythen, Geheimnisse und Wunder.

„Armut ist wie ein Löwe –
kämpfst du nicht, wirst du
gefressen. "

(Mali-Sprichwort)

Am Rande des Abgrunds

Hoffnungen platzten wie Seifenblasen. In Mali hatten sich die Dschinns der Wüste versammelt. Böse Geister in der Gestalt islamistischer Gruppierungen, denen sich zeitweise die Tuareg anschlossen: Rebellengruppen aus Algerien, dem Niger, Nordost-Mali und Libyen. Ein heterogenes Konglomerat von Glaubenskriegern, das sich Al-Qaida, Mujao, An-sar-ad-Diu nennt und zum Teil aus geflüchteten, gut bewaffneten Kämpfern des libyschen Bürgerkriegs stammen, drang in ein politisch geschwächtes Mali.

Seit mehreren Jahren schon lebt der südwestliche Teil Malis im Dauerkonflikt mit den nordöstlichen Wüstenregionen des Landes. Dabei geht es um die Auseinandersetzung zwischen Schwarzafrikanern und den Tuareg. Die einstigen Herren der Zentral- und Westsahara fühlen sich schlecht vertreten und von der Zentralregierung in Bamako ausgebeutet. Es ist auch ein Generationenkampf zwischen sesshaften Bauern und den Vieh züchtenden Nomadenvölkern.

Tuareg streiten für den autonomen Wüstenstaat „Azawad". Da die Regierung mit dem Problem nicht fertig wurde, putschten Armeeoffiziere um Hauptmann Amadou Sanogo gegen den amtierenden Präsidenten Amadou Toumani Touré.

Nach dem Militärputsch entstand ein Machtvakuum, in das Tuareg-Rebellen, vereint mit Islamisten hineinstießen. Regierungssoldaten, schlecht bezahlt, schlecht ausgerüstet, unmotiviert, unterlagen dem Ansturm aus der Wüste. Im November 2012 eroberten die Dschihadisten Timbuktu, Gao und Orte kurz vor Mopti. Sie waren im Begriff, gen Westen zu marschieren, Bamako einzunehmen, die Regierung mit ihrem Übergangspräsidenten, Dioncounde Traoré, zu stürzen und Mali als islamistischen Staat, nebst Scharia-Einführung, auszurufen.

Die Franzosen erkannten die Gefahr für Westafrika, für

ihre Interessen und ihre Rohstoffquellen. Besonders das dringend benötigte Uran aus dem Niger durfte nicht in feindliche Hände übergehen. In Absprache mit Traoré griffen sie kurz entschlossen mit kampferprobten Fremdenlegionären aus dem Tschad und anderswo ein und schlugen gemeinsam mit Malisoldaten in der Operation Serval die Rebellen im Februar 2013 in 20 Tagen zurück in die Wüste. Befriedet ist der Nordosten Malis bei weitem nicht. Überfälle, Attentate und Kämpfe um Kidal, Gao, Timbuktu und darüber hinaus reißen nicht ab. Die Bundeswehr hat sich aus Kampfhandlungen herausgehalten. Hilft jedoch bei der Ausbildung der Regierungssoldaten und mit einem leistungsfähigen Feldlazarett in Koulikoro, rund 100 km nordöstlich von Bamako. Damals noch eine heikle Einsatzhilfe, handelte es sich doch mit Präsident Traoré um eine Regierung, die sich an die Macht geputscht, und damit illegal etabliert hatte.

Nach der Rückeroberung unterstützte Mali die Wirtschaftsgemeinschaft westafrikanischer Staaten (ECOWAS) in ihrer Mission AFISMA durch Entsendung einer afrikanischen Eingreiftruppe. Aus AFISMA entstand die Folgemission MINUSMA (Mission multidimensionelle intégree des Nations Unies pour la stabilisation au Mali), die sich aus Mitgliedsstaaten der Vereinigten Nationen (UN) zusammensetzt. Im August 2013 wurde Ibahim Boubacar Keïta friedlich per Stichwahl zum neuen Präsidenten gewählt.

Als letzte Rebellengruppe „Koordination der Bewegung von Azawad" (CMA) unterzeichneten Tuareg ein Friedensabkommen mit der Zentralregierung. Der Vertrag soll Abspaltung, sowie bürgerkriegsähnliche Zustände endlich beilegen. Ein schwieriges Unterfangen, sind sich die Tuaregstämme doch alles andere als einig in ihrer Politik!

Andererseits ist das Volk nie islamistisch, dschihadistisch oder salafistisch gewesen. Tuareg sind tolerante Muslime. Und sie hatten rasch erkannt, benutzt worden zu sein und für ihre Interessen aufs falsche Pferd gesetzt zu haben. Sie hatten sich mit Kulturschändern, Glaubensfanatikern und

Tyrannen eingelassen, die einen Gottesstaat ausrufen wollten, unwiederbringliche Manuskriptschätze vernichteten, Gliedmaßen und Köpfe abhackten und Frauen nur tief verschleiert duldeten. Seit Generationen sind doch Tuaregfrauen unverschleiert und genießen in ihrer Gesellschaftsform hohes Ansehen; ja, man kann sie emanzipiert nennen.

Hinsichtlich der Kunstschätze und der wertvollen Manuskripte, die verblendete Fanatiker für unislamisch halten und gänzlich zerstören wollten, kann die Welt dankbar sein, dass der malische Schriftexperte und Honorarprofessor Abdel Kader Haidara mit Helfern unter Einsatz seines Lebens 2400 Blechkisten, gefüllt mit Schriften, Aufzeichnungen und Büchern, rettete, indem er diese auf geheimen Wegen aus Timbuktu nach Bamako bringen konnte. Heidara war übrigens vor einiger Zeit in Hamburg, wo er Knowhow zur Restaurierung und Konservierung alter Schriften erwarb.

Zu Hause, in Hamburg, ließen mir die Ereignisse keine Ruhe. Ich musste mich wieder vor Ort begeben, um zu erleben, was sich in Mali ereignete.

„Ein Reisender soll Augen und
Ohren aufreißen, nicht das Maul. "

(Tuareg-Sprichwort)

Ein letztes Mal in Mali

Bamako: „Fluss der Krokodile"

Ausgestattet mit der Erlaubnis, das Camp Castor als Medienvertreter besuchen zu dürfen, einer Mitfluggenehmigung von Bamako nach Gao und der Beruhigung, das Seminar für Journalisten: „Schutz und Verhalten in Krisenregionen" im Ausbildungszentrum der Bundeswehr in Hammelburg absolviert zu haben, saß ich in der Air France-Maschine AF 0520 von Paris nach Bamako. Fünf Stunden später hatte mich die Hauptstadt am Niger zurück. Dem Flughafengebäude kaum entronnen, schlugen mir nicht nur afrikanische Hitze mit strengen Gerüchen entgegen, nein, es waren auch Abordnungen hilfreicher Geister gekommen. Es gibt Reisende, die sagen: Achtung, alles Nepper, Schlepper, Bauernfänger! Jetzt hieß es, sich in Sekunden für den richtigen Helfer zu entscheiden. Wer als Alleinreisender an den falschen Dienstleister gerät, hat ernste Probleme, wird gern wie Freiwild behandelt.

Bereits an der Wechselstube für Franc CFA hatte mich einer in den „Klauen", der mich billigst in mein Hotel bringen wollte.

An einen klapprigen Renault gedrängt sprang ein Afrikaner von irgendwo hinters Steuer. Den Beifahrersitz okkupierte im selben Moment ein Mann mit verwittertem, wenig einladendem Äußeren, Typ Straßenräuber, Bandenchef. Der Vermittler der ersten Runde hatte sein Knie in der Tür und verlangte Provision. Ich überlegte, aus dem Wagen zu springen, bevor ich in die Unterwelt chauffiert und ausgemistet werden würde.

Zu spät, der Renault ratterte bereits in Richtung Norden, hinein in den chaotischen Verkehr. Eijeijei, das fing ja gut an! Nach einer Weile fragte mich der Beifahrer:

„Wo soll's denn hingehen?"

Ich hatte mich wieder gesammelt. Ärgerte mich, überrumpelt und leichtsinnig wie ein naiver Anfänger in dieses verdammte Taxi gestiegen zu sein, ohne die Typen analysiert, ohne zuvor nach dem Fahrpreis gefragt zu haben. Selbst schuld, wenn sie dich jetzt ausnehmen wie 'ne Weihnachtsgans!

„Star Résidence Hotel, Rue 407."

„Mann, das liegt auf der anderen Seite, in Boulkassoumbougou – ganz im Nordosten von Bamako."

Mir schwante Böses.

„Was kostet die Fahrt?"

Der „Straßenräuber" tuschelte, wahrscheinlich in Bambara, der meistgesprochenen Sprache in Mali, mit dem Fahrer.

„7000 CFA. Wir nehmen auch 10 Euro", gab er bekannt.

Ich war beruhigt.

Auf der Pont du Roi Fahrd ging's über den Niger. Unaufgefordert erhielt ich eine Stadtführung, abwechselnd in Französisch und Englisch. Der „Straßenräuber" fing tatsächlich an, sympathisch zu werden.

„Also, rechts befindet sich das Memorial Modibo Keïta. Vor uns steht das Monument de la Paix. Und jetzt fahren wir über den Place de l'Indépendance. Gleich kommt die Bibliothèque Nationale, dort biegen wir in die Avenue Cheikh Zayed. Der Place de la Liberté ist einer der Hauptknotenpunkte der Stadt. Dort befindet sich das Ministerium für Inneres und das Ausbildungsministerium. Parallel der Eisenbahnlinie Bamako – Koulikoro geht's auf der Avenue Al Qoods, die jetzt Route de Koulikoro heißt, nach Westen", ratterte er los.

Wir waren nun schon eine Stunde unterwegs. Ich war gespannt ob es bei dem Preis bleiben würde. Wieder drehte sich der Beifahrer nach hinten und fragte:

„Wissen Sie, was Bamako heißt?"

„Sagen Sie es mir."

„In unserer Bambara-Sprache: ‚Fluss der Krokodile' – früher wimmelte es hier im Niger davon."

Im zweispurigen Verkehrsstrom rollten wir durch Vororte, die wie geheimnisvolles Afrika klangen: Quinzambougou, Bakaribougou, Dielibougou ... plötzlich bog der Fahrer rechts ab. Wir holperten durch Schlaglöcher eines unbefestigten Wegs, vorbei an ärmlichen, heruntergekommenen Häusern, vor denen Ziegen und Schafe dösten und Männer großrädrige Karren zogen. Vor einer Fassade, die sich, wie gerade renoviert, von den übrigen abhob, hielt das Taxi.

„Arrivés!" meinte der „Straßenräuber".

Über einem vergitterten Fenster las ich "Star Résidence".

„Geben Sie dem Fahrer die zehn Euro mit etwas Tipp – und was halten Sie von einem Deal?"

„Was für einen Deal?"

„Nun, ich heiße Bouctou, so lange Sie in Bamako weilen, bin ich Ihr Guide. Sie sagen was Sie sehen wollen, ich organisiere. – Wie lange bleiben Sie in der Stadt? Immer in diesem Hotel?"

Ich war unschlüssig, ob ich ihm meine Absichten preis geben sollte. Er stieß mir vertraulich in die Seite.

„Kommen Sie schon. Ich bin lizensierter Touristenführer. Früher habe ich große Gruppen durchs Land geführt, arbeitete für Nomad-Reisen, Bani Voyages oder Timbuctours. Hier mein Ausweis."

Wer's glaubt wird selig. Der Ausweis, eine Fälschung, schoss es mir durch den Kopf. Andererseits – ohne Risiko keine gute Story! Das riet mir in Afghanistan schon Peter Arnett, einst Kriegsberichterstatter bei CNN. Der alte „Jagdhund" nahm an allen Krisenherden des Globus Witterung auf.

„Also, Bouctou", ich tat nun vertraulich „in Bamako bin ich 'ne gute Woche, davon zwei Tage im Star Résidence."

„Okay, ich suche Ihnen 'ne Unterkunft in der City. Wir machen ein Programm. Ich hab' Zeit. Es gibt keine Touristen mehr." Er verzog sein Gesicht zu einer faltigen Grimasse, sagte noch: „In zwei Tagen, elf Uhr!"

Nun sprang er in den Wagen, der mit ihm davon staubte.

Nachdenklich rüttelte ich am Gitter des Hotels. Auf wen hatte ich mich da eingelassen? Das Gitter wurde aufgeschlossen. Strahlend begrüßte mich ein Monsieur Founde Dembele, der Manager des Hotels. Ich trug mich ins Gästebuch ein, wurde dann in ein Appartement im ersten Stock des Hauses geführt. Stolz zeigte mir Dembele die Küche, das Wohnzimmer mit Fernsehapparat, Tisch und Sesseln, dann das Schlafzimmer mit vier Betten.

„Sie reisen allein?" fragte der Manager erstaunt.

„So ist es."

„Meistens vermieten wir an Familien mit Kindern, die Urlaub machen."

Ach du liebe Zeit, dachte ich. Urlaub in Boulkassoumbougou ist ja wie eine Verbannung! Der leutselige Dembele erzählte, studierter Betriebswirt zu sein und gerade einen Deutschkurs an der Universität belegt zu haben. Als Hotelmanager in Deutschland arbeiten zu dürfen, wäre sein Traum.

Seine Kostproben in deutscher Sprache waren allerdings noch recht dürftig. Mit einem Lächeln zog sich der Afrikaner zurück. Ich schaute mich in den Gemächern um. An den Wänden hingen Bilder mit Motiven aus Dörfern am Niger, von Großwild, das es in Mali nicht mehr gab. Außerdem Porträts von Gesichtern verschiedener Volksstämme.

Das Mobiliar war einfach, doch funktional. Der Fußboden wirkte sauber. Ich hielt nach Ungeziefer Ausschau, fand jedoch nichts. Kein Wunder, auf der Fensterbank stand eine Sprühdose, die chemische Keule, mit der nicht nur Kakerlaken zu töten sind. Ich öffnete das Fenster mit dem Moskitonetz, um frische Luft zu atmen. Der Blick fiel in den Hof mit einem Poolbecken ohne Wasser. Links schloss sich eine überdachte Bar an, vor der rustikales Gestühl und Tische standen. Ich hatte den Eindruck, der einzige Gast im "Star Résidence" zu sein.

Ich warf mich aufs Bett und überdachte meinen Aufenthalt in Bamako. Welche Rolle spielte dabei Bouctou, dessen

Aussehen so wenig mit seinen Absichten übereinstimmte? Grübelnd glitt ich in ein Nickerchen.

Als ich aufwachte, war es bereits dunkel. Der Raum stickig und unangenehm warm, die air condition war ausgefallen, an der Decke drehte sich belfernd ein Ventilator. Im Hof brannte Licht. Vor der Bar saßen Schwarze und tranken Limonade. Andere, in weißen Umhängen, die an Nachthemden erinnerten, aßen mit den Fingern undefinierbare Speisen. Ich zog mir die Schuhe an, stieg die Treppe hinab, trat durch den vergitterten Eingang auf den Sandweg, auf dem jetzt Staubfahnen waberten. Eine Stichgasse führte auf die Hauptstraße, die Route de Koulikoro. Dort wälzte sich ein infernalisch lärmender Verkehr in zwei Richtungen durch eine Glocke beißender Abgase. Über unseren Dieselsmog könnte man in Bamako nur müde lächeln. Das Gewühl auf den Trottoirs war grandios. Man schob und schubste sich an Garküchen, Bauchläden, Schaufenstern, Reparaturwerkstätten, vor denen Ölpfützen im Halbdunkel schimmerten, vorbei um an irgendein Ziel zu gelangen. Ich war weit und breit der einzige Weiße, der hin und wieder von herumlungernden Gruppen Halbwüchsiger neugierig beäugt wurde. Meine Geldbörse hatte ich im Griff, fühlte mich ansonsten nicht bedroht.

Nach einem Spaziergang um einige Gebäude beendete ich meine Erkundung, die sich um nichts von anderen Rundgängen in afrikanischen Vororten großer Städte unterschied: laut, staubig, stinkend, von Menschen und deren Verkehr schier überbordend. Abfall und Müllhalden säumten Straßen und Hauswände. Und es kam mir vor, als erstickte ganz Afrika im eigenen Plastikunrat.

Wieder im Hotel, begegnete ich auf dem Weg zur Bar einem Weißen. Untersetzt, grauhaarig, vielleicht Ende vierzig. Er trug ein Buschhemd und Jeans. Typ eingelaufener Clint Eastwood, dachte ich noch.

„Hi!" murmelte er.

„Hi", antwortete ich, wollte stehen bleiben, um mich mit ihm zu unterhalten. Er strebte sofort davon. Ein komischer

Gast! Am leeren Pool, wo schon andere Gäste saßen, ließ ich mich nieder, bestellte Fisch, Süßkartoffeln mit Reis und Soße, dazu Mangosaft. Manager Dembele trat mit einem schlanken, langen Afrikaner an meinen Tisch, den er als Monsieur Siby vorstellte, den Inhaber des "Star Résidence".

Wir redeten über die miese wirtschaftliche Situation Malis, das Problem infolge fehlender Touristen und wie gut alles in Deutschland sein müsse, wo es Geld ganz ohne Leistung gäbe.

Gerade huschte der Eastwood-Verschnitt an uns vorbei. Dembele stoppte ihn. Unwillig ging er auf ein Gespräch ein, stellte sich mir als Bill vor, der aus den USA, Arizona, käme.

„Phoenix?" fragte ich.

„Nee, ein kleiner Ort, den Sie sowieso nicht kennen."

„Und was machen Sie hier?"

„Suche große Kakteen!", lachte und verschwand.

Die beiden Malier schüttelten den Kopf.

„Mit dem Yankee stimmt was nicht", amüsierte sich Monsieur Siby.

Den Eindruck hatte ich auch.

„Ist er schon länger hier?", fragte ich.

„Gestern angekommen, doch er hat für sechs Wochen gebucht."

Am nächsten Tag ließ ich mich in die Innenstadt fahren. Stromerte über den Marché Central, der einer der buntesten und quirligsten Märkte Westafrikas sein soll. Im Handwerkersouk Artisanat schaute ich den unterschiedlichsten Zünften bei der Arbeit zu. In der Route de Koulouba betrat ich mal wieder das Nationalmuseum, wo mich die Exponate der verschiedenen Ethnien Malis aufs Neue begeisterten.

Direkt am Niger aß ich im Mandé Hotel eine Kleinigkeit und genoss den Blick über den Fluss. Wie damals in Maison des Jeunes bei Gesprächen mit Abdullah Mokambé und Pièrre Obotan. Ob Pièrre es nach Europa geschafft hatte?

Verflucht, mit der Kleinigkeit im Mandé hatte ich mir den Magen verdorben. Kohletabletten halfen nicht. Was ich brauchte, waren ein paar Schlucke Whiskey. Alkohol ist in Mali nicht leicht zu bekommen. In einem großen Kaufhaus wurde ich fündig und konnte die Übelkeit bekämpfen. Abends fand ich Bill allein an der Bar vor einem Glas Saft. Er fingerte an einem aufgeschlagenen Laptop herum. Ich setzte mich zu ihm, obgleich ich merkte, dass ihm meine Anwesenheit missfiel. Da ich aber von Anfang an spürte, dass der Mann etwas Bestimmtes verfolgte, war ich neugierig, dahinter zu kommen. Auf meine Annäherungsversuche antwortete er einsilbig mit yes oder no. Fieberhaft überlegte ich, ihn gesprächig zu machen.

„Gibt's hier kein Bier?" erkundigte ich mich.

„Das ist ein Saftladen. Säfte hängen mir zum Hals raus. Zwanzig Dollar für 'n Budweiser oder 'n Jack Daniel's."

„Mit zweitem könnte ich aushelfen."

„Wow – ehrlich?"

Ich holte die Flasche aus meinem Zimmer. Im Hof verkrochen wir uns mit Stühlen und zwei Gläsern hinter eine Palme, die mit Bougainville umrahmt war und kippten uns den alten Jack hinter die Binde.

„Ah, ist der gut!" meinte Bill und fragte, „was treibt Sie denn so in das marode Mali?"

„Dies und das – bin früher schon mal hier gewesen. Will 'mal sehen, was sich verändert hat."

„Etwa so 'n Pressefuzzi, was?"

„Gott bewahre. Mich interessiert die Natur- und Tierwelt – ganz privat."

Nachdenklich schaute er in den sternenklaren Nachthimmel und meinte:

„Du kannst ruhig noch mal nachschenken."

Auf einmal surrte sein Smartphone. Er meldete sich mit: „Hello?" ohne Namen. Bill hieß er bestimmt nicht. Nun redete er pausenlos in einem Slang, den ich beim besten Willen nicht verstand, bis auf das Wort „refugees", was er wiederholt erwähnte. Irgendwann hörte ich auch das Wort

„agency" heraus, was mich aufhorchen ließ. Saß mir da etwa ein CIA-Agent gegenüber, der in Bamako undercover agierte? Unser tête-à-tête fing an spannend zu werden. Als Bill sein Gespräch beendet hatte, musterte ich ihn, bis er mir aus Verlegenheit sein Glas reichte, um Nachschub zu erhalten.

„Nicht, bevor Sie mir verraten, für welche agency Sie arbeiten."

Sein Gesicht versteinerte.

„Okay, folgendes kann ich Ihnen sagen: In Mali beträgt die Geburtenrate 3,6 Prozent. Der Halbwüstenstaat ist schon jetzt übervölkert, seine Bürger werden nicht satt. Armut und Auszehrung schreiten voran, unabhängig von der Bedrohung durch Islamisten von außen ..."

Ich goss sein Glas voll und meinte:

„Das ist hinlänglich bekannt. Und welche Rolle spielen Sie dabei?"

„Um das Bevölkerungs- und Armutsproblem in den Griff zu bekommen, will die Regierung Wanderarbeiter, die in den Nachbarstaaten Jobs bekommen, nicht mehr zurück haben und Auswanderungswillige, Flüchtlinge oder Unruhestifter loswerden, also abschieben. Sie finden ohnehin keine Arbeit, bilden somit für die Regierung ein gefährliches Potenzial. Was bietet sich an? Die Industrienationen in Europa, Nordamerika und Australien. Mali und andere afrikanische Länder unterstützen Auswanderungswillige. Ja, es gibt regelrechte Fluchthelferbüros, die mit Rat und Tat aktiv sind und sich die Dienste bezahlen lassen."

Bill machte eine Pause.

„Vereinzelt habe ich davon in Gambia gehört. Aber Mali?"

„Nun, wir beobachten die Aktivitäten und Flüchtlingsströme Afrikas sehr genau, weil wir damit rechnen müssen, dass die USA nicht nur von Latinos, sondern bald auch von Afrikanern bedrängt werden. Wir sehen unkontrollierte Einwanderung als Bedrohung ..."

„... vor der eine hohe Mauer schützen soll?"

Bill grinste und meinte: „Wir brauchen Konzepte, die uns seeseitig abschirmen. Es ist doch so: Mali ist froh, sich durch Flüchtlinge zu entlasten. Finden die Menschen Arbeit, transferieren sie Geld, damit ihre Familien und Sippen einigermaßen leben können. Für das Entsenderland eine Win-Win-Situation."

„Und deine Mission?" hakte ich nach. Nach all dem Jack Daniel's waren wir beim vertraulichen du.

„Wie schon gesagt: beobachten, melden, Vorschläge machen. Auch für Hilfen vor Ort. Eines sollten sich die europäischen Politik-Biedermänner vor Augen halten: Die Vereinigten Staaten leisten in den Entwicklungsländern ein Mehrfaches an wirtschaftlicher und militärischer Hilfe als die EU. Und der Dank? Herbe Kritik! Kein Wunder, dass wir uns aus einigen hot spots zurückziehen."

„Was die übrige Welt nicht versteht", ergänzte ich und fragte: „Ist es nicht Donald Trump, der Fremdenfeindlichkeit und Rassismus beflügelt?"

„Bullshit! Er will nicht zusehen, wie unser Land durch Überfremdung kaputt geht! Und darin stimme ich ihm mit sehr vielen vernünftigen Amerikanern zu."

Bill griff an seine Brusttasche, als gäbe es dort ein Geheimnis zu bewahren. Dann erzählte er nichts gegen Fremde oder Menschen mit anderer Hautfarbe zu haben. Im Gegenteil, als er noch seine Familie hatte und eine florierende Bäckerei, stellte er zwei Burschen aus Mexiko ein. Arme Teufel, die dem Chaos ihres Ortes entflohen waren. Sie verdienten eine Chance. Sie machten ihre Arbeit gut, schienen nicht zu enttäuschen. Nach einer Weile gehörten sie zur Familie. Meine Frau und unser Sohn Ben kamen gut mit ihnen aus.

Aus der Bahn warf uns der Crash, der uns über Nacht alles verlieren ließ: Haus, Geschäft, Erspartes, weil die Bank den Kredit kündigte. Der ewige Zank ums Geld vertrieb meine Frau, während Ben, gerade mal 14, drogensüchtig wurde. Heroinabhängig sei er noch heute. Bill zog jetzt ein kleines Foto aus der Brusttasche, das er mir zeigte. Zu erkennen war eine abgemagerte Person mit wirren Haaren, großen leeren Augen, wie ein Gespenst. Er habe ihn in einer Klinik untergebracht.

„Nun rate mal, wer ihm die Drogen besorgte, wer Ben abhängig gemacht hat? – Die beiden Kerle aus Mexiko, die bei uns Arbeit, Essen, Geld und eine Chance bekommen hatten!"

Seine Stimme stockte, als er fortfuhr:

„Ich habe begriffen, was es heißt, dass Jahr für Jahr Drogen im Wert von 60 Milliarden Dollar ins Land gelangen und dass allein 2017 mehr als 70 000 Menschen in den USA an Überdosis krepiert sind."

Bill schluckte und machte eine Pause.

„Es ist falsch, unser Land auf fernen Kriegsschauplätzen in Afghanistan, Irak oder Syrien zu verteidigen. Wir wollen Amerika an der Grenze vor der Invasion schützen – und wenn es durch eine hohe Mauer sein muss! Es darf nie passieren, dass Amerika die Kontrolle über seine Grenzen verliert. `Stand your ground` ist unser Recht und die einfache Wahrheit!"

Bill verriet seinen Arbeitgeber nicht. Für einen CIA-Agenten war er mir zu gesprächig. Vielleicht berichtete er irgendeiner privaten Bürgerwehr, die mit Regierungsstellen zusammenarbeitete.

Plötzlich schlug Bill sich auf den Schenkel, packte seinen Laptop und stand auf:

„Besten Dank für die Drinks – war 'n amüsanter Abend. Ich hab' noch zu arbeiten."

Damit verschwand er in Richtung seiner Unterkunft. Mich ließ er sinnend zurück. Ich dachte an den Treck verzweifelter Mittelamerikaner aus Costa Rica, Nicaragua, Honduras, Mexiko, die gen US-Grenze zogen. Dann, sollten sie je „gelobtes Land" erreichen, würden sie von Bürgerwehren, auf der Jagd nach Flüchtlingen, eingefangen, gefesselt oder durch Warnschüsse zurückgetrieben werden. Auch dachte ich an Afrikaner und deren Frauen und Kinder, die in Todesangst auf Schlauchbooten im Mittelmeer trieben ... Verdammt, mir schien, die Welt ist aus den Fugen geraten!

*„Eine kleine Trommel lässt
Tausend Füße tanzen."*

(Westafrika)

Nächtliches Treiben

Punkt elf Uhr fuhr Bouctou mit einem Taxi vors "Star Résidence". Ums Haar hätte ich verschlafen. Die Jack Daniels hämmerten in Kopf und Gliedern, als ich da so wie ein obdachloser Backpacker vor dem Hotel herumstand. Staub ist das Elixier von Bewegung und Dynamik in Afrika. Also ging's durch Bremsstaubwirbel zum Wagen und mit Startstaub in die Verkehrsflut der Route de Koulikoro.

„Bon jour!" grüßte Bouctou gut gelaunt, „ich hab' ein Hotel für Sie, klein aber fein. Drüben in Torokorobougou."

„Hört sich nach einem Kral an!"

Der Malier lachte.

„Internationale Hotels in der Innenstadt kann ich nicht empfehlen – da macht es manchmal bumm!"

„Sie meinen, die sind wegen Attentaten der Extremisten gefährdet?"

„Genau!"

Auf dem Place de la Liberté saßen wir im Stau. Verkehrspolizisten gestikulierten in der Luft herum und machten den Verkehrsinfarkt nur noch schlimmer. Nach zehn Minuten Stillstand und wildem Gehupe warfen sich Passanten und aufgebrachte Fahrer ins Gewühl, um zu regeln – und, oh Wunder, das Knäuel löste sich auf. Irgendwann rollten wir auf der Pont du Roi Fahd über den Niger.

„Die Brücke haben uns die Saudis spendiert", rief Bouctou nach hinten.

„Ich weiß, ein Geschenk an euch gute Glaubensbrüder."

Zu Fahd ibn Abd ab Aziz war mir einiges bekannt. Er lebte von 1921 oder 1923, in der Wüste nimmt man das Geburtsjahr nicht so genau, bis 2005 und war der fünfte König von Saudi Arabien. Er galt als aufgeklärter Herrscher und Wirtschaftsfachmann, der sein Land von Erdöl möglichst unabhängig machen wollte.

Auch über eine demokratische Öffnung dachte er nach, kam aber zu der Erkenntnis, dass eine Demokratie nach westlichem Verständnis für sein Volk ungeeignet sei.

„Damit kann er mich nicht gemeint haben", antwortete Bouctou.

„Was, Sie sind kein Muslim?"

„Ich gehöre zu den 0,5 Prozent Christen – der Pfingstbewegung."

„Interessant – Pfingstler, das müssen Sie mir erklären."

„Ein anderes Mal!"

Gerade verließen wir die Hauptstraße, stoppten vor einer Häuserzeile mit schäbigen Fassaden und improvisierten Veranden, auf denen palavert und getrunken wurde. Bouctou strebte auf eine Bude namens Kaldena zu und sprach mit einer großen schlanken Malin in buntgebatiktem Kleid.

Wir durchquerten einen Vorraum, in dem einige Afrikaner vor einem flackernden Fernseher lümmelten, der Fußball brachte. Am Tresen eines kargen weiteren Raums mit fleckiger Tapete wurde es geschäftlich: Preis pro Übernachtung mit Frühstück 60 Euro. Stolz zeigte man mir das Zimmer im ersten Stock: In der Nasszelle mit Toilette, defektem Waschbecken und einem herunterhängenden Duschkopf stand das Wasser. Seife, Handtücher, Papier gab's nicht. Die Matratze hing durch wie eine Hängematte. Der Stuhl hatte nur drei Beine und der Deckenventilator drehte sich ruckweise.

„Hast mir 'n geiles Hotel ausgesucht" wandte ich mich an Bouctou. Der zuckte mit den Schultern.

„Ich kann noch 'was in der Nähe anbieten, falls es nicht gefällt."

Kopfschmerzen und Allgemeinzustand machten mich träge. Ich nahm die Bude, zahlte drei Tage im Voraus und besprach mit Bouctou das künftige Programm.

Wie einst wollte ich musikalische Klänge im nächtlichen Bamako hören. Eintauchen ins mystische Mandingues-Bergland, wo Fetischeure in Höhlen orakeln. Dann auf dem Niger abwärts nach Koulikoro fahren.

„Wunderbar. Kein Problem. Ich organisiere. Sie genießen."

„Und am Montag muss ich um sieben Uhr am Flughafen sein, da fliege ich nach Gao."

„Vorher muss ich Ihnen noch ein Dorf mit einer Schule zeigen, nicht weit vom Flugplatz. Die Schule liegt mir sehr am Herzen. Ist das Okay?"

„Meinetwegen. Was kostet nun Ihre Rundumversorgung?"

Ich sah förmlich, wie sein Gehirn arbeitete. Nach einer Weile spuckte er es aus:

„Fünfhundert Euro, alles inklusive."

„Kann ich mir nicht leisten. Ich organisiere das Ganze selbst."

Er grinste schelmisch. „Wird nicht klappen, zu gefährlich."

„Bangemachen gilt nicht!"

Nach einigem Hin und Her waren wir uns mit 250 Euro handelseinig. Als er Vorkasse verlangte, wurde ich misstrauisch. Er bot mir eine Plastikkarte an, die ihn als Fremdenführer auswies. Ich steckte die unleserliche Karte ein und meinte:

„Davon werden Sie zu Hause 'n ganzes Bündel haben."

Er tat beleidigt und rückte seinen Reisepass heraus, den ich durchblätterte und sah, dass er eigentlich Maigamo Gabidengarat hieß, 1974 geboren und in Yanfolila im Süden, an der Grenze zu Guinea, zur Welt kam.

„Bouctou, Gabidengarat und wie heißen Sie wirklich?"

„Bouctou est mon nom de guerre. Hab' früher viele Touristen zwischen Mopti und Timbuktu geführt. War besser zu merken. Nehmen Sie den Pass als Pfand."

Eine innere Stimme sagte mir: da stimmt etwas nicht. Ich fragte nicht nach, da die schlanke, wohlgewachsene Hoteldame namens Djerma, die unsere Verhandlung verfolgte, mir ein wenig die Aufmerksamkeit nahm. Auf einen Wink brachte sie Kaffee und Honiggebäck. Ich gab ihm den Ausweis zurück. Reichte ihm eine Anzahlung von 50 Euro und versprach ihm tägliche Beträge. Damit einverstanden, entfernte er sich. Den Nachmittag wollte ich allein mit

Kopfschmerzen verbringen und Reisenotizen machen. Zuvor setzte sich Djerma an den Tisch. Sie versuchte, mir ihr Schicksal als Fulbemädchen am Rand der Wüste zwischen Rinderherden und Sittenstrenge in Fulami und Französisch zu beschreiben. Einem Nomadenleben, dem sie augenscheinlich entronnen war. Irgendwie berührte mich ihre Geschichte. Und sie sollte mich noch intensiver berühren! Ich aber wollte mich jetzt ausruhen, fürs nächtliche Bamako fit sein. Bouctou sollte mich um zwanzig Uhr abholen. Zimmertemperatur und feuchte Schwüle glichen einer Sauna. Dieses Mal wurde das akademische Viertel bei weitem überschritten. Unruhig ging ich vor dem Hotel im Abenddunkel auf und ab, beobachtet von tausend Augen, die in diesem Viertel selten Weiße zu sehen bekommen. Na endlich! An der Staubfahne, nach abruptem Bremsen, war das Taxi mit Bouctou zu erkennen. Doch wer wälzte sich da mit Schlagseite und fahrigen Bewegungen aus dem Wagen? Doch nicht etwa mein Guide? Doch er war es tatsächlich und ich war sauer, wollte ihn einfach stehen lassen.

„Holà, mon ami! Es ist alles organisiert", rief er so freundlich-verlockend, dass ich doch ins Fahrzeug stieg. Was hätte ich anderes tun sollen? Also rauschten wir mit dem nicht nachlassenden Verkehr Richtung Norden über den Niger, den Place de l'Indépendance, durch Stadtteile wie Bolibana, Dar Salam, dann Badialan. Mit wachsendem Ärger verfolgte ich unsere konfuse Fahrerei auf meinem Stadtplan. Bouctou hatte nichts, aber auch garnichts organisiert. Er hatte sich in der Zwischenzeit volllaufen lassen oder Drogen konsumiert.

Plötzlich wollte er im fließenden Verkehr umdrehen lassen. Der Fahrer protestierte. Bouctou brüllte ihn an. Das Taxi wurde mit quietschenden Reifen herumgerissen, ich schleuderte auf die andere Seite. Gerade wollte ich Stopp! rufen, da hielten wir vor der Bar Mali, Avenue Mamadou Konaté, im weniger einladenden Stadtteil Dravéla. Unter Markisen vor der Bar wurde uns ein Tisch am Rinnstein freigeräumt. Eine voluminöse Schwarze mit riesigem Vorbau im engen, knallroten Kleid brachte einen Schmierzettel als Speisekarte. Der temperamentvollen Begrüßung nach, kannte man sich. Ich bestellte uns fish and chips, dazu Castel Beer, das aus einem Store in der Nachbarschaft besorgt werden musste. Amerikanische Pop-Musik drang aus einem Lautsprecher. Ärgerlich fragte ich nach einheimischen Live-Klängen. Bouctou reagierte nicht, mampfte seine Chips und bestellte noch ein Castel. Ich wurde ungehalten, stieß ihn an.

„Das war nicht unser Deal! Du erscheinst bekifft, fährst planlos mit mir durch die Stadt, dann schlägst du dir in dieser Kaschemme den Bauch voll – auf meine Rechnung!"

Der Taxifahrer erwartete Stunk, verdrückte sich und brauste davon. Ich machte Bouctou weiter Vorhaltungen. Er reagierte, indem er sich noch eine Frühlingsrolle mit Spaghetti bestellte.

Unerwartet stoppte ein Taxi am Straßenrand neben unserem Tisch. Zwischen dem Fahrer und Bouctou entwickelte sich ein hitziges Palaver in Bambara. Andere Gäste, Nachtschwärmer und unsere Bedienung verfolgten das Wortgefecht. Schließlich raste das Taxi mit Radierstart davon. Bouctou grinste in sich hinein. Verwundert fragte ich den Rotrock, was das eben für ein Auftritt gewesen sei.

„Immer dasselbe", meinte sie, „jedes Mal, wenn der ehemalige Polizist Bouctou trifft, bedauere er, dass dieser frei herumlaufe. Zu gern hätte er ihn gefasst und in den Knast gebracht."

„Was?"

„Bouctou ist in diesem Viertel ein berüchtigter Gangster und Chef einer Bande gewesen. Sheriff Kassolo hat ihn gejagt, doch nie fassen können. Wenn sie sich treffen, wird gezofft."

Bouctou grinste immer noch, hatte das Gespräch verfolgt und meinte, indem er mich mit durchdringendem Blick fixierte:

„Das ist lange her. Ich bin sauber, das ärgert Kassolo, der es nicht weit gebracht hat."

In der gegenüberliegenden Ecke unserer Straßenbar wurde jetzt Platz geschaffen. Musiker packten ihre Instrumente aus: Trommeln, Kora, Khalam, Ballafon und Rasseln. „Gleich bekommst du deine Live-Musik. Malische Interpreten gelten als Pioniere der World-Music. Bamako, mein Lieber, ist das Zentrum der westafrikanischen Musik-Szene. Es heißt auch 'Bamako-Fieber'. Touré Kunda ist einer der besten Interpreten. Schon von ihm gehört?"

„Klar, sein Blues kommt aus seiner Heimat Timbuktu und klingt wie Wüstenhauch."

„Aber es gibt noch andere Künstler, die auf internationalen Festivals zu erleben sind: Salif Keita, Ali Farka Touré, Habib Koité und so weiter."

„Ali Farka, ist er nicht 2006 gestorben?

„Genau, mit ihm verlor der Mali-Blues seine prägendste Stimme. Neben den vielen Musikern gibt's in Mali große Festivals. Sehr beliebt war früher das Festival au Désert in Essakane, westlich von Timbuktu. Heute ist das Gebiet unsicher. Festival sur le Niger im Februar, Festival de l'eau im März, Fête du Chameau im Januar oder Festival Les Voix Bamako, auch im Januar, sind wahre Wallfahrtstreffen."

Die Band aus drei Musikern, einer Sängerin und einem Sänger, hatte sich formiert. Alle steckten in einheimischer Tracht: farbenfrohe Gewänder. Die Männer mit bestickten Tönnchen auf den Köpfen. Die Sängerin mit keckem Turban. Schon wurde die Djembé-Trommel gerührt, dann die Sprechtrommel mit einem gekrümmten Stock geschlagen. Dazu wurde von einem schelmisch aussehenden Veteranen die Kora gezupft. Die fünfsaitige Spießlaute, Khalam genannt, lehnte noch am Stuhlbein. Der imposante Sänger, ein Troubadour, begab sich von Tisch zu Tisch. Er unterhielt mit einem Monolog ähnlichen Sprechgesang.

„Das nennt sich Griot", erklärte Bouctou mir ins Ohr, „der erfüllt eine wichtige soziale Funktion. Da werden geschichtliche Begebenheiten, Heldentaten, zwischenmenschliche Beziehungen, Liebe, Hass und Vergebung rezitiert ..."

„... und von der Band einprägsam begleitet" ergänzte ich.

Mit einem letzten Akkord verstummte der Griot. Die Sängerin hatte ihren Auftritt. Gleich einer Rockröhre heizte sie die Stimmung mit rhythmischem Gesang, Rasseln und Busenschütteln an. Da präsentierte sich Afrikas Stimme voller Hingabe. Im Nu fanden sich Pärchen. Es wurde getanzt. Auf der Straße, zwischen den Tischen, in der Bar. Bouctou wippte im Takt. Plötzlich hielt es ihn nicht länger am Platz. Er sprang auf, tanzte mit einem Stuhl, den er wie eine Partnerin vor sich her dirigierte. Der Serviererin schien der Sound gleichfalls in die Beine zu gehen. Mit der Nase zwischen ihrem Gewölbe sah ich nur noch rot, wurde wie ein Anhängsel umhergeschleudert … Fröhlichkeit, die ich erhofft hatte. Wie damals spürte ich ihn, den hippen Hüftschwung Malis. Und er begleitete uns bis tief in die Nacht hinein. Die Band hatte sich ausgepowert. Die Instrumente wurden verpackt. Die Rockröhre hatte sich heiser gesungen, dem Griot-Rezitator ging der Text aus, dem Rotrock schmerzte die Hüfte. Ich war kurzatmig geworden wie nach einem Fünftausendmeterlauf.

Auf der Rückfahrt zu meiner Herberge Kaldena entschuldigte sich Bouctou für seinen Zustand. Er hatte die Information erhalten, dass es seiner Familie in Mopti nicht gut ginge. Die Frau sei krank und seine drei Kinder hätten für sich selbst zu sorgen. Es bedrückte ihn so sehr, dass er sich von meinem Vorschuss mit Alkohol etwas betäubt habe. Andererseits könne er sein Flughafenrevier nicht aufgeben, weil er es nicht wiederbekäme. Es herrschten mafiose Strukturen bei der Revierverteilung, meinte er. Und dann schimpfte er über die tatenlose Regierung und Boubacar Keïta.

Nichts würde gegen die hohe Arbeitslosigkeit unternommen. Der Präsident habe sich mit Gefolgsleuten seines Clans umgeben und versorge sich und seine Sippe in erster Linie selbst.

Neulich machte im malischen Internet ein Foto die Runde, das Keïtas Sohn mit einer brillantenbesetzten Luxusuhr am Handgelenk zeigte, die gut 100 000 Euro wert sei. Ein

Skandal, während die Bevölkerung in tiefer Armut versinkt, resignierte Bouctou.

„Was resultiert daraus?" fragte ich naiv.

„Was daraus resultiert", sagte der Guide bissig, „das kann ich dir sagen: Das Vertrauen der Bevölkerung in den Staat und seine Repräsentanten sinkt ins bodenlose. Die Leute gehen mit Sicherheitsproblemen weder zur Polizei noch zur Armee, sie bewaffnen sich selbst. Die Zahl der Milizen wächst bei uns unaufhörlich. Ein Teil verteidigt nur ihr Dorf, ein anderer terrorisiert die Bevölkerung. Wieder andere hauen einfach ab, suchen ihr Heil im Ausland."

Stockdunkel. Ich tastete mich durch den Vorraum meiner Spelunke, stieg die Treppe hinauf, wollte die Zimmertür aufschließen. Sie war offen. Merkwürdig! Der Lichtschalter funktionierte nicht. Stromausfall? Egal. Bevor ich mich, noch angezogen, aufs Bett werfen wollte, fühlte ich die Schlafstätte ab. Die Hände glitten über etwas Weiches, Wolliges, das sich wie Haare anfühlte, dann ertastete ich Nase, Lippen, Hals, eine fleischige Rundung. Erschrocken wich ich zurück. Da lag jemand in meinem Bett! Ich fingerte nach meiner Taschenlampe. Im Lichtstrahl erkannte ich Djerma, die da halbnackt in den Federn lag und süß schlummerte. Verdammt, was war das? Ein Angebot? Eine Venusfalle? Wer wollte mich da kompromittieren? Sollte mich gar ein Teufel in die Hölle zerren? Ich rüttelte Djerma wach. Sie schlug die Augen auf und lächelte. Ich schaute sie an und sah die Glut der Sahara und für Sekunden kam der Gedanke ob sie eine Sünde wert sei. Keine Experimente. Mit „Ab in die eigene Heia!" komplimentierte ich sie aus dem Bett. Sie zog ihr Hemdchen über ihre Blöße und entschuldigte sich damit, einfach eingeschlafen zu sein, während sie auf mich gewartet hatte, um mir mehr über ihr Nomadenleben zu erzählen. Ich wäre doch daran interessiert gewesen. Dann huschte sie davon wie ein schwarzer Engel ...

„Der Arbeiter schuftet in der Sonne,
sein Herr isst im Schatten."

(Aus Afrika)

Die Fetischhöhle

Auf tadelloser Asphaltstraße entschwanden wir in aller Frühe der Stadt. Die Sonne schob sich gemächlich aus dem grauen Dunst des Häusermeers, pinselte den Himmel rotorange. Bamako entließ die Schatten der Nacht wie eine heimliche Geliebte. Von Norden her rückten die Mandingues Berge heran. Davor mehr oder weniger gepflegte Mango-Plantagen. Wir passierten das Örtchen Kakélé. Die Grenze zu Guinea ist keine 65 Kilometer entfernt. In Sibi parkte unser Taxi in einer Seitenstraße vor einem verwaisten Hotel, das seit langem keine Besucher sah. Die Mittagshitze war mörderisch. Während Bouctou ausschwärmte, um einen Bergführer zu organisieren, hockte ich im Schatten mit einer warmen Cola, versuchte Lebensgeister zu wecken. Die Bergwelt mit den bizarren, rotbraunen Felsen sah gefahrvoll, ja abweisend aus. Doch dort hinein sollte ich geführt werden, was ehrlich gesagt, mulmig machte. Nicht nur des Weges, der Kletterei wegen. Es waren die geheimnisumwitterten Kultstätten der Berggeister, orphische Höhlen mit mächtigen, bisweilen zornigen Fetischeuren, die eine gute oder böse Zukunft zu orakeln verstanden. Im Mandingues Gebirge dieser Region herrschten Geister und Dämonen und deren Handlanger.

In Sibi steht eine Moschee, die Bewohner sind Muslime. Doch was nützt es, wenn der Glaube an Magie und Kraft der Schamanen ungleich mächtiger ist? Nüchterne Geschäftsleute, zweifelnde Politiker, verunsicherte Frauen bemühen sich wie eh und je, Weissagungen der Höhlenpriester zu befolgen ...

Allmählich kam ich mir vor, wie in der Hitze vergessen, wie ausgesetzt. Die Sonne sank endlich! Langsam zerflossen die Konturen des Buschlands mit denen der Bergwelt zu einer violetten Kulisse. In den Lehmhäusern Sibis schienen die Menschen ängstlich im Schein der Kerosinlampen und spärlicher Elektrizität zusammenzurücken. Ging jetzt der Berggeist um? Ein rünstiger, rumpfloser Geist, der kurz vor der Nacht zwischen Hauswänden umherschwebte? Wehe dem, der noch draußen allein umherirrte. Er würde vor Schrecken erstarren.

Ich wollte den Berggeist nicht herausfordern und zog es vor, Ali Mutaris freundliche Einladung in Anspruch zu nehmen. Natürlich nicht ohne Bouctou, den abtrünnigen Guide, stumm zu verfluchen. Ali saß nun schon viele Monate mutterseelenallein in seinem Hotel und wartete auf Gäste. Er verstand die Welt nicht mehr, führte das Ausbleiben der Touristen auf Hexerei zurück, der sein Gasthaus anheimgefallen war. Er würde das Orakel in einer Felsenhöhle befragen müssen, um zu wissen, wie es weiterginge. Eine Weile redeten wir über dies und das. Und wie üblich, führte so ein Gespräch zu Familie, Frau und Kindern. Kaum zu glauben, doch Ali vertraute mir noch ein weiteres Problem an: Seine Frau Fatima, jung, ansehnlich, auch fleißig, hätte ihm bisher weder einen Sohn noch eine Tochter geboren. Ein Drama, seien sie doch schon drei Jahre verheiratet. Er könne sie wegen Unfruchtbarkeit reklamieren, das heißt, ihrer Familie zurückgeben, damit den Brautpreis erstattet bekommen.

Ali schaute etwas hilflos drein und meinte:

„Vorher werde ich sie in die Berge schicken. Sie soll das Orakel zu ihrer Fruchtbarkeit befragen."

Im Raum neben dem Hotelzimmer rumorte es. Ali bat mich in die gute Stube, ein karger Wohnbereich, ausgestattet mit durchgetretenen Teppichen, Sitzkissen an den Wänden und einem rustikalen, flachen Teetisch im Zentrum. Ich versank in einem der Kissen, während Fatima den Tisch mit Schüsseln und Töpfen voll Reis, dazu Soßenschalen, anrichtete. Als sei ich ein Familienmitglied, zumindest ein guter Freund des Hauses, forderte man mich auf, zuzugreifen. Mit der rechten Hand wurde in die Reisschüssel gegriffen, ein Reisklumpen zu einer Kugel geformt, die in die schokoladenfarbene Soße getaucht und gegessen wurde.

Die höllisch scharfe Soße gab dem faden Reis die volle

Würze. Ali entschuldigte sich, dass kein Fleisch das Abendmahl bereicherte.

„Schlechte Zeiten – im Ort gibt's Familien, die hungern", erklärte er.

Ich erfuhr, dass Fatima, Gott sei gepriesen, ein Stück Land als Mitgift in die Ehe brachte. Aus dem Ertrag könnte sich gerade ernährt werden. Ich saß Fatima gegenüber. Ali mochte vielleicht sechzig Jahre alt sein. So neben ihr wirkte er wie achtzig, schrumpelig, vertrocknet, mit Falten wie ein mumifizierter Leguan. Fatima, Jahrzehnte jünger, verkörperte das pralle Leben mit einem Becken, das fruchtbarer nicht vorstellbarer war. Und ich fragte mich, wer sollte wen reklamieren? Die attraktive Ehefrau mit Landbesitz oder der saftlose Hotelpleitier? Noch dachte ich über das ungleiche Paar nach, da klopfte es an der Tür. Im Rahmen stand Bouctou mit einem Mann, schlank wie eine Weide, einem Gesicht, entschlossen und hart, an gefaltetes Büffelleder erinnernd. Zweifellos ein Bergführer, den das Gebirge modelliert hatte. Ich warf Bouctou einen bösen Blick zu, hatte er mich doch so lange versetzt. Sein fröhliches Gesicht versteinerte. Er rollte seine Augäpfel in Richtung Stirn, als könne er da oben eine Entschuldigung ablesen.

„Mann, während du dich in netter Gesellschaft labst, habe ich uns einen Bergführer organisiert. Ajagem ist der beste für die Berge hier!"

Ich sagte nichts mehr. Den Rest des Abends und einen Teil der Nacht heiterte Chang'aa die Gemüter auf. Ein heimlich von Fatima aus Hirse und Melasse zu „African Whiskey" gebrauter Sud. Nichts für gläubige Muslime, noch weniger für untrainierte Europäer. Er machte rasch blau und regelmäßige Trinker blind, da hochprozentig mit Methanol versetzt. Bald zeigte der „African Whiskey" seine Wirkung. Zungen und Glieder wurden schwerer. Die Gespräche alberner. Die Gastgeber verzogen sich lächelnd ins Schlafgemach. Wir Gäste gruppierten die Kissen zu Lagerstätten und schliefen in der Wohnstube.

Trotz Brummschädels stampfte ich tags drauf wacker

Bouctou und Ajagem hinterdrein. Die Beiden legten ein strammes Tempo vor. Noch umspielte uns die angenehme Kühle des Morgens. Doch die Geröll durchsetzte Steppe stieg merklich an, machte mich kurzatmig. Je höher wir kamen, desto schütterer der Grasbewuchs. Auch dorniges Buschwerk trat zurück, gab nacktem Fels Raum. Wir folgten einem kaum wahrnehmbaren Trampelpfad, der sich, an schroffen Felswänden vorbei, zackigen Wipfeln zuwandte.

An einer Kehre begegnete uns eine Gruppe junger Frauen, die ausgelassen palaverte, dabei im Laufschritt zu Tal strebte.

„Ah-ha, Frauen mit guter Zukunft", erklärte Bergführer Ajagem, als die Gruppe außer Hörweite war.

Jetzt wurde es minütlich wärmer. Schließlich floss die Hitze wie flüssiges Gas von der Felswand, die vor uns stand. „Berge sind stille Meister und machen schweigsame Schüler", die Erfahrung hatte schon Goethe gemacht. Ich brauchte eine Pause und ließ mich auf einem geeigneten Stein nieder. Nicht ohne Sorge betrachtete ich den schmelzenden Inhalt meiner Wasserflasche. Meine beiden Begleiter traten unruhig von einem Bein aufs andere. Weiter ging's. Reisen bedeutet für mich Komfort gegen Erlebnisse eintauschen …

Ein paar Stunden später hatten wir das grandiose Hochplateau inmitten einer geheimnisvollen Felslandschaft erreicht. Am Rande eines windgefrästen Felssprungs blickten wir in ein atemberaubendes Tal jenseits von Sibi, in die Bergwelt von Mandingues. Ein Panorama, von dem man glaubt, der Teufel hätte in Raserei Felsen zerschmettert und über alles Farbe geschüttet.

Das wilde, weite Land wirkte wie eine Droge. Wir wendeten uns ab. Vorsichtig schoben wir uns an Felshängen aus Lavabruch durch einen gigantischen Irrgarten aus Höhlen, Schluchten, Grotten, Kavernen und Felstrichtern. Hier muss es sein, das Reich der Schamanen, Voodoo-Priester, Fetischeure, Hexenmeister. Eine esoterische, verwunschene Welt, wie für sie geschaffen, um Macht auszuüben, Angst zu erzeugen, Leben zu opfern. Wir rückten zusammen. Ajagem flüstertc:

„Bleibt hier. Ich schleiche vor an die Höhle da vorn. Vermutlich eine Fetischhöhle, in der orakelt wird."

Während der Bergführer sich vorn an eine Höhle arbeitete, die wir von unserem Standpunkt nur ahnen konnten, meinte Bouctou:

„Die Menschen hier sind Muslime, dennoch vom Zauberglauben beseelt. In den Mandingues geschehen geheimnisvolle Dinge, das muss an der besonderen Bergwelt liegen.- Wenn die Polizei bei bestimmten Delikten nicht weiterkommt, werden Fetischeure zu Rate gezogen, um die Wahrheit zu ermitteln. In Kéniéro, einem Ort in den Bergen, gab's eine Frau, die Geld gestohlen hatte, dies aber hartnäckig leugnete. Polizisten beauftragten einen Witch Doctor, die Wahrheit herauszubekommen. Unter Protest wurde die vermeintliche Diebin in eine Berghöhle geschleppt. Der Hexenmeister warf ein Bündel Knochen, hernach zeigte ein bestimmter Knochen auf die Delinquentin, die mit einem Aufschrei tot zusammensackte. War sie nun die Diebin? Natürlich! meinten die Leute von Kéniéro."

Ajagem erschien und machte uns klar, dass hinter dem nächsten Felsen ein Fetischeur orakelte. Eine heikle Situation, die nicht gestört werden durfte.

„Der Wahrsager sitzt mit einer Gruppe Frauen vor einer Höhle und befindet sich in Trance. Ganz leise können wir den Platz umgehen und von oben auf das Geschehen hinabschauen. Okay?", flüsterte Ajagem.

Nicht ohne eine gewisse Spannung näherten wir uns dem Ort der okkulten Handlung. Oberhalb eines halbdunklen Gewölbes lugten wir vorsichtig auf das Geschehen hinab. Auf Steinblöcken saßen sechs Frauen im Halbkreis um den Wahrsager, der in einem Steinthron hing, so gefährlich, als würde er jeden Moment hinauskippen. Sein mit einem Federkranz geschmückter Kopf lag auf seiner Schulter wie ein drapierter Kürbis. Der Geist schien längst in irgendeinem

Orkus zu weilen. Mucksmäuschenstill starrten die sechs Frauen auf ihren entrückten Wahrsager. Der, so schien es, gar nicht mehr zu sich kommen wollte. Mir zog ein Geruch, streng wie Kurkuma, in die Nase. Vor dem Wahrsager kräuselte sich Rauch, der einer Feuerschale entstieg. Wahrscheinlich der Katalysator für des Meisters Trance. Aus einer Höhlennische drang plötzlich Gegacker und Meckern. Da musste sich Feder- und sonstiges Vieh befinden. Der Wahrsager regte sich, brachte seinen Schädel in aufrechte Stellung, dann erhob er sich theatralisch. Die Frauen atmeten auf. Nun glättete er sein mit Kaurimuscheln besetztes Gewand, strich über die Federkrone. Er schwebte förmlich zur Frau links außen des Halbkreises, berührte sie sanft an der Schulter und murmelte ihr etwas ins Ohr. Sie lächelte glücklich. Auch die zweite schien mit dem Vernommenen zufrieden zu sein. Die dritte wurde ernst, dann schluchzte sie furchtbar, als habe man ihr Schmerzen bereitet. Ein Lächeln glitt über die Gesichter der letzten beiden Frauen. Die Heulende beruhigte sich allmählich. Sie wurde von den Übrigen getröstet und umarmt. Die Versammlung schien sich zu entspannen. Nun hatte der Wahrsager seine Stunde. Aus der Nische wurden Hühner, Ziegen und Schafe direkt in die große Höhle getrieben. Zwei Frauen übergaben dem Fetischeur Scheine, die flugs im Saum seines Umhangs verschwanden. Wie ein Spuk entschwand jetzt auch der Meister im Dunkel der Höhle und die Frauen begaben sich auf den Pfad hinab ins Tal.

Wir besetzten unseren Logenplatz, bis wir sicher waren, unbemerkt abrücken zu können. Der Wahrsager hatte sich bestimmt mit seinem Honorar längst durch einen geheimen Seitenausgang verdünnisiert. Bouctou und Ajagem erklärten mir auf dem Rückweg das Beobachtete:

Der Wahrsager mochte seherische Kräfte besitzen, ohne Frage. Doch er ist auch ein gewitzter Psychologe, der zuvor durch intensives Befragen seiner Klienten sich einen Reim auf deren Nöte machen konnte. Kleidung, Outfit, Räucherwerk und Trance sind ein Teil des Hokuspokus.

Aber auch die Möglichkeit, sich besser in die Lage der Hilfesuchenden zu versetzen. Hernach wurde den Frauen individuell die Zukunft erläutert, meist so allgemein, wie es bei uns Astrologen tun. Es sei denn, es gibt Anlässe etwas genauer zu bestimmen. Vielleicht eine mögliche Schwangerschaft, Armut bei entsprechendem Verhalten, Bestrafung bei Fehlverhalten ... Jede seiner Aussagen ließ sich der Fetischeur honorieren. Je konkreter die Prophezeiungen ausfielen, desto teurer mussten sie bezahlt werden, bar oder mit Naturalien. Meist finden die okkulten Versammlungen in den Abendstunden statt, bei Mondlicht, verbunden mit Opfergaben in Form von Schlachtvieh. Dass wir einer Wahrsagerei am frühen Nachmittag beiwohnen konnten, mochte an der Kassenlage des Wahrsagers liegen, meinte der Bergführer. Bis Sibi war ich mit dem Erlebten beschäftigt. Für viele Menschen ist Weissagung das vermeintliche Wissen um künftige Ereignisse. Ein Begehren, das teuer vergütet wird, auch bei uns, in der ach so nüchternen Industriegesellschaft. Wer liest bei uns nicht regelmäßig in Horoskopen, lässt sich die Karten legen, aus Glaskugeln oder dem Kaffeesatz lesen und zahlt dafür 'ne Menge Geld? Viele Christen glauben an Wahrsagerei oder Okkultes. Steht es uns an, über Menschen anderer Kulturen die Nase zu rümpfen? Mit dem Mysterium der Zukunft halte ich es wie Victor Hugo: „Sie hat viele Namen. Für Schwache ist sie das Unerreichbare, für Furchtsame das Unbekannte, für Mutige die Chance." Für mich ist Zukunft eine geheimnisvolle Unbekannte. Sie soll nicht wahrgesagt, sondern möglich gemacht werden.

In der Herberge kam es mir vor, als hätte Djerma mit dem Abendessen auf mich gewartet. Sie servierte Schnurrbart Wels, unrasiert und schwarz wie Holzkohle, der schmeckte dennoch vorzüglich mit Kohl und Hirsebrei. Ich saß mit ihr allein in der hinteren Ecke der Hotellobby, die übrigen Gäste und Afrikaner aus der Nachbarschaft hatten sich vor einem plärrenden Fernsehapparat versammelt.

Es wurden irgendwelche Fußballspiele übertragen. Djerma, mit einer Coca Cola, lächelte heute Abend weniger diskret, strich häufig über meinen Arm, um klar zu machen, dass ich auch ja alles verstand, was sie mir aus ihrem harten, entbehrungsreichen Nomadenleben in Fortsetzung erzählte. Ich war beeindruckt, doch das schien ihr nicht zu reichen. Jetzt berichtete sie von ihrem schlecht bezahlten Job im Hotelgewerbe. Dabei rückte sie nah heran und flüsterte mir die Schinderei ins Ohr. Was der Patron des Hotels natürlich nicht mitbekommen durfte. Doch der saß weit weg vor dem plärrenden TV.

„Wie schön muss das Leben in Deutschland sein?" sagte sie rundheraus, „ich will nach Europa, am liebsten nach Paris. Aber dein Land wäre sicher auch prima. Ich will weg. Kannst du mir dabei helfen?"

Ich hatte so ein ähnliches Ansinnen schon gestern vermutet, als ich es in diesem Moment so direkt vernahm, war ich doch perplex. Glaubte die naive Djerma, sich mit mir auf eine Reise ins Paradies begeben zu können, so mit allem Drum und Dran, einschließlich dauerhafter Aufenthaltserlaubnis? Nein, die Malin war nicht naiv. Sie war in Not und falsch unterrichtet. Was mochte sie noch anstellen, um ihren Traum vom besseren Leben zu verwirklichen? Als Anzahlung ihren Körper anbieten? Ich versuchte ein tröstendes Lächeln, schüttelte den Kopf. Sie verstand das dezente Signal. Nun stand ich auf und ging auf mein Zimmer.

„Wer etwas Großes tun will, muss
durch viele Nächte wandern. "

(Aus Afrika)

Zu Wasser nach Koulikoro

Wieder einmal auf dem Niger, dem mächtigen Fluss Afrikas, der durch fünf Staaten strömt und etwa 150 Millionen Menschen direkt oder indirekt versorgt. In seiner Bumerang-Form durchfließt er, aus dem Gebirge bei Faranah, Guinea, kommend, Regenwald, Steppe, Savanne, Wüste, dann wieder Dschungel, um sich nach 4200 Kilometern als Delta in den Atlantik zu ergießen.

Wir waren in einer Piroge unterwegs flussabwärts, nach Koulikoro. Der Malier unterhielt mich mit aufschlussreichen Überraschungen, die Bootsfahrern wie uns so auf dem Niger drohen können: Flusspferde zum Beispiel tauchen gern unter die Boote, stülpen diese beim Auftauchen um und beißen kräftig zu. Wie Krokodile, die Pirogen am liebsten mit dem Schwanz zerschmettern bevor sie ihr Gebiss zum Einsatz bringen …

Die Sonne stach, es war heiß und der Niger schien dem Siedepunkt nahe. Bouctou ließ den Außenborder tuckern und ich hatte Muße, mich abermals in die Zeit zu versetzen, in der jener Fluss für Europäer noch ein Geheimnis war. Ein Geheimnis, nicht ohne wilde Spekulationen: Wie schon erwähnt, vermutete Herodot ihn bereits 500 vor Christus irgendwo in Westafrika als zwar großes Wasser, das jedoch nur ein Nebenfluss des Nils sein könne. Idrisi, ein arabischer Geograph, glaubte gar, seine Ufer bevölkerten mythische Fabelwesen, einen wurmförmigen Bundfüßler, der kroch und sich einer unbekannten Sprache bediente. Oder eine Kreatur mit Löwenkörper und Skorpionstachel, mit Passion auf Menschenfleisch.

Plinius der Ältere, oder waren es später die Portugiesen, die das Wort ghir für n-igheren in der Bedeutung „Fluss der Flüsse" in der Tuareg-Sprache falsch verstanden und ihn als „Schwarzen" tauften? Eine Vorhut des Heeres Alexander des Großen soll den Eroberer regelrecht gierig gemacht haben mit Berichten über den Fluss, an dem Edelfrauen in bunten Gärten spazierten und Wein aus Gefäßen puren Goldes tranken. Dann kam die Zeit, in der sich die Europäer den sagenhaften Fluss einverleiben wollten, nur war es ihnen bis dato nicht möglich, weder Wüste noch den Urwaldsaum zu durchdringen. Das sollte sich ab 1788 allerdings ändern. Eine Gruppe von reichen Privatleuten, Geographen, Botanikern und anderen Wissenschaftlern gründete die Afrika-Gesellschaft mit dem Ziel, den schwarzen Kontinent der Forschung zu überlassen. War Westafrika doch Terra incognita, in deren Herz der Niger floss? Unter Führung John Ledyards wollte die Gesellschaft von Ägypten aus eine Expedition durch die Sahara schicken, um den sagenhaften Fluss zu entdecken. Ledyard war ein Unikum: Amerikaner, Geigenspieler, mit James Cook im Pazifik gewesen, Andenwanderer, Fußgänger in Sibirien, dazu ein schielender Aufschneider, der behauptete: „Ich habe die ganze Welt unter den Füßen gehabt." Furcht und Gefahren verhöhnte er. In Kairo für den Saharadurchmarsch angekommen, starb er an Amöbenruhr.

Der Nächste war Simon Lucas, Engländer und Dolmetscher. Seine Erfahrungen als Expeditionsleiter sind unbekannt. Im vorderen Orient schien er sich allerdings auszukennen. War drei Jahre als Sklave im Dienst des Sultans Sidi Muhammad IV., und nach seiner Freilassung 16 Jahre als britischer Vize-Konsul in Marokko tätig. Er marschierte von Tripolis aus gerade 'mal zweihundert Kilometer weit in die Wüste, bekam Blasen an den Füssen, Angstneurosen, Durst, Hunger, einen Hitzekoller und gab auf. Wiedcr in England angekommen, hieß es: Außer Spesen, um die 1300 Pfund Sterling, brachte er nichts zu Wege.

Als Nächster versuchte sich Major Daniel Houghton. Mit dem hatte die Afrika-Gesellschaft einen besonderen „Fang" gemacht. Er war 52 Jahre alt, kam aus Irland und hatte gerade Pleite gemacht. Von Afrika hatte er keinen blassen Schimmer, weil er aber billig zu haben war, wurde er unter Vertrag genommen. Seine Gage: 300 Pfund und eine Kiste schottischen Whiskey.

Er organisierte sich ein Boot und paddelte den Gambia

stromaufwärts. Nach London meldete er die wichtige Vermutung, dass der Niger nördlich Richtung Timbuktu floss, dann eine Biegung nach Osten machen müsste. Houghtons Konstitution schien erstaunlich zu sein. Es hieß, er trank verseuchtes Wasser aus Seen, futterte Affenfleisch, überlebte Loa-Loa, Lepra, Typhus und Malaria, dank des Whiskeys, der den Alkoholiker resistent machte. Bei Nioro, westlich von Timbuktu, war es um ihn geschehen. Mauren von Ludamar griffen ihn auf und folterten ihn zu Tode. Woher wir all dies wissen? Nun, sein Nachfolger war Mungo Park, der für seine Forschungsreisen denselben Weg wählte und so manches über seine Vorgänger in Erfahrung brachte. Auch er geriet in die Fänge von Tuareg und Mauren. Wie durch ein Wunder blieb er, dank seines afrikanischen Begleiters, am Leben, setzte die Expedition fort, um schließlich auf seiner zweiten Flussfahrt (1805 bis 1806) als Nigerbefahrer in die Geschichte einzugehen. Park war also der erste Europäer, der den Fluss sah, obendrein der erste ernst zu nehmende Forschungsreisende in diesem Gebiet. Seine Hinterlassenschaft der Klassiker: „Travels in the Interior of Africa."

Parks Ehrgeiz war grenzenlos. Lord Camden in London teilte auf seiner letzten Reise brieflich mit, er, Park, habe den festen Entschluss gefasst, die Mündung des Nigers zu entdecken oder bei dem Versuch zugrunde zu gehen. Auf der Flussfahrt durch Tuaregland soll er äußerst brutal gegen die Einheimischen vorgegangen sein. Auf sich nähernde Flussbewohner wurde kurzer Hand geschossen. Aus Furcht oder aus Missverständnissen heraus, wer weiß das schon? Auf seiner zweiten Reise schipperte er aus Sicherheitsgründen an Timbuktu vorbei.

Für nachfolgende Entdeckungsreisende war die Region durch Mungo Parks Schießwut nachhaltig „vergiftet" worden. Wie erwähnt, fand der Schotte wahrscheinlich im Februar 1806 bei Bussa im heutigen Nigeria den Tod. Ob er mit seinem Boot in den Stromschnellen kenterte und ertrank oder von Hausa-Kriegern erschlagen wurde, bleibt ein Rätsel … Spannend wurde es, als 1824 die Pariser Société de Géographie 10 000 Franc als Preisgeld für den Ersten aussetzte, der die Oase Timbuktu erreichte und von dort einen Bericht liefern konnte. Alexander Gordon Laing hatte die besten Chancen, die Prämie zu kassieren. Er reiste vom libyschen Tripolis südwärts und kam auf den Karawanenwegen gut weiter. Sein Kontrahent war der vollwaise Franzose Réné Caillié, ein junger romantischer Abenteurer, der für die Oase seine Schuhmacherlehre abbrach. „Timbuktu sehen oder untergehen", schrieb er einmal.

Er unternahm mehrere Anläufe, die allesamt scheiterten, ihn jedoch nur anspornten, bessere Vorbereitungen zu treffen. An der Westküste Afrikas warfen die Engländer Réné nur Steine in den Weg, als ihnen sein Vorhaben bekannt wurde. Niemals sollte ein französischer kleiner Abenteurer dem Schotten und Offizier der britischen Armee in die Quere kommen. Trotz des Vorsprungs von Major Laing kämpfte sich Réné, mit Decknamen Abdallah, als Maure verkleidet, anfangs gen Osten, um schließlich nördlich auf den Niger zu stoßen.

Seine Einmann-Expedition war eine ewige Schinderei mit Schmerzen, Fieberschüben, Skorbut, und der stetigen Angst als Christ enttarnt, deshalb getötet zu werden. Nach einer Zwangspause, Rénés Füße, nur noch Fleischklumpen, brauchten Erholung, schloss er sich einer großen Karawane an und erreichte Djenné.

Es musste in der quirligen Handelsmetropole gewesen sein, als der Franzose erfuhr, dass ein Christ Timbuktu erreicht hätte und dort niedergeschlagen, dann gestorben sei. Da konnte es sich nur um Gordon Laing handeln. Er war also schneller als Réné gewesen und doch gescheitert. Winkte die Prämie nun ihm?

Die Fahrt in einer Handelspiroge flussabwärts artete zu einem Versteckspiel aus. Tuareg kontrollierten Passagiere und erpressten Wegzoll. Mit Aufmüpfigen machten sie kurzen Prozess. Am 20. April 1828 lag Réné Cailliés Sehnsuchtsziel, Timbuktu, vor ihm. Er durchstreifte die Oase und war enttäuscht. Von Reichtum und Überfluss war nichts zu erkennen, den Mythos vom goldenen Timbuktu gab es nicht mehr. Sein Kontrahent Laing, vernahm Réné, hätte tatsächlich, von Tuareg ausgeraubt, fast erschlagen worden, Timbuktu erreicht. Er erkundete den Ort, machte Aufzeichnungen, trat den Rückweg an und stieß auf Nomaden, die ihn töteten. All seine Hinterlassenschaften seien unauffindbar.

Caillié verließ Timbuktu nach zwei Wochen auf nicht minder gefährlicher Route nach Norden, durch die Sahara. Über drei Monate dauerte seine fürchterliche Wüstenpassage, bis er endlich krank, zerlumpt, von Skorbut entstellt, Tanger erreicht hatte. In Frankreich wurde Réné als Held gefeiert. Von der Société de Géographie erhielt er anlässlich einer Feierstunde das Preisgeld. In Großbritannien gab es Zweifler, die behaupteten, Caillié sei niemals in Timbuktu gewesen. Er sei ein Betrüger, der an die Aufzeichnungen des ermordeten Majors gelangt sei, die er für seinen Bericht umgeschrieben hätte. Was 25 Jahre später von dem Hamburger Forscher Heinrich Barth eindeutig widerlegt wurde. Barth war, wie erwähnt, der dritte Europäer in Timbuktu und bestätigte, dass Réné Caillié die Oase besucht hatte und der erste Europäer war, der von dort lebend zurückkehrte.

Die Ehrenrettung kam für den Franzosen zu spät, er starb 1838 mit 38 Jahren infolge einer unbekannten Tropenkrankheit.

All das ging mir so auf dem "Jolibar", in der Manding-Sprache "Großer Fluss", dem Niger, durch den Kopf, als wir uns allmählich Koulikoro, dem Ort des gleichnamigen Distrikts, näherten. Wir hatten Bamako vor Sonnenaufgang verlassen, jetzt, nach Sonnenuntergang, suchten wir uns ein Anlegeplätzchen im Hafen, der mit Pirogen und Pinassen aller Größen nur so zugestopft war. Was seinen Grund hatte: Es ist der Flusshafen von Bamako, denn erst ab hier fahren die größeren Fracht- und Passagier-Pinassen nach Mopti, Timbuktu und Gao. Außerdem ist Koulikoro eine Kleinstadt mit etwas Industrie.

Während wir an einem anderen Boot das unsere vertäuten, erzählte Bouctou:

„Hier befand sich Malis bedeutende Firma HUICOMA, die Baumwolle und Seife herstellte. In der Stadt befinden sich noch ganz attraktive Gebäude aus der Kolonialzeit. Das Kommissariat und der Bahnhof. Die Bahn selbst ist nicht mehr in Betrieb."

Bouctou reckte den Hals und schaute sich prüfend um.

„Ich werde uns etwas zu essen und Trinkbares besorgen. Die Nacht verbringen wir im Boot."

„Wie bitte? Hier auf den harten Planken?"

„Sollte uns lieber sein, als morgen ohne Piroge herumzustehen."

Da war etwas dran. Das Boot hatten wir geliehen und ich stand dafür gerade. Für den morschen Kahn würde der Eigner mich sicher um 1000 Euro erleichtern. Wir verbrachten eine wenig komfortable Nacht mit kaum Schlaf, weil ständig verdächtige Gestalten über die Boote huschten, um etwas zu ergattern. Mit schmerzenden Gliedern machten wir uns am nächsten Tag auf eine Erkundungstour durch den Ort auf, nicht, ohne zuvor einen Wächter für das Boot bestimmt zu haben.

„Siehst du da im Norden den Hügel?"

„Was ist damit?" fragte ich.

„Von ihm leitet sich der Name des Ortes ab. 'Kolo koro' heißt am Fuße des Berges. Ein Wahrzeichen des Ortes", erklärte Bouctou und ergänzte: „Koulikoro wurde Anfang des 19. Jahrhunderts von Dioba Diarra gegründet und 1894 ins damalige französische Protektorat eingegliedert."

Ich erfuhr, dass hier die Dakar–Niger Eisenbahnlinie endete. Gebaut wurde die Linie des Hafens wegen, der einmal einen wichtigen Umschlagplatz darstellte. Jetzt gleicht das Bahnhofsgelände einem Schrottplatz, der seit rund 15 Jahren keinen Zug mehr sah. Wir kamen an Hafengebäuden vorbei, an denen, fast verblasst, "Office du Niger" zu erkennen war. Die soliden Bauten waren bewohnt, doch arg heruntergekommen. Im alten, schmutzigen Hafenbecken wuschen Frauen Wäsche. Bei der aufsteigenden Hitze machte alles einen niedergeschlagenen, trostlosen Eindruck.

„Du weißt, was Banco ist?" fragte meine Begleitung so nebenbei.

„Ein Baustoff, aus dem eure imposante Moschee in Djenné errichtet wurde."

„Genau, und die berühmten Maurer, die Spezialisten für Bauten aus Banco, kommen aus Koulikoro."

Als ich hörte, dass der Ort 6000 Einwohner hat und Bous im Saarland seine Partnerstadt ist, war ich doch erstaunt. Das war nicht alles, was es zum Ort zu berichten gab: Kapitän de Lanneau war es, der für Frankreich mit dem Dorfchef Ouadiou Diarra einen Produktionsvertrag aushandelte, dann ein Militärcamp errichten ließ. In der Folge wurde das Bahnhofshotel gebaut, das heute als Gemeindehaus und Präfektur fungiert. Schlimme Zeiten erlebte der Ort zwischen 1924 und 1940 durch eine große Überschwemmung, eine verheerende Heuschreckenplage und die Beschlagnahme eines Teils der Hirseernte durch die Franzosen. HUICOMA, die Firma zur Verarbeitung von Baumwolle und Baumwollsamen zu Öl, sollte den Aufschwung bringen. Leider wurde das Unternehmen nach 64 Jahren seines Bestehens 2006 geschlossen.

„Bei uns in Mali sterben Helden nie!" meinte Bouctou und erzählte die Sage Soumangourou Kantés, von der auch die Griots Koulikoros, Geschichtenerzähler des Ortes, noch heute berichten: Anfang des 13. Jahrhunderts regierte Soumangourou Kanté äußerst brutal über den Westen Malis. Soundiata Keita war der einzige, der Kanté die Stirn bot. Er war der behinderte Sohn eines Jägers, der sich seines Kindes schämte. Keita flüchtete, im Wald traf er eine Hexe. Mittels ihrer Zauberkunst machte sie aus dem Behinderten den besten Krieger der Umgebung.

Nach der legendären Schlacht von Krina gegen das Heer des grausamen Herrschers musste Keita fliehen. Unter den Hügeln von Koulikoro fand er in einer Grotte Zuflucht und verschwand. Später erschien er, reinkarniert, und gründete das mächtige Mali-Reich. Die Grotte ist ein Kultort, an dem Soundiata Keita verehrt wird.

Alles schön und gut. Ich habe mich hierher bringen lassen, um einen Einblick in etwas gänzlich anderes zu erhalten. Es geht um das Trainings-Center der Bundeswehr. Außerhalb des Ortes befindet sich Camp Gecko, ein abgesperrtes Areal mit weitläufigem Trainingsgelände. Kein geheimes Lager. Ganz und gar nicht. Nur eben nicht allgemein zugänglich. Ein militärisches Sperrgebiet eben.

Wir mussten schon eine Weile laufen, bis der Eingang des Feldlagers erreicht wurde. Heiße Windböen wirbelten feinen, roten Sand auf und hüllten uns ein. Von Zeit zu Zeit brauste ein Militärfahrzeug über die unbefestigte Piste, dann wurden wir vollends eingesandet. Das Camp war mit Stacheldraht, Sandsäcken, Wachtürmen gut gesichert. Ähnlich eines Forts im einstigen wilden Westen. An der bewaffneten Wachmannschaft war kein Vorbeikommen. War auch selbstverständlich. Schließlich kann man in Deutschland auch nicht einfach in die Kasernen spazieren oder Übungsplätze betreten. Schon gar nicht so sensible Areale wie Camps in Krisengebieten. Einer der Wachhabenden, Unteroffizier Peter H. aus Stuttgart, war aufgeschlossen. Als ich ihm erzählte, dass ich in der nächsten Woche als Medienvertreter Camp Castor in Gao besuchen werde, ihm dann meine Einladung unter die Nase hielt, rückte er mit allgemeinen Informationen heraus. Nicht ohne Bouctou fest im Blick zu haben. War das verwunderlich?

Drei Uhr in den Morgenstunden des 24. Februars 2019, ereignete sich ein massiver Angriff einer islamistischen Terrorgruppe mit Handfeuerwaffen und zwei mit Sprengstoff beladenen Kraftfahrzeugen. Hier vor dem Eingang des Camps löste der Fahrer des ersten LKWs seinen Sprengsatz aus und kam dabei ums Leben. Drei malische Soldaten wurden verletzt. Der zweite mit Sprengstoff beladene Laster konnte gestoppt und eine Explosion verhindert werden. Kampfmittelräumer von EUTM Mali entschärften den Sprengsatz. Die Katastrophe wurde gerade noch abgewendet. Mit der Erlaubnis, Camp Castor zu besuchen, hatte mich auch interessiert, was die Bundeswehr in Koulikoro für Aufgaben hat.

Der Wachsoldat entfernte sich. Bouctou wurde unruhig.

„Was willst du noch hier?"

„Sehen, was europäische Soldaten für euer Land tun!"

„So, aber das Sterben überlasst ihr uns. Ist doch so?"

„Da liegst du nicht ganz falsch. Im Nordosten sterben neben malischen allerdings auch Soldaten anderer Nationen, um Mali vor der IS-Bedrohung zu schützen."

Bouctou verdrehte die Augen, was mich reizte, ihm klar zu machen, um was es ging. Also konfrontierte ich ihn mit meinem bisschen Wissen: Mit der europäischen Trainingsmission (EUTM) Mali unterstützt die Europäische Union die malische Regierung, Sicherheit und Stabilität im Land wieder herzustellen und aufrecht zu erhalten. Es geht um einen dauerhaften Frieden in der Sahel-Region. Im weiteren Sinne auch um Stabilität für Afrika und Europa. Auf Bitten der malischen Regierung und auf Grundlage der UN-Resolution 2085 hat die EU am 18. Februar 2013 die Aufstellung einer Ausbildungsmission beschlossen. Das Mandat umfasst Ausbildung, Unterstützung und Beratung der malischen Armee und der Gendarmerie.

„Damit, mein Lieber", betonte ich, „sollen eure Sicherheitskräfte in die Lage versetzt werden eigenständig Souveränität, Sicherheit und Stabilität zu gewährleisten. Zum Beispiel der Azalai, eurer großen Salzkarawane zwischen Timbuktu und Taoudenni Sicherheit zu bieten."

Bouctou spielte mit einem Stöckchen im Sand. Ich hatte den Eindruck, ihn total überfordert zu haben. Doch plötzlich meinte er:

„Und wie wird das umgesetzt? Wie sieht die Praxis aus? Was ist mit der Bedrohung von innen?"

Einigermaßen verblüfft, erklärte ich weiter. Zwei Säulen beinhaltet die Mission: Erstens die Beratung des malischen Verteidigungsministeriums und Optimierung des Führungsstils der Streitkräfte im Hauptquartier Bamako und zweitens die theoretische und praktische Ausbildung des Heeres in relevanten Disziplinen im Camp und Übungsgelände Koulikoro oder in Sévaré. Die EUTM Mali hat keine exekutive Aufgabe. Die europäischen Soldaten beteiligen sich an keinen Kampfhandlungen und sie unterstützen die malischen Streitkräfte nicht bei militärischen Operationen.

Bis März 2019 wurden mehr als 13 000 malische Soldaten in unterschiedlichen Lehrgängen von europäischen Militärtrainern ausgebildet. Das entspricht etwa 75 Prozent der Landstreitkräfte Malis. An der Ausbildungsmission sind 24 Nationen und fast einhundert Trainer beteiligt. Deutschland stellt mit 160 Soldaten das stärkste Einsatzkontingent.

„Schwafel nicht so viel rum, Mann. Was wird denn da so vermittelt? Unsere Armee besteht doch nicht nur aus Trotteln!"

„Sicher nicht, aber im Januar 2013 hätten euch die Islamisten ums Haar überrannt."

Kurse kommen zustande, indem die malischen Partner Wünsche nach Lehrgängen äußern, die aus ihrer Sicht von Nöten sind. Alle Anträge gehen hernach zur Prüfung und Freigabe an das Hauptquartier, das Mission Headquarter (MHR) in Bamako, zurzeit von Brigadegeneral Enrique Millan Martinez kommandiert. Nach der Genehmigung erfolgt der Auftrag an den Internationalen Trainerstab zur Durchführung der Ausbildung. Hier werden verfügbares Personal, Örtlichkeit, Gerätschaft festgelegt. Gemeinsam mit den Trainern, meist Feldwebel oder Fachoffiziere, plant der Koordinator den Ablauf. Die Ausbildung setzt sich aus mehreren Bausteinen zusammen, wie zum Beispiel: Infanterieausbildung, Topografie, Schießausbildung, Brandbekämpfung, Aufspüren von und Umgang mit Sprengfallen, sogenannten IEDs. Natürlich auch Nahkampfausbildung, Taktik, Verhalten an militärischen Kontrollposten, den

Checkpoints. Dann Personen- und Fahrzeugprüfung. Besonderer Wert wird auf Sanitätsausbildung und die Vermittlung internationalen Völkerrechts gelegt. Die Ausbildung dauert 12 Wochen und endet mit einer dreitägigen Abschlussübung, bei der das Gelernte geprüft wird. Der Absolvent erhält eine Urkunde. Besondere Leistungen werden zusätzlich mit dem „Coin", einer Goldmedaille, gewürdigt.

Von Adjutant Chef, dem Stabsfeldwebel Sonou Koita ist bekannt, dass er seinen Kurs mit hervorragenden Leistungen abschloss und den begehrten Coin erhielt. In einem Statement bedankte er sich im Namen seiner malischen Kameraden für die Ausbildung, die vieles vermittelte, was für die Afrikaner unbekannt war. „Die meisten Soldaten," sagte Sonou Koita, „werden in nächster Zeit in den Norden versetzt, um dort Mali zu sichern und gegen die Bedrohung zu verteidigen." Er fühle sich mit seinen Männern für die Aufgabe jetzt gut vorbereitet.

Bouctou hörte sich meine Information in aller Ruhe an, dann meinte er:

„Ihr helft uns, den äußeren Feind zu besiegen. Doch von innen droht er auch. In Mali brauchen wir ein Seil, um darauf zu tanzen, damit es uns die Obrigkeit nicht um den Hals legt."

„Ein Floh kann einen Löwen
mehr ärgern als ein Löwe den Floh

(Aus Afrika)

Die Bar der Ratten

Den heutigen Abend hatte ich nicht verplant, wollte ihn allein mit einem guten Essen irgendwo in der Umgebung verbringen. Also verließ ich gegen sieben Uhr – es war schon dunkel in den Nebengassen – das Kaldea. Hoteldame Djerma winkte mir zu, hatte sich mit dem Gedanken abgefunden, für Europa den falschen Partner gefunden zu haben. Auf der Avenue De La Cdeao rollte wie eh und je eine endlose, stinkende, lärmende Verkehrswalze Richtung Flughafen. Ich tauchte in den Passantenstrom ein und ließ mich treiben. Irgendwann machte blinkende Leuchtreklame auf „Kora – Hotel-Bar-Restaurant" auf sich aufmerksam. Ich trat vor den Eingang. Das Gebäude, von Palmen, Hibiskus und Frangipani eingerahmt, machte einen verlockenden Eindruck. Ungewöhnlich, dachte ich noch, hier an der N 7. Zwei Wachmänner filzten mich vor der Tür nach Waffen. Das sprach für den Laden!

Im Kora war es dunkel wie im After Afrikas, mal von den roten Glühbirnen und flackernden Neonröhren abgesehen. Rechts konnte man sich an eine Bar tasten, die von drei weiblichen Wesen besetzt war. Davor lümmelten auf Sofakissen schattengleich 'ne Menge Gäste, die nicht zu identifizieren waren. Links führte ein weißes, dünnes Lichtband in einen großen, ebenfalls abgedunkelten Raum. Ein Kellner grüßte freundlich und fragte nach meinem Wunsch.

Von dem Mann sah ich nur die Augäpfel und Zahnreihen. Er war schwarz und steckte in einem schwarzen Anzug. Ich sagte ihm, was ich beabsichtigte. Nun ging er voraus in den großen Raum, das Restaurant. Hier war es nun schummrig. Das Restaurant mit skurrilen Masken und Bildern naiver Malerei, ausgestattet wie ein Museum. In einer Ecke flimmerte ein Fernseher, wenige Gäste saßen an Tischen, auf Stühlen aus Eisengraziös. Die Stimmung erschien mir merkwürdig gedrückt. Auf dem Weg zu einem der freien Tische knackte es unter meiner Schuhsohle, fast wäre ich ausgerutscht. Der Kellner bückte sich und verschwand mit der zerquetschten Kakerlake. Eigentlich hätte ich das suspekte Haus spätestens jetzt verlassen müssen. Ich tat es nicht. Schon erschien "mein" Kellner mit der Speisekarte und einem breiten Lächeln. Ich bestellte Pizza, das sei eine Spezialität des Hauses. Mittlerweile hatten sich die Augen an das schummrige Licht gewöhnt, dennoch benötigte ich meine Taschenlampe, um etwas lesen zu können. Der Kellner nannte sich Debotu, er berichtete, dass Mali gerade in einem wichtigen Fußballspiel gegen Südafrika verloren hätte, was die miese Stimmung erklärte.

Nach einer Weile kam die Pizza, gebracht von einer pummeligen Serviererin. Debotu war für die Flasche Castel Beer zuständig. Ich leuchtete die Pizza ab und popelte etwas aus dem Teig, das wie eine gebratene Wanze aussah. Geschmacklich war an dem belegten Teig nichts auszusetzen.

Mit ziemlicher Bugwelle rauschte ein Paar herein und nahm in meiner Nähe Platz. Er bediente lautstark gleich zwei Smartphones. Sie, schmuckbehängt wie ein Maibaum mit Girlanden, stopfte mit blasierter Miene ihren Busen in die richtige Position. Hatte sich da gerade ein arrivierter Geschäftsmann im Kora Entspannung gesucht? Werde einer schlau aus diesem Etablissement.

In einer Pause des Redeschwalls vernahm ich ein Quieken. Der Lichtkegel der Taschenlampe fiel auf etwas Graues, das an der Wand zu knabbern schien. Und plötzlich huschte diagonal durchs Restaurant etwas anderes Graues. Ich rief nach Debotu. Er eilte herbei in der Annahme, es hätte sich Furchtbares ereignet.

„Hier gibt's Ratten!" erklärte ich.

Er setzte ein entschuldigendes Grinsen auf, mit dem er die Misere des Hauses zu erklären versuchte. Seit geraumer Zeit schon kämpfte man gegen die Ratten-Invasion an. Erfolglos.

Die Nager seien aus der Kanal- und Unterwelt direkt ins

Kora gezogen. Im Hotel scheinen sie sich zu fühlen wie Maden im Speck.

„Verwunderlich bei dieser Beleuchtung?"

„Das ist es ja gerade, die Gäste mögen die intime Atmosphäre bei uns – ebenso die verdammten Ratten!"

„Eine feindliche Übernahme", lamentierte Debotu. „Sie quollen aus ihren Löchern und befanden, dass das Kora ideal als Habitat für Aufenthalt und Fortpflanzung geeignet sei." Debotu berichtete noch, dass der Boss ihn als Kammerjäger beauftragt hätte. Doch der Kellner resignierte bald als er merkte: Bekämpfung und Rattenzuwachs standen im groben Missverhältnis. Weibchen sind alle vier bis fünf Tage "hitzig". Sie können nach drei Wochen Schwangerschaft 8 bis 14 Junge bekommen. Das macht pro Paar bis zu 140 Nachkommen im Jahr oder über 400 im Laufe eines Rattenlebens von drei Jahren. Das Hotel beherbergte bestimmt schon ein stattliches Rattenvolk, so um die 500 bis 600 Tiere. Genau konnte es Debotu nicht sagen, zumal sich nur wenige zeigten. Außerdem schienen es täglich mehr zu werden. Gerade wuselten wieder zwei Burschen über den glatten Boden, als befänden sich Schlittschuhe unter ihren Pfoten.

„Keine Angst vor dem Rattenfloh, einem Zwischenwirt für Seuchen? Oder dem Ausbleiben der Gäste?"

„Nö, wir desinfizieren und unsere Gäste haben sich an die Haustiere gewöhnt."

Das konnte ich bestätigen. Im Restaurant nahm kein Gast Notiz von den Mitbewohnern. Warum auch? Die Ratten waren schlau, bis auf dezentes Quieken verhielten sie sich ruhig, blieben auf Abstand, waren weder aggressiv noch hatten sie jemals einen Gast gebissen. Aus Sicht der Ratten gab es keine Veranlassung, böse zu werden. Futter, sehr gutes, sogar direkt aus der Küche, gab's im Überfluss. Der Schlafplatz war auch komfortabel. Im Kora lebten Mensch und Ratten vergesellschaftet, quasi in Symbiose, mit zugewiesenem Territorium. Man ginge ganz ungeniert miteinander um, erklärte der Kellner weiter. In der Tat, das

Licht meiner Taschenlampe zeigte Jungtiere beim Spielen, dann alte bei ihrer Lieblingsbeschäftigung, dem Kopulieren. Ich bedankte mich bei Debotu für seine bereitwillige Auskunft. Er zog sich diskret zurück. Ich aß den Rest meiner Pizza und spülte den letzten Bissen mit Castel Bier herunter.

Als der arrivierte Malier begann, seine Dame unsittlich zu betätscheln, sie dabei unentwegt zu mir herüber grinste, stand ich auf. Vorsichtigen Schrittes – schließlich wollte ich die Nager in ihrem Refugium nicht belästigen – begab ich mich in die Bar. Dort ging es unterdessen recht lebhaft zu. In Grüppchen unterhielt man sich am Tresen, scherzte mit den Bardamen oder palaverte auf Kissenbergen wie um ein Lagerfeuer.

Selbstverständlich hatten Ratten auch diese Räumlichkeit erobert. Kaum in einem der Sitzkissen versunken, wurde ein Bier gebracht. Ohne meine Bestellung, einfach so. Die schwarze Barlady mit voluminösem Haarkranz und roten Lippen wie Autoreifen, zeigte in Richtung einer Herrenriege, aus der mir ein Mann, um die sechzig, freundlich zuprostete.

„À votre santé!" rief er durch den Raum.

Als wir kräftig geschluckt hatten, meinte er:

„Sie sind der erste Weiße, der es im Kora länger als drei Minuten aushält."

Allgemeines Gelächter.

„Wohl auch die Nager zu Hause, oder was?" fragte er.

„Noch nicht – werd' sie mal einplanen."

Wieder wurde gelacht.

„Wo kommen Sie her? – England? Schweden?"

„Deutschland!" rief ich hinüber.

„Allemagne – formidable!" antwortete er ehrlich begeistert.

„Ich heiße Alain Sokoro, war lieutenant-colonel im Heer unserer Armee und einer der Ersten, die in Koulikoro einen Kurs bei deutschen Soldaten besuchte – war 'ne tolle Sache!"

„Ich weiß, im Camp Gecko – und bestanden?" fragte ich. „Naturellement! Anschließend wurde ich oben bei Kidal eingesetzt, im Gebiet der Ansar Dine. Ein heißer Einsatz kann ich Ihnen sagen! ... Ach, setzen Sie sich doch zu uns." In Gesellschaft von Sokoros Freunden wurde ich nicht nur mit mehr Bier versorgt, als mir lieb war. Ich erfuhr auch Interessantes aus seinem einstigen Einsatzgebiet: Kidal, eine Oase mit rund 27 000 Einwohnern, 280 Kilometer nördlich von Gao, an den Ausläufern des Adrar des Ifôghas-Gebirges gelegen. Berühmt sind zwei aus Stampferde erstellte Bauten: Die Alte Festung und das Haus des Kunsthandwerkers. In der Kolonialzeit und danach war Kidal der Ort für ein berüchtigtes Gefängnis politischer Gefangener. Hier saß auch der später rehabilitierte Präsident der ersten Republik Modibo Keita ein. Einst war Kidal der Treffpunkt verwegener Abenteuertouristen, die sich, aus Tamanrasset in Algerien kommend, auf schwerer Piste bis hierher kämpften. Die Bevölkerung besteht zu einem Großteil aus halbseßhaften Tuareg, die mit islamistischen Gruppen ein gefährliches Unruhepotenzial bilden. Heute besteht Kidals Wirtschaft zu einem wesentlichen Teil aus dem Schwarzmarkt, dem Cannabishandel, Menschen-, Waffen- und Zigarettenschmuggel, organisiert von nigerianischen, libyschen und libanesischen Hintermännern, während Tuareg den Transport ausführen. Rebellen jeglicher Couleur geben sich in diesem Gebiet der Sahara die Hand. Dazu gehören Kämpfer An-ser-ad-Diu „Unterstützer des Glaubens", auch Ansar Dine genannt, eine sufistische Bewegung in Mali mit zwei Millionen Anhängern. Ihr religiöser Führer und Prediger ist Chérif Ousmane Heidara, ein Mann des Friedens und der Aussöhnung, so gibt er sich wenigstens. Sein Zorn richtet sich gegen radikal-islamistische Abtrünnige seiner Glaubensgemeinschaft. Unruhestifter seien das und Gotteskrieger, die Mausoleen und Kulturschätze in Timbuktu zerstört hatten, sinnlos mordeten, die Sahara unsicher machten. Ihre Flagge ist das

Schwert, die Kalaschnikow und der Koran. Gegen diese Fanatiker und andere Terrorgruppen wurde Alain Sokoro eingesetzt. Geriet in Hinterhalte, wurde überfallen, in Scharmützeln verwundet. Einige seiner Kameraden fanden den Tod.

„Wir werden die Mörder besiegen. Es sind keine Muslime, es sind gottlose Verbrecher!" schimpfte Sokoro.

Die Kumpane aus unserer Runde pflichteten ihm lebhaft bei, auch sie hatten in der Armee gedient. Und so wurde noch bis in die Nacht hinein, bei Ratten und Alkohol, über die Heldentaten während der Terrorbekämpfung schwadroniert.

Dem Hunger entflieht man nicht
mit den Füßen, sondern mit den Händen. "

(Westafrika)

Eine Schule in Touréla und die Erleuchtung

J'arrête ici, fahre keinen Meter weiter!" brüllte der Fahrer und bremste so hart, dass ich nach vorn flog.

„Was ist mit dem Chauffeur los?" fragte ich erschrocken.

„Er hat Angst um seinen Wagen, der Weg sei zu schlecht", meinte Bouctou.

Auch für eine Fahrpreiserhöhung war nichts zu machen. Der Fahrer schimpfte noch eine Weile über Schlaglöcher und Bodenwellen, dann warf er uns hinaus. Es war 11 Uhr, die Sonne brannte, Hitze quoll aus verbrannter Erde. Bis Touréla seien es nur vier Kilometer, „das wirst du doch wohl schaffen", sagte Bouctou.

„Ohne einen Schluck Wasser? Na, ich weiß nicht!"

Während das Taxi in seiner eigenen Staubwolke entschwand, marschierten wir in westlicher Richtung durch heißen Brodem.

Nach etwa einer Stunde verließen wir den Pfad und stapften querfeldein durch eine Mangoplantage. Zwar spendeten die Bäume etwas Schatten, dafür war der Boden mit Laub und niedrigem Buschwerk bedeckt. Überall raschelte es. Das machte jeden Schritt zur Überwindung.

„Sag mal, was raschelt da immer?" fragte ich.

„Schlangen, was sonst. Die sind geräuschempfindlich und flüchten – normalerweise -, darfst nur auf keine treten, dann beißen sie."

Endlich erreichten wir ein gerodetes Areal mit Dorfplatz und Lehmhütten, wellblech- und palmwedelbedacht. Wir steuerten die größte fensterlose Hütte an. Die Tür, mehr ein Loch mit Verschlag, stand offen. Wir betraten den stickigen Brutkasten und befanden uns in einem Klassenzimmer, das gleichzeitig die Schule des Vororts von Touréla darstellte. An der Stirnwand stand ein großer, hagerer Mann mit Spitzbart, um die vierzig. Er hatte ein Stöckchen in der Hand und deutete auf ein quadratisches, dunkles Brett – war wohl einstmals eine Wandtafel – auf dem allerlei unregelmäßige Verben in Französisch standen.

Als er uns bemerkte, ließ er den Stock sinken, strahlte und stellte sich mit Mammutou Sinajoku, Lehrer der Dorfschule für Französisch, Rechnen und Geschichte vor. Der Raum war mit etwa fünfzig Kindern gefüllt, die sich erstaunlich diszipliniert verhielten. Auf einen Wink hin standen die Schülerinnen und Schüler auf und setzten sich wieder. Sinajoku erklärte den Kindern, dass ich aus Deutschland käme, einem Land im Norden, jenseits der großen Wüste und jenseits des Meeres. Sie hörten interessiert zu. Als ich vorgestellt worden war, flogen die Arme hoch. Möglichst gleichzeitig wollte man alles Mögliche über Deutschland wissen. Der Lehrer besänftigte den Enthusiasmus, indem er erstmal berichtete, dass in diesem Klassenraum fünf- bis zehnjährige Mädchen und Jungen zusammengefasst werden. Also wird die erste bis vierte Grundschulklasse gemeinsam unterrichtet. Die Kinder kämen aus Hütten und Dörfern, die teils mehrere Kilometer entfernt lägen. Ein Schulweg von zwei Stunden wäre nicht außergewöhnlich. Der Unterricht ginge von acht bis eins und von fünfzehn bis neunzehn Uhr.

Ich wurde lebhaft an meine Volksschulzeit 1946 erinnert. Das gleiche Gestühl, die Einheit von Bank und Tisch für zwei Kinder. Aus Platz- und Lehrermangel wurden mehrere Klassen zusammen unterrichtet und der Stock nicht nur zum Zeigen verwendet. Der tanzte auf so manchem Hintern.

Nun war ich dran, etwas aus meiner Heimat zu berichten. Dabei fragten die Kinder in Bambara, die älteren in Französisch. Sinjaku übersetzte. Ich betonte, wie wichtig es sei, zu lernen, eine gute Ausbildung zu erlangen, um sich und dem eigenen Land eine bessere Zukunft zu bescheren.

Ein älterer Junge sagte: „Ich und meine Familie haben gehört, bei Ihnen bekämen die immigrants (Einwanderer) Geld umsonst, auch Essen, Trinken und Unterkunft. Ist das wirklich so?"

Bei den jüngeren Schülern machte sich ungläubiges Erstaunen bemerkbar. Ich relativierte die Zuwendungen und betonte, dass es keine Lösung sei, sein Land allein aus wirtschaftlichen Gründen zu verlassen. In Deutschland sei das Leben teuer, ohne exzellente Ausbildung und Sprachkenntnisse hart, nie und nimmer empfehlenswert. Auch würden viele Flüchtlinge zurückgeschickt werden. Außerdem gäbe es dort kalte Winter mit Schnee und Eis. Dabei schüttelte ich mich so heftig, dass sich die Kinder köstlich amüsierten.

„Nein Kinder, die Welt da draußen besteht auch nicht nur aus Sonnenschein und Liebe. Ich glaube, sie ist härter und liebloser, als ihr es euch vorstellen könnt", war meine Mahnung.

Ich fragte ein niedliches Mädchen mit einem Kranz Zöpfen, die ihr wie Spaghetti vom Kopf mit roten und weißen Perlen baumelten, was sie sich denn so wünsche. Bevor sie antworten konnte, riefen Ältere: „Wir wünschen uns eine richtige Schule, einen Brunnen für Trinkwasser, Lehrbücher und eine Toilette."

„Und ich", sagte das Mädchen in der ersten Reihe, „wünsche mir ein Fahrrad, weil der Weg zur Schule so weit ist."

Längst hätten die Kinder an diesem Vormittag Schulschluss gehabt. Doch davon nahm keines Notiz. Sie wollten so vieles wissen aus der fernen, fremden Welt, aus Hamburg, der Stadt an der Elbe zwischen Nord- und Ostsee, einem See mitten in der Stadt, auf dem sich im Sommer Segelboote, Schwäne, Enten und Möwen tummeln.

Der Lehrer sah mich schwitzen in dem Backofen, der sich Klassenzimmer nannte und hatte Erbarmen. Er ließ die Kinder aufstehen und sich mit einem freudigen Lied in Bambara verabschieden. Die Kinder stoben davon. Wir, Bouctou, Sinajoku und ich nahmen auf wackeligen Rohrstühlen unter einer Akazie Platz. Der Lehrer klatschte in die Hände. Sogleich erschienen seine Frau und zwei Töchter, beladen mit Töpfen, Schalen und Tassen. Es gab Wasser, Reis und Erdnusstunke. Den Reis formten wir zu Kugeln und tauchten sie in die Soße. Besteck gab es natürlich nicht.

„Mir lag am Herzen, dass du 'meine' Schule einmal kennen lernst", sagte Bouctou, „früher habe ich Touristen hierher geführt in der Hoffnung auf Spenden. Außer Bonbons und freundlichen Worten gab's selten mehr."

„Sie haben gesehen: es mangelt an allem," erzählte der Lehrer, „keine Bleistifte, kein Papier, von Lehrmaterial ganz zu schweigen."

Wir mampften gerade die letzten in Erdnussschleim getauchten Reiskugeln, da rauschten drei Polizisten auf Motorrädern heran und erkundigten sich, was der Weiße denn hier treibe. Die Erklärung des Lehrers befriedigte sie nicht. Erst als ich mich durch Reisepass mit Visum ausgewiesen hatte, waren sie zufrieden.

„Wir müssen auf der Hut sein, die Zeiten sind unsicher geworden", entschuldigte sich einer der Landgendarmen, dann knatterten sie davon.

Ich fingerte ein paar Euroscheine aus der Jackentasche und reichte sie Sinajoku.

„Für die Schule und die Schüler und das gute Essen", sagte ich verlegen, wusste nicht, ob der Betrag angemessen war.

Er war es wohl. Der Lehrer stand auf und bedankte sich, richtig überschwänglich.

„Lass uns noch durchs Dorf gehen. Ich will dir was zeigen", sagte Bouctou.

Das Dorf bestand aus weit auseinander stehenden Hütten, die durch Trampelpfade miteinander verbunden wurden. Pfade, gesäumt von Abfall und Plastikmüll. Armut, Schmutz, Hässlichkeit ergänzten einander. An einigen Hütten stank es bestialisch. Bouctou erklärte.

„Hier gibt es kein fließendes Wasser und keine Toiletten. Die Notdurft wird gleich hinter den Hütten über einer Grube erledigt, über einem feuillées, ihr sagt Donnerbalken."

Nun standen wir vor einer ziemlich einsam errichteten Rundhütte, wie sie afrikanischer nicht sein konnte. Vor dem Eingangsloch, abgehängt durch ein schmutziges Stück

Stoff, räkelten sich drei Afrikaner.

„Holà! Ça va?" Die Begrüßung war kurz. Die drei waren nicht gut aufgelegt, irgendwie frustriert.

„So, das hier ist mein Appartement", sagte Bouctou und zog den Stofffetzen zur Seite. „Ich schlafe da oben links."

„Wie bitte?" fragte ich.

„Hast mich schon verstanden. Wenn ich nicht bei meiner Familie in Mopti bin – und das kommt verdammt oft vor – teile ich mir die Hütte mit den drei Männern. Einst waren wir ganz gut verdienende Fremdenführer. Jetzt bin ich der einzige der noch etwas Geld ranschafft. Dafür renne ich im Morgengrauen zum Flughafen und nachts zurück."

An den Wänden stand rechts wie links je eine doppelstöckige Pritsche. Der Boden bestand aus gestampftem Erdreich. In der Mitte lag ein Haufen Wäsche, an den Wänden hingen verrußte Töpfe, das war alles. Einiges hatte ich von einem ehemaligen Gangsterboss erwartet, aber keine Behausung wie diese! Bouctou wechselte einige belanglose Worte mit den Männern seiner Wohngemeinschaft, dann zogen wir weiter, hinüber an einen Verschlag, der zu einer Seite hin offen war, einen Tresen besaß, auf dem sich allerlei Dosen, Flaschen, Pakete türmten.

„Das ist der Laden von Paul Chourout. Der einzige im Dorf. Paul ist auch so etwas wie ein Clanchef hier und mit dem Geschäft zu Geld gekommen."

Wir rückten Stühle und einen Tisch unter zerzauste Palmen. Eine Mali brachte Cola und Fanta. Jetzt dudelte einheimische Musik aus einem Lautsprecher. Den Strom dazu lieferten Solarzellen. Ein Mann im weißen Überwurf und Turban tauchte auf. Es war Paul und schon lagen sich er und Bouctou in den Armen.

„Alter Gangster – schon wieder 'nen Touristen am Haken?" posaunte der Malier und lachte. Er setzte sich zu uns, rief eine Frau herbei, die unterwürfig mit vielen Bücklingen Tee servierte. Paul war eine ungemein distinguierte Erscheinung. Er zupfte sein Gewand zurecht und fixierte mich aus rätselhaft schwarzen Augen. Ein interessanter

Typ, dachte ich. Dann überschüttete er mich mit Fragen zum sorgenfreien Leben in Deutschland. Ich staunte über sein Halbwissen, nein über das fatale Wissen, das sich in ganz Afrika zum Leben in Europa fundamentiert zu haben schien. Wie soll man antworten? Alles Quatsch! Bleibt, wo ihr seid und macht das Beste daraus. Oder: Schon wahr, bei uns läuft einiges besser, wir lassen euch gern am Wohlergehen teilhaben. Ich hatte keine befriedigende Antwort, so wenig wie die Regierungen Europas eine richtige Antwort auf die Wanderung haben. Ich versuchte, das Gespräch auf Mali zu bringen und erfuhr, dass mal wieder ein Massaker mit 134 Toten in Ogossagou und Welingara, in der Mopti-Region ausgeübt wurde. Bewaffnete Dogoo-Kämpfer überfielen die beiden Dörfer der halbnomadisierten Fulani, da sie angeblich radikal islamische Terroristen beherbergten. Tatsächlich war es mal wieder ein uralter Streit zwischen sesshaften Bauern (Dogon) und einem Hirtenvolk (Fulbe, Fulami). Schließlich unterhielten sich Paul und Bouctou in Bambara, dabei lachten und feixten sie wie ausgelassene Teenager. Riefen wohl gemeinsame Erlebnisse wach.

Aus einem unscheinbaren Lehmgebäude drang nun die Stimme des Muezzins. Er rief zum Gebet. Gläubige krochen aus ihren Hütten und begaben sich zur Moschee. Paul erhob sich mit den Worten: „So, ich verlasse die Ungläubigen und werde beten." Dabei warf er uns einen schelmischen Blick zu.

Vor dem Gotteshaus hatten sich viele Dörfler versammelt. Auf einen Wink des Vorbeters fielen sie auf die Knie und verneigten sich gen Osten. Ihr Gebetsmurmeln drang bis zu uns herüber.

„Du wirst es nicht glauben, Paul war in meiner Straßengang. Bei einem Einbruch wurde er geschnappt, das kostete ihn zwei Jahre Knast. Heute ist er ein gemachter Mann mit zwei Frauen und sechs Kindern. Ich habe mich mit dem Tourismus verkalkuliert. Merde! – Was soll's?"

„Und wie hat sich dein Wandel vollzogen?"

„Himmel, Hölle und zurück. Wir hatten auf unseren

Streifzügen recht ordentlich Beute gemacht. Waren in unserem Viertel respektiert. Restaurants, Bars und Ladenbesitzer zahlten Schutzgebühren und wir hielten ihnen Ärger von anderen Gangs fern. Eines Tages wurde ich angeschossen. Hinterlistig von hinten in die Hüfte. War zum Glück nur 'ne Fleischwunde." Er zog sein Hemd aus der Hose und zeigte mir eine lange Narbe über dem Beckenknochen.

„Ehrlich gesagt, es war Angst, die den Sinneswandel brachte. Die nächste Kugel bringt dich um, egal, wer sie dir verpasst: die Polizei oder 'ne andere Gang. Das war mir plötzlich bewusst. Mit blutender Seite suchte ich einen Arzt auf. Der flickte die Wunde. Doktor Senou Sengor war ein feiner Kerl und verschwiegen. Er ließ die Polizei aus dem Spiel. Ich konnte ihm trauen. Er musste rasch erkannt haben, dass ich kein geborener Verbrecher war, als er sagte: wenn du dein Leben ändern willst, kannst du zu uns kommen. Wir helfen dir. Ich war nie getrieben von Macht, Gier, Geld. Ich war ein Abenteurer, der organisieren konnte und etwas pfiffiger und schneller war als die anderen Jungs der Gang. Auf das Angebot des Doktors ließ ich mich ein. Dabei erfuhr ich in vielen Gesprächen eine Menge aus seiner Glaubenswelt. Sengor war nicht nur Arzt, er war auch Missionar, Prediger einer Pfingstgemeinde. Mein Sinneswandel war wie eine seltsame Läuterung hin zu einem anderen Menschen. Während eines Gottesdienstes fand ich den Weg in ein besseres Leben …!"

„… Erstaunlich, dann war der Gottesdienst wie eine Offenbarung?" unterbrach ich Bouctou.

„Es war unglaublich! Ich stand in einem großen, schmucklosen Raum, dicht gedrängt mit vielen anderen Menschen und lauschte der Predigt. Der Pfarrer im weißen Talar sprach frei und engagiert, ja so enthusiastisch von Jesus, dem Heiligen Geist, Gott und das Gute im Menschen, dass ich vor Ergriffenheit weinen musste. Dann sang die Gemeinde, unglaublich inbrünstig. Zu Keyboard- und Schlagzeugklängen schmetterte ein Gospelchor Lieder zur

Auferstehung. Die Gemeinde sang mit und schunkelte. Die Liturgie dauerte drei Stunden. Zwischendurch traten Gläubige an den Altar, wo sie tröstende Worte mit Handauflegung empfingen. Ich konnte mir nicht helfen – ich war einfach hingerissen, besuchte mehrere Gottesdienste mit Dr. Sengor und seiner Familie. Dann ließ ich mich taufen. – Nun weißt du, wie ich in einem Land der Muslime Pfingstler wurde."

„Keinen Verfolgungen ausgesetzt?"

„In Bamako nicht. Die Bevölkerung von Mopti ist nicht so tolerant, da müssen wir uns vorsehen. Ich habe eine Pfingstlerin geheiratet".

Drüben in Sicht- und Hörweite wurde nicht minder inbrünstig Allah gehuldigt. Ich dachte über die Pfingstbewegung nach: Ihr theologischer Begründer ist der Amerikaner Charles Fox Parham, der 1901 in seiner Bibelschule Bethel in Topeka erstmals eine Lehre der "Zungenrede" verkündete. Auch Glossolalie genannt, ist ein unverständliches Sprechen im Gebet, das nach dem Neuen Testament eine Gnadengabe des Heiligen Geistes sei. Für Christen in der Dritten Welt ist die Bewegung attraktiv, weil sie sich uneingeschränkt der weißen und andersfarbigen Bevölkerung ärmerer Schichten widmet. Weltweit gibt es etwa 500 Millionen Pfingstler.

In Nigeria und Australien prosperiert die Sekte besonders stark. Ihr missionarischer Eifer setzt auf Emotionen, Solidarität mit den Armen, Zuwendung und soziales Engagement. Das Mitglied aus dem vornehmlich evangelischen Milieu fühlt sich in der Pfingstkirche verstanden, aufgehoben und betreut. Die Taufe ist eine Glaubensangelegenheit, damit nichts für unmündige Kinder.

Bouctou hatte seine geistig-spirituelle Heimat in einer christlichen Splittergruppe mit einem Gottesdienst zum Mitmachen gefunden. Und die Wurzel des Glaubens? Die Pfingstbewegung weist auf das Pfingstfest hin, das an die im Neuen Testament berichtete "Ausgießung" des Heiligen Geistes in der Jerusalemer Urgemeinde erinnert.

Ich muss schon sagen, Bouctous Läuterung beeindruckte mich über alle Maßen.

„Lass uns aufbrechen", mahnte mein Begleiter, „wir haben einen langen Marsch vor uns. Und du fliegst morgen in aller Frühe nach Gao."

Beim Verlassen des Dorfes kamen wir noch einmal an der Schule vorbei. Lehrer Sinajoku saß auf einem Schemel und ließ sich von seiner Frau den Schädel rasieren. Um ihn herum spielten Kinder. Eltern palaverten in geselligen Grüppchen. Armut in ausgelassener Atmosphäre. Mir schienen die Menschen in ihrem Dasein sogar glücklich zu sein. Glücklich? Wie ist das möglich? Liegt es an dem Leben im Hier und Jetzt? Afrikaner denken weniger an die Zukunft. Zukunft heißt planen, Vorsorge, sich Sorgen machen. Wer im Moment lebt, der genießt, macht sich über das Morgen wenig Gedanken, ist sorgloser, vielleicht auch glücklicher als die von der Zukunft getriebenen Europäer. Erklärt die Einstellung zum Künftigen so manchen Unterschied zur westlichen Welt, die mir hier im Dorf der armen und doch so fröhlichen Menschen auffiel?

Wir schüttelten noch viele Hände, winkten, riefen: „Ou revoir. – Mes meilleurs voeux! Auf Wiedersehen. – Alles Gute!"

Dann traten wir den weiten Weg nach Bamako an.

„Furcht vor der Gefahr ist
schrecklicher als die Gefahr selbst."

(Aus Afrika)

In Gao und auf Patrouille

Aufsitzen! kommandierte Hauptmann Frank S. Ich stieg in den Spähpanzer 'Fennek', das dritte Fahrzeug der Kolonne, und zwängte mich in den hinteren Sitz rechts neben den Schützen, Unteroffizier Karl B., der sogleich die Elektronik scharf machte und den Monitor aufklappte. Karl B. war Waffenmeister. Er steuerte das MG auf dem Fahrzeugdach über Bildschirm und Rechner. Im 'Fennek' war es backofenheiß und extrem eng. Ölsardinen haben in einer Dose mehr Platz. Die gepanzerte Tür, Konsolen, Verstrebungen, Kabelkanäle, Griffe, Knaufe machten dich im Fond nahezu bewegungsunfähig. Dazu kamen Schutzweste, Gefechtshelm, zwei Kameras, Kopfhörer. Mein Zusatzgewicht lag bei siebzehn Kilogramm. Zwischen Weste, Hemd und Rücken lief mir Schwitzwasser in die Hose. Die Soldaten schleppten über dreißig Kilogramm mit sich herum, weil Waffen, Funkausrüstung, Nachtsichtgerät und allerhand Kleinkram in Taschen und an Gürteln hinzukamen. Das Soldatenleben in Malis Nordosten ist nichts für Weicheier und Backpflaumen! Der Motor sprang an. Es summte verhalten. Der 'Fennek' vibrierte sanft. Ich schob mir den Kopfhörer über die Ohren, hörte: „Abmarsch!" Es war 15 Uhr, die kleine Kolonne aus sieben Fahrzeugen, dem 'Fennek', einem Spähpanzer, zwei 'Eagle IV', das sind Radpanzer, einem 'Wolf' als Sanitärfahrzeug und zwei amphibischen Radpanzern 'Fuchs' rollten aus Camp Castor. Doch halt, ein 'Dingo' war auch noch dabei.

Der Auftrag der kombinierten Tag-/Nachtpatrouille lautete: Erkundungsfahrt durch Gao und Umgebung um Präsenz und Sicherheit zu demonstrieren, verdächtige Gegenstände zu identifizieren, den Grund von besonderen Menschenansammlungen zu eruieren und zu observieren. Zusatzauftrag: Die Vorkommnisse an einem jüdischen Friedhof nahe der Rue Na Na Mossi zu erkunden, um diese zu dokumentieren.

In dem Spähpanzer fühlte ich mich, so von moderner

Waffentechnik umgeben, recht sicher, wenngleich schon knapp fünf Monate nach Beginn des Bundeswehreinsatzes eine Tagpatrouille von Terroristen mit Maschinengewehren beschossen wurde. Anders, wenn es später im Ort absitzen heißt, dann womöglich bei Dunkelheit durch enge Gassen, an verwunschenen Plätzen zu Fuß patrouilliert wird. Heckenschützen können hinter jeder Hausecke lauern ...

Nun lag das streng bewachte Gatter und das mit Sandsäcken, Betonwänden und Stacheldraht umfriedete Camp hinter uns. Die Kolonne hielt, Soldaten kletterten auf die Dächer der gepanzerten Fahrzeuge und luden die oben montierten Waffen durch, als letzte Vorbereitung einer Patrouille vor dem Einsatz.

„Das MG auf dem 'Fennek' streikt!" bekam ich über Kopfhörer mit.

„Verfluchter Mist!" schimpfte der Einsatzführer, „geben Sie Pressluft drauf!"

Sand hatte wahrscheinlich die sensible Elektronik der Steuerung blockiert. Wüstensand ist ein arger Feind der modernen Waffentechnik. War staubfeiner Sand auch Schuld am Hubschrauberabsturz? Über uns fauchte das Gebläse. Hauptmann Frank S. war stinksauer, wieder einmal konnte er nicht pünktlich ausrücken.

Frank S. versah seinen Dienst im Camp Castor erst seit wenigen Wochen. Sein Jägerbataillon 291 war von Illkirch, Frankreich, hierher verlegt worden und er gehörte mit seinen Männern zu den rund 850 deutschen Soldaten, die seit zwei Jahren im Einsatz für die Vereinten Nationen waren. Das deutsche Kontingent hat im Rahmen der UN-Mission MINUSMA die Aufgabe, ein Bild von der Sicherheitslage in Nordmali zu erstellen, sowie als Aufklärer zu dienen. Für diesen Zweck hat es gepanzerte Fahrzeuge, Kampf- und Transporthubschrauber, dazu Aufklärungsdrohnen dabei, um damit den Auftrag erfüllen zu können. Patrouillenführer Frank schaute besorgt nach oben und rief:

„Feldwebel A. kriegen Sie das hin?"

„Sieht gut aus!" kam zurück.

Feldwebel Siegfried A. sah aus wie sein Vorname lautete: groß, blond, mit für Soldaten ungewöhnlich langen Haaren. Schon mehrmals war er an den hot spots der Bundeswehr im Ausland präsent: Bosnien, Kosovo, Afghanistan, Sudan. Er war unverheiratet und durchdrungen von dem Gedanken, dass friedensichernde Maßnahmen in den Unruheherden vor Ort die Flüchtlingsströme reduzieren. Dafür war der Soldat mit Spezialausbildung auch bereit, sein Leben einzusetzen. Seine Motivation hatte Siegfried mir gestern beim Abendessen in der Kantine erläutert. Seiner Meinung nach ist der IS der größte und gefährlichste Unruhestifter weltweit. Er verkörpert einen Fanatismus, dem nötigenfalls auch mit Waffengewalt zu begegnen wäre.

Zehn Minuten später war der Schaden behoben.

„Abmarsch!" verkündete der Hauptmann. Sieben Fahrzeuge unserer Kolonne rollten aus dem „Bubble", wie das Militärgebiet an Gaos Flughafen genannt wird, heraus. Camps der Franzosen, der malischen Armee, reihen sich ans Lager der Deutschen und vieler weiterer UN-Partnernationen.

Schon martialisch, wie sich der bewährte Lindwurm auf sandigem Weg, in Staub gehüllt, so in Richtung Gao bewegte. Das sonore Brummen der Fahrzeuge mochte dem einen Oasenbewohner Geräusche für Sicherheit, Schutz und Ordnung bedeuten, dem anderen aggressiver Lärm einer fremden Macht.

Die Flussoase Gao, mit 82 000 Einwohnern, liegt direkt an Malis Lebensader, dem Niger – und mitten im Konfliktgebiet, eingebettet in den Sand der Sahara. Nördlich und westlich und in der Stadt selbst terrorisieren seit sechs Jahren islamistische und andere Gruppen die Bevölkerung. Nun sollen 12 000 UN-Soldaten im Rahmen der MINUSMA-Mission dafür sorgen, dass der IS, Tuareg, sowie das Konglomerat anderer Milizen nicht erneut zu den Waffen greifen. Ob das gelingt, ist fraglich. Täglich wird die Lage unübersichtlicher. Ständig bilden sich neue Allianzen, die sich mal als Rebellen bezeichnen, dann mit Al-Qaida aus dem Maghreb, dem IS, oder kämpferischen Tuareg verbinden. Auch die malische Regierung hat den Überblick verloren, weiß nicht, wer mit wem koaliert. Dschihadisten heizen den Konflikt Bauern gegen Nomaden für ihre fanatisch-religiös verbrämten Ziele an. In dem Chaos treten sie dann als Schlichter und Helfer auf, um peu à peu in den Regionen Einfluss, dann Macht, mit Scharia Etablierung, zu übernehmen. Ein perfides Spiel, das da von dem militanten sunnitischen Islamismus gespielt wird! Und das Durcheinander geschieht, weil Präsident Ibrahim Boubacar Keita nicht in der Lage ist, Recht und Gesetz in seinem Land durchzusetzen. Polizei und Soldaten sind schlecht ausgebildet und noch schlechter ausgerüstet, stammen im Wesentlichen aus Volksgruppen Südmalis, die wenig gewillt sind, ihr Leben für die Ethnien der Wüste, die obendrein besser trainiert und bewaffnet sind, zu opfern. Auf Drängen des Westens haben sich fünf Sahel-Staaten verpflichtet, mit einer 5000 Mann starken Einsatztruppe die Terroristen zu bekämpfen. Was nun dazu führt, dass der Krieg auch gegen die eigene Bevölkerung ausgetragen wird, weil die allermeisten Dschihadisten 'Kinder des Islams und der Entente' sind, wie es Beobachter analysiert haben.

In diesem Antagonismus stecken die UN-Truppen als nahezu einzige Ordnungskraft, die eigentlich nur die Einhaltung des Friedensvertrags zwischen Aufständischen und der Zentralregierung Malis überwachen soll. Die Rebellengruppen pfeifen auf die Neutralität der Blauhelmsoldaten, attackieren nach Guerillataktik aus dem Hinterhalt und sorgen für hohe Verluste beim UN-Kontingent. Unterdessen sind 160 Soldaten der Peace-keeping-Mission gefallen. Mehr als in allen anderen Einsätzen der Vereinten Nationen.

Sandfarbene, würfelförmige Gehöfte kamen ins Blickfeld. Sie verdichteten sich zu Siedlungen, aus denen jetzt Kinder und Jugendliche eilten, uns zuriefen und winkten. Erwachsene schauten kurz auf, trotteten weiter ihres Weges. An den Aufmarsch von Patrouillen waren sie gewöhnt.

Was mochte aus der einst blühenden Residenzstadt der alten Songhai-Könige geworden sein, die seit Jahren kein Tourist mehr sah?

Apropos Tourist. Ob Bouctou im fernen Bamako schon einem anderen Reisenden seine Dienste anbieten konnte? Ich wünschte es ihm. Der geläuterte Gangster hatte mich bis zur Verabschiedung nicht enttäuscht. Vorgestern war er pünktlich um 6.30 Uhr mit dem Taxi erschienen und brachte mich zum Flughafen, und zwar an den alten zivilen Terminal, rechts neben dem internationalen. Hoteldame Djerma war eigens zu früher Stunde aus den Federn gekrochen, um ein Frühstück mit Wurst und Käse zu servieren. Dass sich ihre Ausreisepläne in Luft aufgelöst hatten, stimmte sie traurig. Die Fulbefrau tat mir irgendwie leid.

In der Cafeteria Janbon trankt ich mit Bouctou einen letzten Espresso und regelte das Geschäftliche. Ich bezahlte ihm seinen ursprünglich genannten Betrag mit Tipps, was ihn richtig zufrieden stimmte. Dann nahte die Zeit des Abschieds. Maiga Gabiden, alias Bouctou hatte mir während der Tage in Bamako eine Menge zeigen können. In der Zeit hatte ich manches erlebt und verstehen gelernt. Er hatte mich weder betrogen noch reingelegt.

„Mach's gut, Bouctou. Viel Glück deiner Familie, grüß die Schulkinder von Touréla - und Djerma. Dank für alles! Für mich folgt Gao als letzte Malistation", rief ich ihm zu.

„Nimm dich in Acht. Gao ist anders, gefährlicher!" war seine Antwort. Dann verschwand er.

Nachdenklich nahm ich mein Gepäck und begab mich in die Wartehalle.

Um acht Uhr sollte ich von Bundeswehr-Personal abgeholt und zu einer Maschine von SAS Sahel Air Service gebracht werden. Den Kurierdienst Bamako-Gao hatte die Spedition Kühn und Nagel im Auftrag, dafür charterte sie SAS-Maschinen.

Der Wartesaal füllte sich mit Soldaten und Zivilisten diverser Nationalitäten. Um halb neun wurde ich unruhig. Hatte man mich vergessen? Per Handy erreichte ich den

Presseoffizier Michael W. in Gao. Der wunderte sich zwar auch, dass noch niemand erschienen war, riet jedoch, die Stellung zu halten.

Was meinte der Offizier mit Stellung halten? Warten, bis der Flieger weg ist?

Kurz vor neun Uhr stiefelten forschen Schrittes eine Soldatin und ein Soldat auf mich zu. Ein kurzer Identitätsabgleich, dann ging alles rasch und problemlos: die Gepäck- und Personenkontrolle, die Fahrt mit gepanzertem PKW zum Sammelplatz auf dem Rollfeld, und schon saß ich mit fünfunddreißig Personen im Airbus mit dem Ziel Gao. Bis Mopti folgte die Maschine dem Nigerlauf. Dann flogen wir über das felsige Dogonland, die Berge von Hombori und die Halbwüste am Gossi. Knapp zwei Stunden später hatten wir Gao erreicht. Die Mitreisenden: Soldaten aus verschiedenen Nationen, vier Feldjäger, Zivilisten, vier Tuareg mit flatternden Ganduren wurden in Empfang genommen.

Abseits der Menschenansammlung standen ein Oberstleutnant und ein Hauptfeldwebel, die mich erwarteten und nach kurzer Begrüßung ins Camp Castor fuhren. Das Lager ist eine riesige Containeransammlung, in der, gleich einer Kaserne, besser wie in einer Kleinstadt, alle militärischen, zivilen und sozialen Dienste untergebracht sind. Im Pressebüro eines Containers wurde ich als erstes mit den Sicherheitsbestimmungen vertraut gemacht. Sie waren nicht nur für Journalisten so umfangreich, dass einem die Lust am Berichten und Recherchieren verging.

„Also, im Camp ist das Fotografieren verboten. Es sei denn, ich bin dabei und gebe an, was Sie aufnehmen dürfen", sagte Oberstleutnant Michael W., der Presseoffizier. Sein Adlatus ergänzte: Keine Gesichter aus der Nähe ablichten. Soldaten, die befragt werden, nicht mit vollen Namen zitieren, also anonymisieren. Keine eigenmächtigen Erkundigungen in der Containerstadt vornehmen."

Und so weiter und so fort.

„Alles klar, werde mich daran halten", antwortete ich.

„Betrachten Sie Camp Castor als einen sensiblen Hochsicherheitsbereich, dann kann Ihnen nichts passieren", bekam ich noch geraten.

Hernach begab ich mich mit Michael W. auf einen Erkundungsrundgang. Dabei staunte ich über die gewaltige Ausdehnung und Betriebsamkeit. Auf sandigen Straßen brummten Fahrzeuge aller Art und Größe. Laufend starteten oder landeten Hubschrauber der Kanadier, die mit Chinook-Transport-Helikoptern die Mission der UN unterstützten. Dann war da der Bereich Instandsetzung diverser Panzerfahrzeuge.

„Dies Camp beherbergt zur Zeit belgisches, niederländisches, kanadisches und deutsches Militär, wobei wir das größte Kontingent stellen", erklärte Michael W. und berichtete unter anderem, dass die Niederländer die Ersten waren, die hier Container aufstellten. Deren 102. Pionier-Kompanie hatte in ihrem Wappen einen Biber, das emsige Nagetier, auf lateinisch heißt es 'Castor'. So kam diese Stätte zu dem merkwürdigen Namen. Im Abschnitt 'Treurenburg' der Containerstadt bezog ich meine Schlafstätte. Ein sauberer, funktionaler Raum mit sechs Betten. Das war alles. Kein Tisch, kein Schrank. An der Tür stand: Presse. Da ich im Moment der Einzige der Zunft war, konnte ich mich wunderbar breit machen. Gegenüber befanden sich Toiletten und Waschräume.

„Jeder Soldat hat pro Tag einhundertzwanzig Duschsekunden. Daran halten wir uns. Schließlich ist Wasser in der Wüste knappes Gut", meinte Michael, händigte den Kabinenschlüssel aus und übergab den Besucher-Anhänger "MINUSMA Nr. 2" mit der deutschen Flagge, der stets um den Hals zu tragen sei.

In der Castor-Bar genehmigten wir uns einen Kaffee. Es gab eine erstaunliche Getränkeauswahl, besonders an Säften. Allerdings keinen Alkohol. Die Bar war ein geräumiger Freizeitsaal, in dem nach Dienst für Abwechslung gesorgt wurde: Darts, Tischfußball, Billard, Musik, Filme. Nischen für ungestörte Unterhaltungen waren auch vorhanden.

In einem Nachbarcontainer residierte der Militärpfarrer Bernd K., ein freundlicher Mann, hager, um die fünfzig, der auskunftsfreudig war, und andeutungsweise über die Sorgen und Nöte der Soldaten, die so lange und so weit weg von zu Hause ihren Dienst versahen, berichtete.

„Es gibt schon Seelenschmerzen, die an mich herangetragen werden", sagte der Pfarrer, „oft hilft ein offenes Ohr, ein guter Rat. Doch bisweilen sitzt der Kummer tiefer und der Dienst muss abgebrochen werden. Sechs Monate fern der Heimat, der Familien, ist schon recht hart. Manche Ehe hält der Trennung nicht stand."

Bernd K. vom evangelischen Militärpfarramt Rotenburg könnte gar manche tränenreiche Familienepisode erzählen, die ihm hier im Camp anvertraut wurde. Der wöchentliche Gottesdienst bewahrt manchen Soldaten vor der Tücke eines Lagerkollers.

„Ungewissheit und die Kasernierung über lange Zeit sind die schlimmsten Prüfungen."

„Kommunikation mit den Angehörigen ist doch gegeben?" fragte ich.

„Das schon, dennoch bleibt die Unsicherheit und Sorge bei Krankheiten oder Entscheidungen."

„Und Sie? Wie verkraftet der Pfarrer den Einsatz?"

„Ach, ich meine, wir Seelsorger schöpfen viel Kraft aus unserem Glauben. Ich habe schon andere Auslandseinsätze hinter mir, auch gemeinsam mit katholischen Pastoren. Beispielsweise in Afghanistan. In zwei Monaten löst mich übrigens ein katholischer Kollege ab."

Händewaschen, desinfizieren, hieß es am Eingang zur Kantine, in der Dienstgrade und Mannschaften gemeinsam essen, nachdem sie sich zuvor am reichhaltigen Büffet Teller und Schalen mit wirklich schmackhaften Speisen beluden.

„Gutes und abwechslungsreiches Essen ist für die Stimmung der Truppe von besonderer Wichtigkeit", meinte Michael, während er den Teller mit Kotelett, Gemüse, Salat und anderem beschickte.

Im Speisesaal ging es zu wie in einer überfüllten Bahnhofshalle, in der Reisende aus aller Welt eingetroffen waren.

An den Wänden hingen große Fotos von Einsatzszenen der Soldaten in Mali. Ein buntes Völkergemisch hatte sich da unter deutscher Majorität versammelt und tauschte während des Essens Erfahrungen und Neuigkeiten aus: In der Wüste hatten französische Elitesoldaten der Operation 'Barkhane' einen terroristischen Rädelsführer unschädlich machen können. Da tanzten Fremdenlegionäre mal wieder einen blutigen Tango in der Wüste, dachte ich und erinnerte mich einer solchen Truppe, der ich im Tschad einst begegnet war.

Einen Tag vor dem Besuch der Verteidigungsministerin ereignete sich in Gao ein Selbstmordanschlag mit toten Zivilisten, darunter auch Kinder und viele Verletzte. Deutsche Fallschirmjäger wurden von kanadischen Hubschraubern auf der Niger-Insel Goussouri abgesetzt und errichteten eine Operationsbasis für 'Teckel 3', eine temporäre Landaufklärung.

Das neue Waffensystem MANTIS wurde in Mali erstmals im Auslandeinsatz geprobt. Es soll rechtzeitig heranfliegende Geschosse erkennen. Auf einer Versorgungspiste nördlich Timbuktus wären wieder Sprengfallen und vergrabene Panzerminen detoniert ...

An der Gedenkstätte der deutschen Soldaten, die während eines Hubschrauber-Erkundungsfluges abstürzten und dabei ihr Leben verloren, vorbei, erreichten wir das Freilichtkino 'Hansi-Bar' genannt. Sie war als Openair-Treffpunkt eingerichtet worden.

Ich schaute zurück zur Gedenkstätte, die wie ein kleiner Schrein wirkte, geschmückt mit Blumen, Steinen, einer Holzsäule mit der Aufschrift 'Never forget', einem Glas, in dem eine brennende Kerze flackerte. Im Hintergrund waren in Metall die Umrisse Malis angebracht worden. Was war da eigentlich passiert?

Am 26. Juli 2017 starteten die erfahrenen Piloten Thomas

M. und Jan F. ihren Kampfhubschrauber 'Tiger' zu einem Erkundungsflug, der Klarheit über sich bekämpfende Milizen bringen sollte. Um 12.12 Uhr, 82 Kilometer nördlich von Gao, hatte sich der Autopilot plötzlich ausgeschaltet, der Hubschrauber war innerhalb von Sekunden in den Sturzflug gegangen und aus etwa 500 Metern auf den Grund geprallt. Die Piloten waren sofort tot.

Wie konnte das passieren? Feindlicher Beschuss, Materialfehler, Einflüsse des Wüstensands? Menschliches Versagen? Nach Monaten der Ursachenforschung heißt es im Unfallbericht: Wartungsfehler dreier Mechaniker des Hubschrauber-Herstellers Airbus Helicopters. Die Flugsteuerung der Maschine sei fehlerhaft eingestellt worden. "Schlamperei", war zu vernehmen. Die Piloten konnten den 'Tiger' unmöglich abfangen. Jetzt ermittelt die Staatsanwaltschaft.

In der 'Hansi-Bar' kam ich mit zwei Soldaten ins Gespräch, die unterschiedlicher nicht sein konnten. Feldwebel Hans-Friedrich N., klein, dicklich, Stirnglatze, hockte missmutig vor seiner Cola, als sei ihm eine Laus über die Leber gelaufen. Wütend starrte er jetzt auf sein Smartphone. Dort war mal wieder eine Meldung von zu Hause eingegangen, die ihm den Abend so richtig verdarb. Peter T., ein Unteroffizier, muskulös, groß, breitschultrig, Typ Arnold Schwarzenegger, versuchte, ihn aufzumuntern. Ich saß mit am Tisch, erfuhr, dass es sich, wie häufig, um ein Beziehungsproblem handelte.

Hans-Friedrich war verheiratet und hatte zwei Jungs, auf die er mächtig stolz war. Als er von einem Auslandseinsatz nach Hause kam, war seine Frau schwanger. Allerdings nicht von ihm, wie sie freimütig erklärte. Hans-Friedrich war am Boden zerstört. Was tun? Scheiden lassen? Wer kümmert sich um die Jungs, die treulose Frau?

Peter T. war auch verheiratet, hatte jedoch keine Kinder. Seine Frau tingelte als Bandmanagerin in Europa herum. Er stimmte seinen Urlaub mit ihrer Freizeit ab. Das Arrangement schien zu klappen. Die Ehe hielt schon zehn Jahre.

Peter war ein unverbesserlicher Optimist, nahm das Leben, wie es sich bot. Immer locker, flockig mit passenden Sprüchen auf den Lippen. Zweifellos stillten die Bundeswehreinsätze seinen Hang zum Abenteuer.

„Ehen in unserem Beruf sind gefährdet, mein Lieber, das weißt du doch. Scheidungsraten bei Soldaten und Piloten sind am höchsten," Hans-Friedrich seufzte hörbar und trank von seiner Cola. „Ich bin ein häuslicher Mensch. Die Familie geht mir über alles", murmelte er.

„Und warum sind Sie hier?" fragte ich.

„Auslandseinsätze werden besser bezahlt. Wir müssen einen Hauskredit tilgen."

„Geh zurück, trenne dich von ihr, bringe die Jungs bei deinen Eltern unter", riet Peter.

„Aber ich liebe meine Frau!"

„Das macht die Sache kompliziert. Verzeih ihr. Nimm das Kind an, falls der Erzeuger sie in Ruhe lässt", meinte Peter.

„Für dich ist alles immer ganz easy. Was, wenn sie mich verlassen will, die Jungs mitnimmt?"

„Dann hast du 'ne neue Aufgabe", antwortete Peter.

„Oh Mann, wie kann ich hier länger Dienst schieben? Verdammt ich muss weg – dreh' sonst durch!"

„Schon mal mit Bernd K. gesprochen, dem Pfarrer? Der weiß Rat. Sie sind kein Einzelfall", gab ich zu bedenken.

Peter schaute mich spitzbübisch von der Seite an und fragte:

„Sie sind doch auch viel unterwegs. Wie läuft's denn so bei Ihnen?"

„Kann nicht klagen. Habe Glück gehabt. Anfangs waren wir auch gemeinsam unterwegs. Heute bin ich dankbar, dass sie Verständnis für mein Fernweh hat."

„Hallo, Kameraden! Was ist los, ihr schaut so trübe aus der Wäsche", meldete sich Rebekka M. und setzte sich mit ihrer Begleitung an unseren Tisch.

Oberleutnant Rebekka und Gerda S., ihres Zeichens

Hauptfeldwebel, waren zwei von 60 Soldatinnen im Camp. Rebekka war normalerweise in der Feuerleitzentrale des Waffensystems MANTIS anzutreffen. Dem Radar, das sie mit anderen im Schichtbetrieb rund um die Uhr überwachte, entging keine Bewegung. Ihre Aufgabe interessierte mich.

„Wir sichern das Feldlager. Wenn plötzlich ein Punkt auf dem Schirm sichtbar wird, drücke ich im Ernstfall auf den roten Knopf", erklärte sie, „dann ertönen im ganzen Camp Sirenen. In einer zweiten Maßnahme wird der feindliche Flugkörper abgefangen."

„Wie kommen zwei so hübsche, junge Damen zur Bundeswehr?" fragte ich provozierend.

Gerda, Zugführerin, kommandierte 30 Soldaten und chauffierte zwischendurch einen 20-Tonnen-LKW: „Mir macht der Dienst Spaß. Er ist abwechslungsreich, macht neugierig. Am Ende des Tages fällst du müde auf deine Pritsche und weißt, was du getan hast."

„Genau", bestätigte Rebekka, „ich hab' nach dem Abi eine kaufmännische Lehre gemacht. Dann einige Zeit in der Buchhaltung gearbeitet. In dem eintönigen Job bin ich eingegangen. Ich mag die Herausforderung, besonders was die körperliche Leistung angeht. Klar, wir sind schwächer als die Männer und es ärgert mich, wenn ich, durch meinen Körper gelähmt, in der Erfüllung meiner Aufgabe gehandicapt bin."

„Einfach kann jeder!" warf Gerda ein.

Nachdenkliches Schweigen. Rebekka nach einer Weile: „Kennen Sie den Spruch von John F. Kennedy? 'Frage nicht, was dein Land für dich tun kann – frage, was du für dein Land tun kannst'. – Sie mögen es glauben oder nicht, ich bin überzeugt, hier eine wichtige Aufgabe zu erfüllen. Eine, die zu Hause leider nicht immer wertgeschätzt wird. Sei es aus Ignoranz oder, weil es dem Bürger, so in Sicherheit eingebettet, zu gut geht. Sicherheit, Herr Journalist, die schaffen auch wir!"

Was sollte ich dem entgegnen? Stattdessen wollte ich wissen:

„Und der Umgang mit den Kameraden? Keine Probleme in der Männergesellschaft?"

„Na klar, es gibt Eifersüchteleien, Liebschaften, auch schon mal 'ne Handgreiflichkeit. Wichtig ist deine klare und deutliche Ansage. Da sind schon Typen, bei denen musst du auf der Hut sein, besonders, wenn du mit ihnen so lange auf engstem Raum Campleben genießt", erklärte Rebekka, und strich dabei ihre blonden Locken aus der Stirn.

Es würde mich nicht wundern, wenn der eine oder andere Soldat nachts von ihr träumte ...

Für mich stand heute Vormittag der Start einer Drohne auf dem Programm. Nachmittags war Patrouille angesagt.

„Wollen Sie sich einen solchen 'Stadtrundgang' wirklich noch zutrauen?" fragte Michael W. so zwischendurch.

Sandsackwürfel, zwei mal zwei Meter und zwei Meter hoch, soweit das Auge reichte. Die heißen hier 'Hesco-Packs' und halten auch schwerem Beschuss stand. Auf dem Weg zum Campabschnitt der höchsten Sicherheitsstufe herrschte emsiges Treiben. Es wurde gebaut, bewegt, repariert, gewartet, betankt und transportiert. Fahrzeuge privater Dienstleister staubten uns ein: Das Catering beschickte die US-Firma Valiant. In der Kantine arbeiteten Inder und Nepalesen. Was antwortete der indische Koch gestern, als ich ihn mit: „How are you?" begrüßte!

„Fine, thanks. another day in paradise!"

Für Reinigungsdienste war Ecolog, ein großer Militärdienstleister aus Dubai engagiert worden. Als Tagelöhner für Bauhilfsarbeiten hatte man 'Locals', das sind Einheimische aus der Umgebung, beschäftigt.

Wie aufgescheuchte Libellen hingen kanadische Helikopter in der Luft. Ihr Geknatter brach sich an den Wänden der Wartungshallen. Im Hangar rechts wurde gerade die 'Heron', eine Drohne, startklar gemacht. Techniker von Airbus bereiteten den Flugkörper für eine Mission vor.

Ein Mechaniker: "Da werden noch einmal die Kameras und die Bordelektronik überprüft. Wir können drei Herons steigen lassen. Sie gibt es auch als Kampfdrohnen. Wir setzen sie als unbewaffneten Aufklärer ein. Die Bundeswehr hat die Drohnen von einem israelischen Rüstungskonzern geleast. Das Geschäft hätten die Amerikaner gern gemacht. Doch die wollten uns nur 'ne 'Black Box' hinstellen, alle Daten geheim halten."

„Dürfen Sie Daten verraten?" meine Frage.

„Kein Geheimnis ist, dass sie meist in zwei- bis dreitausend Metern Höhe aufklärt. Aber auch bis zu zwanzigtausend Fuß steigen kann und dann so gut wie unsichtbar ist. Sie kann zwölf Stunden in der Luft kreisen, dabei liefern Kameras brauchbare Bilder der Bodenbeschaffenheit. Die Spannweite beträgt sechzehn Meter. Die Reichweite liegt bei rund tausend Kilometern.

„Was passiert mit den Fotos?"

„Es gibt den Container für die beiden Drohnenpiloten und einen mit sechs Bildschirmen für die Fotoauswerter. Alle Aufnahmen werden dem Analyse-Trupp der Bundeswehr in Norddeutschland zur exakten Beurteilung gesandt, dann mit einer Auswertung nach Gao retourniert. Wird ein Konvoi aus der Luft überwacht, steht die Bodenstation mit der Konvoiführung in der Wüste in Kontakt und kann anhand der Luftbeobachtung vor Angriffen oder IED's, das sind improvisierte Sprengsätze, warnen. – Meistens jedenfalls."

„Die 'Heron', das fliegende Auge über der Sahara", sagte ich.

„So kann man es nennen", bestätigte Johann R., der Mechaniker, „wir haben noch 'Lunas', kleinere Drohnen, die die Zufahrtswege zum Camp Castor oder dem benachbarten 'Super Camp' ständig observieren."

„Big brother is watching you."

Johannes lachte und meinte: „In unserem Fall hilfreich."

Die Airbus-Techniker zogen sich zurück. Den Startcheck hatten sie abgehakt. Die 'Heron' wurde aus dem Hangar und unter dem Schutz eines 'Dingos' auf das Rollfeld gezogen. Beim Start ist die Drohne verwundbar.

Deshalb begleiten Infantristen im gepanzerten 'Dingo', dem aufs Dach ein ferngesteuertes MG montiert wurde, die kritische Phase.

„Gleich hebt Skywalker, das ist der Funkrufname der 'Heron', ab", erklärte Johann.

Richtig, die Drohne rollte noch ein paar hundert Meter, dann hob der hellgraue, unbemannte Flugkörper, nahezu lautlos ab und segelte, einem Albatros gleich, in den wolkenlosen Himmel, bis er im Nichts verschwand.

Wir begaben uns zur "Besatzung" der Drohne im ersten Container. Auf engem Raum mit Technik bestückt, saßen Pilot und Operator in der sogenannten Bodenstation an einem Steuerpult mit fünf Monitoren. Die beiden Offiziere lenkten die Drohne und bedienten die Kameras. Auf meinen Wunsch hin zoomten sie einen Pfadabschnitt, auf dem die Bodenbeschaffenheit, Steine, Dünensand gut zu erkennen waren.

„Wenn jetzt Farbveränderungen auf Pfaden oder in Spurrillen erkennbar sind, werden wir skeptisch", erklärte der Operator, „da könnten Minen oder Sprengsätze vergraben sein. Solche Stellen schauen wir ganz genau an und lassen den Skywalker kreisen."

„Und was ist das da?" ich zeigte auf sonderbare runde, dunkelbraune Erhebungen.

„Das sind alte Brennöfen, die kenne ich aus Afghanistan", antwortete jetzt der Pilot.

Im zweiten, dem Nachbarcontainer, saßen die Auswerter und Mitbeobachter des Drohnenflugs. Ein belgischer und ein deutscher Soldat vor sechs Bildschirmen werfen ihre geschulten Augen auf Fotos, um Auffälligkeiten unter die Lupe zu nehmen und zu erklären.

Außerhalb der klimatisierten Container brütete die Hitze. In einem Atrium sprach ich bei kalten Getränken mit Airbusmitarbeitern aus München über alte Zeiten. Ich vertrat vor mehreren Jahren eine Firma, die unter anderem für die Airbus-Flugzeugfamilie Kabinenscheiben herstellte.

Nach einer Weile erschien Drohnenpilot Holger G. und

gönnte sich auch eine Erfrischung. So en passant erfuhr ich, wie er das Sprengstoffattentat erlebte, das sich kurz vor dem Eintreffen der Verteidigungsministerin Ursula von der Leyen ereignet hatte: Ich war gerade im Fitnessraum, als es kurz nach 19 Uhr krachte und zwar so heftig, dass die Wände im Camp zitterten. Schnelles Umziehen war angesagt und der Spurt ins Joint Operations Center, wo in solchen Fällen die Infos zusammenlaufen. Die Hubschrauber der Kanadier waren als erste in der Luft. Die 'Heron' war fünfundzwanzig Minuten nach dem Attentat über der Anschlagstelle und lieferte Infrarotbilder von brennenden Gebäuden. Neben 'Herons' stiegen auch 'Lunas' mit geringerer Reichweite auf, um die Zufahrtwege zum Camp zu beobachten. Am Boden rückte der Alpha-Zug mit gepanzerten Wagen aus, um den Checkpoint der malischen Armee zu verstärken. Nicht auszuschließen war, dass es sich um eine Serie von Anschlägen handelte mit dem Ziel, die Camps und Truppen der UN zu treffen. Aber das war nicht der Fall. Der Selbstmordanschlag war eine Einzeltat, die vier Kilometer von unserem Feldlager entfernt mit rund neunhundert Kilogramm Sprengstoff ein Riesenloch riss und Gebäude der TDI, dem Sitz der Minenräum-Organisation, in Brand setzte, zwei Menschen tötete und viele verletzte.

Auf dem Weg zurück zum sogenannten Weißen Stab, begegneten wir der zarten, dunkelhaarigen Gerda von gestern Abend. Geschmeidig schwang sich die Zugführerin in den mords LKW.

„Gute Fahrt" rief ich ihr zu.

„Einfach kann jeder!" war ihre Antwort, dabei ließ sie den Motor aufheulen und winkte gut gelaunt.

An einem Stangenwald flatterten Staatsflaggen der am stärksten an MINUSMA beteiligten Nationen. Michael W. verharrte und meinte:

„Schon erstaunlich, wer in diese Friedensmission involviert ist – es mit anderen Worten für wichtig erachtet, dass Mali stabilisiert wird. Insgesamt 50 Nationen mit 1000

Blauhelmsoldaten, dazu kommen noch 1500 Polizisten und Zivilisten."

„Das ist doch nicht alles", sagte ich.

„Richtig, hinzu kommt die G5 Sahel-Truppe mit 5000 Mann aus den Ländern Mauretanien, Niger, Tschad, Burkina Faso und Mali. Sie bekämpft den Terrorismus, Menschenhandel, illegale Schlepperbanden und die organisierte Kriminalität, ergänzt MINUSMA und die französische Barkhane-Operation, die selbst Elitesoldaten im Einsatz hat. G5 Sahel wird von der EU mit 100 Millionen Euro finanziert."

Wir wischten uns den Schweiß von der Stirn. Michael meinte:

„Für uns sind November bis Februar die Wonnemonate bei 45° C im Schatten."

Drüben knatterte wieder eine Staffel Chinook-Hubschrauber und fegte beißenden Staub heran ...

Ein derber Stoß. Mein Kopf prallte an eine Verstrebung im Innenraum des 'Fennek'. Der Spähpanzer war durch ein Schlagloch gefahren. Unteroffizier Karl B., der Schütze, schaute von seinem Monitor auf, grinste herüber.

„Immer auf der Hut sein!" mahnte er.

Klar doch, in Gedanken hatte ich die Tage im Camp Castor Revue passieren lassen. Nun saß ich eingezwängt in einem Wüstenfuchs, dem 'Fennek', und war auf Patrouille in Richtung Gao, da musste man auf alles gefasst sein. Patrouille, was heißt das? Auf Erkundung sein, um etwas aufzuklären. Und dabei kann es schon mal unerwartete Zwischenfälle geben. Hätte man uns sonst in schwere, beschusssichere Westen gepackt? Überhaupt, was mache ich hier? fragte ich mich. Was geht mich das alles an? All die unsicheren Orte: Irak, Afghanistan, Algerien, Süd-Sudan, Tschad ... wo mir bisweilen blaue Bohnen um die Ohren flogen. Vielleicht ist mein unentwegtes Vagantentum mit Odysseus Irrfahrten zu vergleichen. Ich weiß es nicht. Zweifellos ist es Hang, dem Abenteuer nachzukommen.

Der Oberstleutnant fragte mich vor dem Start der Erkundungsfahrt, warum ich mir das in meinem Alter antue? Er war dreißig Jahre jünger und heilfroh, in den nächsten drei Wochen in der Heimat zu sein. Meine Antwort: Reisen ist die Sehnsucht nach dem Leben. Warum sollte ich meinen Lebensstil dem Drang neuer Erkenntnisse, Erkundungen, Erfahrungen, Abenteuer, entsagen, bevor Gebrechlichkeit mich ohnehin dazu zwänge. Ich will mich nicht tot fühlen, bevor gestorben wird. Mich treibt auch nicht nur Abenteuerlust um die Welt. Ich bin unterwegs, um zu schauen, zu verstehen und um darüber zu berichten. Nicht um eine 'Wahrheit' zu verkünden oder zu belehren. Ich bemühe mich, der Wirklichkeit näherzukommen und, wenn möglich, interessant zu erzählen.

„Die Sicherheit der Bundesrepublik Deutschland wird auch am Hindukusch verteidigt", sagte einst Verteidigungsminister Peter Struck. Heute würde ich sogar weiter gehen und sagen: „Die Sicherheit Europas wird auch in der Sahara verteidigt!"

Im Schritttempo schob sich unser Konvoi durch die engen Gassen der Oase. Oft musste der Transportpanzer 'Fuchs' zwei, drei Mal ansetzen, um in die nächste Straße einbiegen zu können. Wer Böses vorhätte, könnte Wendemanöver dieser Art für Attacken nutzen. Gerade rollten wir am Grab der Askia vorbei. Die Askia waren eine Songhai-Dynastie von 1493 bis 1591 mit der Residenzstadt Gao. Hernach fiel sie in die Hände der Marokkaner. Das achtzehn Meter hohe Grab hat die Form einer Pyramide. Einige Zeit später erreichten wir ein Museum. Schon von außen ein Gebäude in beklagenswertem Zustand.

Es ging aus einer malisch-deutschen Zusammenarbeit hervor, die vom Überseemuseum in Bremen finanziell unterstützt wurde.

Gerade näherten wir uns dem Hafen, der seine einstige Bedeutung gründlich verloren hatte. An der verfallenen Pier lagen Pirogen und wrackreife Pinassen. Der Warenaustausch und Passagiertransport zwischen Gao, Timbuktu bis

Koulikoro in die eine und bis Niamey in die andere Richtung war zum Erliegen gekommen.

Die Patrouille suchte jetzt das Verwaltungsgebäude des jüdischen Friedhofs. Das Ziel der Aufklärung. „Wenden!" tönte es über Funk. Waren wir falsch abgebogen, hatten wir uns verfahren? Hauptmann Frank S. erklärte: „Aufklärer verfahren sich nicht. Sie kreisen ihr Ziel ein!"

Okay, das Einkreisen brachte allerdings ziemliche Unruhe in den Konvoi. „Aufschließen! Ruhe bewahren!" lauteten die Kommandos. Dann hieß es: „Absitzen!" Der Konvoi hielt. Wir sprangen aus den Fahrzeugen und marschierten neben den sich langsam dahinwälzenden Kraftwagen. Kinder schauten, winkten und amüsierten sich. Erwachsene eilten mit eingezogenen Köpfen ihren Behausungen zu oder trieben Ziegenherden zum Markt. Eine kleine Kamelkarawane drängte sich an uns vorbei. Ich spürte, da lag eine imaginäre Last, ja Spannung auf Gao. Ahnungslos schritten wir weiter über fremden Boden. Roter Sand setzte sich an den Stiefeln fest, er kroch unter die Schutzwesten, knirschte zwischen den Zähnen, drang in Nasenlöcher. Schweiß strömte über die Stirn in die Augen. Die Soldaten trugen ihr G 36 Sturmgewehr vor der Brust, packten die Waffe fester. Aufmerksam wurde das Umfeld beobachtet. Gab es da Attentäter mit Sprengsatzgürteln unter dem Burnus? Waren alle verschleierten Frauen auch wirklich Frauen? Oder wollten getarnte Selbstmörder möglichst nahe an uns herankommen? Unmöglich, im Vorbeimarsch Absichten zu erkennen.

Beruhigend waren die beiden Sprengstoffspürhunde Baxter, ein holländischer, und Cloey ein belgischer Schäferhund. Sie wurden am Kopf des Bravo-Zuges an langer Leine geführt. Bei der Bevölkerung lösten schwarze, abgerichtete Schäferhunde Bewunderung aus und flößten Respekt ein. Nervös wurde der Trupp, wenn schnell fahrende Mopedfahrer auf uns zuhielten. Auf Zuruf nicht abbogen oder hielten. In solchen Situationen konnten verdächtige Personen rasch einen roten Punkt auf ihrer Brust wahrnehmen und bei einer letzten Warnung würde ein gezielter Schuss folgen.

Wer neben oder auf Sandwegen gräbt, macht sich verdächtig, mal rasch Sprengfallen oder selbstgebastelte Minen zu vergraben. Wir kamen an einer Reihe von Straßenhändlern und Garküchen vorbei. Aus Näpfen essende Arbeiter schauten uns skeptisch nach. Was mögen sie denken? Waren wir ihnen Hilfe oder Bedrohung? Willkommen oder verhasst? Nach einer knappen Stunde hielt der Zug vor einem Gebäude, das von einer hohen Mauer umgeben war. Den Koordinaten nach handelte es sich um das gesuchte Objekt am jüdischen Friedhof. Während wir unschlüssig vor dem verschlossenen Gebäude standen, sammelte sich eine Traube Neugieriger, die eifrig und gestenreich unser Tun kommentierte. Bozo-Fischer, Tuareg, Bella, Fulbe-Hirten, Bambara, Hausa-Händler, Songhai-Bauern waren da herangeströmt, um die Fahrzeuge und uns palavernd zu bestaunen.

Unserem Patrouillenführer war der Menschenauflauf nicht geheuer. Endlich hatten wir mit unserem einheimischen Übersetzer herausgefunden, dass es sich gar nicht um das Gebäude einer Friedhofsverwaltung handelte, sondern um das Haus einer Begegnungs- und Beratungsstätte. Und das Tollste war: wir befanden uns vor dem Büro für Jugendliche, die Rat und Tipps fürs Auswandern nach Europa suchten. Ein getarntes Schleuserbüro? Ich fragte Hauptmann Frank S.:

„Ist das nicht illegal? Wie geht die Bundeswehr damit um?"

„Selbst, wenn es das wäre, es ist nicht unsere Aufgabe, uns da einzumischen."

Mir kam Bill aus Arizona in den Sinn. Ob er seiner Organisation das Büro bereits gemeldet hatte? Oder waren ihm Beratungszentren dieser Art unbekannt?

Auf der anderen Straßenseite befand sich eine Gruppe älterer Männer, die unser Treiben beobachtete. Alles Malier, die etwas darstellten, umfangmäßig. In Afrika sind dünne Personen nicht schlank, sondern unterernährt, nicht hip sondern hungrig. Ein Mann ohne Bauch ist ein Krüppel und arm. Leibesfülle ist ein Beweis für Erfolg, Glück und Geld. Das gilt übrigens gleichermaßen fürs weibliche Geschlecht in Afrika. Um den beleibtesten Herrn hatten sich die Übrigen gescharrt. Den Wanst des Herrn umspannte ein bodenlanges, weißes Nachthemd, die Dschellaba, das Männergewand. Auf seinem Schädel hatte er einen gelben Turban drapiert, der sein schwarzes Gesicht unterstrich. Wie sich herausstellte, ein Notabler, ein Unternehmer im Salzhandel. Wir suchten das Gespräch, das nennt sich Informationsaufklärung. Nicht ganz einfach! Die Bevölkerung war Fremden gegenüber misstrauisch und meist verschlossen.

Mit Geduld erfuhren wir dann aber doch den Grund der eigentümlichen Spannung in Gao. Eine ebenfalls hochgestellte Persönlichkeit wurde gestern ermordet. Der Attentäter schoss vom Rücksitz eines Motorrads aus auf den Bauunternehmer. Er und seine beiden Begleiter waren sofort tot. Wir horchten auf. Ein terroristischer Akt?

„Nein, nein", beruhigte der Beleibte, „ein persönlicher Racheakt. Es geht um einen Machtkampf der Notablen in Gao. Wir Hausa nehmen an, die Motoradfahrer wurden von Tuareg beauftragt worden."

Tote in der Oase? Nichts Ungewöhnliches! Fast täglich werden im Vielvölkerort Menschen umgebracht. Doch dieses Mal traf es eine wichtige Persönlichkeit, das konnte für Gaos Gesellschaft Auswirkungen haben.

Die Patrouille setzte sich wieder in Gang, indem die Fahrzeuge gemächlichen Tempos rollten, an den Flanken von sichernden Fußsoldaten eskortiert.

Allmählich näherten wir uns dem großen Marktplatz vor der Hauptmoschee, aus dessen Gebetshaus ein ungewöhnlich zylindrisches Minarett ragte. Auf dem Marktplatz hatte man eine Tribüne gebaut, Zelte und Stuhlreihen für abertausend Menschen errichtet. Es war zu erfahren, morgen würde hier eine Trauerfeier zu Ehren des ermordeten Unternehmers und Wohltäters der Stadt abgehalten werden. Langsam wurde es schummrig. Immer mehr Menschen strömten an uns vorbei. Sie kamen aus dem Umland. Die einen trieben mageres Vieh in die Stadt. Andere trugen Körbe auf den Köpfen, waren mit Hacke und Schaufel beladen. Wahrscheinlich Bauern von den Reisfeldern am Niger.

War es Einbildung oder Tatsache, dass ich mit dem Hauptgefreiten Manfred Z., anfangs kaum merkbar, vom Konvoi abgedrängt wurde? Eine Anzahl Einheimischer hatte sich zwischen uns geschoben und gleich aufgeschlossen. Die Situation missfiel mir. Mittels Kidnapping ließ sich viel Geld machen. Dollars oder Euros, mit denen der IS seine Kriegskasse auffüllen könnte.

Hinter uns rollte der 'Fuchs', dessen Fahrer die Szene beobachtete. Er schob sich dazwischen, klärte die Lage, indem die verdächtige Gruppe jetzt wich. Über Funk hieß es: „Rechts auf zehn Uhr, drei weiße große Säcke. Aufschrift, Inhalt feststellen!" Zwei Soldaten näherten sich vorsichtig.

„Zementsäcke von einem Lieferanten aus Nigeria", wurde kurz darauf gemeldet.

Jonas O., unser Sanitäter, ein baumlanger, dunkelhäutiger Soldat mit afrikanischen Wurzeln, entspannte sich. Nicht jeder Sack barg Sprengfallen.

„Aufsitzen!"

Wir kletterten zurück in unsere Fahrzeuge. Um 6.30 Uhr wurde es stockdunkel. Scheinwerfer warfen ihr Licht durch Staubfahnen, in denen die Menschen wie Scherenschnitte agierten. Kaum zwanzig Minuten später hieß es: „Absitzen!"

Nachtpatrouille zu Fuß. Sie hatte ihren besonderen Reiz. Alle Sinne waren gespannt. Ein umfallender Blecheimer, eine rennende Person – harmlos oder doch von Bedeutung?

Man fühlte sich angreifbar, wie auf dem Präsentierteller. Ein herrliches Ziel für den Gegner. Doch wer ist der Gegner? Er trägt keine Uniform, kein Hoheitszeichen. Sieht aus wie ein biederer Bürger, das macht ihn so gefährlich. Ich blieb in Fahrzeugnähe. Vorn hechelten die Schäferhunde, rannten von einer Straßenseite auf die andere, als hätten sie eine Spur aufgenommen. Einige Soldaten hatten Nachtsichtgeräte auf ihren Helmen montiert. Damit spähten sie durch die afrikanische Finsternis. Ich hatte eines der Geräte vor den Augen. Es lieferte erstaunlich gute Bilder. Ob wir auch aus der Luft überwacht werden? Gut möglich, dass Luna-Drohnen über unserem Konvoi kreisten.

Wir verließen Gao, drangen tiefer in die Wüste vor. Im Lichtkegel der Scheinwerfer erschienen Kamele, eine Rinderherde, ein Eselskarren, Menschen in wallender Gandura, die der Nachtwind wie ein Segel blähte. Bis auf das verhaltene Brummen der Motoren war es gespenstisch ruhig.

Hauptmann Frank S. ging neben mir und raunte:

„Wer wissen will, was in Gao und Umgebung geschieht, darf nachts nicht schlafen. In der Dunkelheit werden aus harmlosen Hirten im Nu bewaffnete Milizionäre, wenn nicht gefährliche Glaubenskrieger."

„Was halten Sie von dem Büro für Ausreisewillige?" fragte ich rund heraus, weil mich die Entdeckung beschäftigte.

„Keine gute Einrichtung. Aber uns sind die Hände gebunden. Es liegt nicht in unserer Zuständigkeit, zu prüfen, ob es sich um eine legale oder illegale Einrichtung handelt."

Der EU und Deutschland können solche Büros nicht gefallen, sie bezahlen hunderte Millionen Euro, um die Migrationsströme aus dem Sahel in Richtung Mittelmeer zu unterbinden. Mit gemischten Gefühlen schritten wir weiter durch die Nacht. Wird es möglich sein, ein Zweifronten-Problem zu lösen, das der unkontrollierten Migration und das des aggressiven Islamismus?

Die Hoffnung auf einen guten Ausgang stirbt zuletzt. Also marschierten wir weiter hinaus in die Dunkelheit. Weiter und weiter durch finstere Nacht. Wird sich irgendwo ein

Licht am Ende des Tunnels zeigen oder bleibt die Dunkelheit ewige Gewissheit? ...

„Wende dein Gesicht der Sonne zu,
dann fallen die Schatten hinter dich.“

(Aus Afrika)

Mali

Zeittafel

Fast alle Staaten Afrikas sind in ihrer heutigen Form erst aufgrund kolonialer Grenzziehungen entstanden. Mali, umgeben von Mauretanien, Senegal, Guinea, Elfenbeinküste, Burkina Faso, Niger und Algerien, liegt in der Sahelzone, im südwestlichen Teil der Sahara. Vom 5. bis zum 16. Jahrhundert war das Staatsgebiet ein blühender Kultur- und Handelsmittelpunkt. Der Handel begründete den Wohlstand der Reiche Ghana, Mali, Songhai und schuf in den Städten Timbuktu, Djenné und Gao wichtige Bildungs- und Kulturzentren. Mali verlor seine Bedeutung mit der marokkanischen Invasion im 17. Jahrhundert und der französischen Kolonialisation. In der Gegenwart zählt das Land zu den ärmsten der Welt.

Vor 35 000 Jahren	Besiedlung der Region durch Menschen.
4000 v. Chr	Spuren nomadisierender Viehzüchterkulturen.
2000 v. Chr.	Ackerbauspuren
300 v. Chr	erste Stadtgründungen
100 n. Chr.	Nutzung von Kupfer und Eisen
bis 700 n. Chr.	Handeltreibende Berber dringen in den Süden bis an den Niger vor und bilden eine Verbindung zu Römern und Phöniziern. Der Einfall der Goten und Vandalen unterbricht die Handelsbeziehungen, die erst mit der Ausbreitung des Islam wieder belebt werden.
5. Jh. bis 1075	Entstehung des Reiches Ghana aus dem

	Soninke-Stamm mit der Hauptstadt Koumbi Saleh, dessen Grundlage der Handel mit Gold, Elfenbein, Salz und Sklaven ist. Die Ghana-Könige bleiben auch unter dem Einfluss des Islam Animisten.
1076	Ghana wird von muslimischen Berberkriegern der Almoraviden zerstört. Almoravidische Eroberer sind nicht in der Lage unterworfene Gebiete zu organisieren.
1230	Niedergang und Zerfall des eroberten Ghana.
1235	Der König der Sosso wird von den Malinke besiegt, der westliche Sudan zwischen Gambia, Fouta-Djalon und der Stadt Djennné am Niger erobert.
1260	Entstehung des Reichs der Malinke (Mali) unter König Sundjata Keitas, der zum Islam konvertiert und als erster König Malis gilt.
1312 - 35	Mali erlebt den Höhepunkt seiner Macht unter König Kankan Musa. Das Reich erstreckt sich vom Atlantik bis an die Grenze Nigerias und im Osten über Gao hinaus. Spektakulär ist des Königs pompöse Mekka-Pilgerfahrt, die den Goldpreis Ägyptens stürzen lässt. (Der Herrscher reiste mit zwei Tonnen Gold im Gepäck, mit dem er in Kairo einkaufte.) Malis Blütezeit bescheren Timbuktu und Djenné weltweites Ansehen.
Im 15. Jahrh.	schrumpft Mali unter den Angriffen der Tuareg und Songhai zu einem Kleinstaat. Dafür treten die Songhai, deren Hauptstadt Gao war, unter Sonni Ali
1464 - 92	und dem König Askia Mohammed

1493 - 1528	die Hegemonie im westlichen Sudan an, die sie erst
1591	durch den Einfall der Marokkaner (Saadier) unter dem Pascha Dschuder verlieren.
Ab 1660	Entsteht um die Stadt Segou ein Staat heidnischer Bambara, der seinen Höhepunkt unter Biton Kulibali
1712 - 55	erreicht.
1818	unterwirft Amadu Hammadi Bubu die Bambara, erobert Timbuktu und Djenné.
1850	ruft Omar Seydou Tall zur Gründung eines neuen islamischen Reichs auf. Er erobert Segou und Massina, kann aber vor seinem Tod 1864 weder Bambara noch Fulbe gänzlich unterwerfen.
1880	gerät Omars Sohn und Erbe Ahmadu in Konflikt mit Frankreich.
1883	nehmen französische Truppen Bamako ein.
1890	Segou wird von den Franzosen erobert. Ahmadu flieht nach Sokoto (Nordnigeria).
1894	Mit der Einnahme Timbuktus schließen die Franzosen ihre Eroberung Malis ab.
Ab 1904	bildet Mali unter dem Namen Sudan eine Verwaltungseinheit als Teil von *Französisch-Westafrika*.
1946	wird der Sudan ein Überseeterritorium der Französischen Republik.
1959	bildet der Sudan mit Senegal die *Fédération du Mali*.
1960	Unabhängigkeit der Republik Mali. Erster Präsident und Regierungschef ist Modibo Keita, mit dem Ziel des Aufbaus einer sozialistischen Gesellschafsform.

1968	Nach dem Militärputsch übernimmt 1969 Moussa Traoré die Macht als Staatschef.
1990	Die Regierung verhängt den Ausnahmezustand über die Bezirke in Nordost-Mali nach Tuareg-Angriffen auf Militär- und Polizeiposten. Es folgt eine Hinrichtungswelle von Tuareg.
1991	Friedensabkommen zwischen Regierung und Vertretern der Tuaregrebellen.
1991 - 93	Trotz des Abkommens gibt es weiterhin blutige Zusammenstöße zwischen Soldaten der Regierung und Tuareg.
1991	Schwere Unruhen in der Hauptstadt Bamako, nachdem die Regierung politischen Vereinigungen verbot, für ein Mehrparteiensystem zu werben. Staatschef Moussa Traoré wird vom Militär gestürzt und verhaftet. Oberstleutnant Amadou Toumani Touré, kurz ATT genannt, ist Vorsitzender des „Nationalen Versöhnungsrats" (CRN).
April 1991	Neuer Ministerpräsident Soumana Sacko.
Mai 2002	General Amadou Toumani Touré (ATT) wird Präsident von Mali.
2007	Präsident Touré ernennt Modibo Sidibé zum neuen Regierungschef. Schlüsselministerien sind unverändert mit hohen Militärs besetzt. Das Kulturressort übernimmt der Tuareg Mohamed El Moctar. Dennoch flammen die Zusammenstöße mit den Tuareg-Rebellen, angeführt von Ibrahim Ag Bahanga, immer wieder im Nordosten Malis auf.

22. 2. 2008	Verschleppung von europäischen Touristen in den Norden Malis. Zur Entführung bekannte sich die Terrororganisation Al-Qaida. Der Nordmali-Konflikt nimmt gefährliche Formen an.
2011	Tuareg-Verbände besetzen den nordöstlichen Teil Malis.
2012	Dioncounda Traoré putscht sich in Bamako an die Macht. Islamistische Gruppen und
März 2012	Tuareg-Rebellen stoßen fast bis Mopti vor, wollen die Zentralregierung stürzen und ein Regime auf Basis der Scharia erkämpfen
2013	Mit der Operation Serval werfen französische Soldaten mit Verbündeten Islamisten und Tuareg zurück ins nordöstliche Wüstengebiet
	Die Mission MINUSMA (Mission multidimensionnelle intégrée des Nations Unies pour la stabilisation au Mali) mit Beteiligung eines deutschen Kontingents von z. Zt. rund 1000 Soldaten wird gegründet.
	Ibrahim Boubacar Keïta wird zum neuen Präsidenten gewählt.
2015	Die CMA als letzte Rebellengruppe der Tuareg unterzeichnet ein Friedensabkommen.
August 2018	Der bisherige Präsident Keïta wird wiedergewählt.

| 2019 | Mali ist bei weitem nicht befriedet. Täglich finden Attentate, Überfälle und Morde statt, die sich im Dreieck Gao-Kidal-Timbuktu, aber seit jüngster Zeit auch südlich Moptis, im Dogon-Land oder Bamako ereignen. |

„Der Mensch braucht das Gefühl
von unentdeckten Horizonten,
das Geheimnis unbewohnter Landstriche.
Er braucht den Ort, wo Wild auf der
Jagd ist, weil Land, das Wild hervorbringen
kann, gesundes, robustes Land ist. "

(Wolf-Ulrich Cropp)

Kleine Landeskunde

Name:	Republik Mali
Fläche:	1.240.000 qkm (Deutschland: 357.000 qkm) davon 60 % Wüste
Einwohner:	16 Mio. = 13 pro qkm, Wachstumsrate 3,5 %
Hauptstadt:	Bamako mit Vororten 2 Mio. Einwohner
Städte:	Sikaso 200.000
	Ségou 100.000
	Kayes 100.000
	Mopti 100.000
	Kati 80.000
	Gao 80.000
	San 60 000
	Djenné 60.000
Amtssprache:	Französisch
Sprachen:	Bambara und viele andere
Wichtige Volksgruppen:	Bambara, Malinke („Leute von Mali"), Peul (Fulbe, Fulani), Songhai, Sarakolle, Tuareg, Bobo, Dogon, Senufo, Bozo, Soninke, Marka, Mossi, Hausa
Religion:	90 % Muslime 9,5 % indigene Religionen 0,5 % Christen
Bevölkerung:	unter 15 Jahre: 46 % Stadtbevölkerung: 30 % Analphabetenquote: 59 %
Verwaltung:	8 Regionen und der Hauptstadtdistrikt
Bruttonationaleinkommen:	Je Einwohner 460 US-$
Währung:	CFA-France 1 Euro = ca. 750 CFA-Franc

Nationalfeiertag:	22. 9. (Tag der Republik und Unabhängigkeit 22. 9. 1960)
Import:	Maschinen, Erdölprodukte, Fahrzeuge, Zucker, Eisen, Stahl
Export:	Baumwolle, Erdnüsse, Vieh, Viehzuchtprodukte, Reis, Gummiarabikum
Hauptflüsse:	Niger (4184 km lang), Bani, Bafing, Bagoé
Höchster Punkt:	Hombori Tondo, 1155 m
Tiefste Stelle:	23 m, an der Westgrenze
Klima:	November bis Februar: warm und trocken März bis Mai: heiß und trocken Juni bis Oktober: feuchtwarme Regenzeit
Botschaft der Republik Mali:	Kurfürstendamm 72, 10709 Berlin www.ambassade-mali-berlin.de

„Das Zuhause ist keineswegs
der einzige zivilisierte Ort in
einer abenteuerlichen Welt,
sondern eher der einzig
unzivilisierte in einer Welt
der Zwänge und Pflichten.“

(Norman Douglas)

Sehenswürdigkeiten
wegen der Sicherheitslage sind zur Zeit
nur wenige Orte zu bereisen

Bamako:	(Ein Bambara-Wort, das *Fluss der Krokodile* bedeutet). Der bunte quirlige Markt (*Marché Central*) im Zentrum der Stadt. Nationalmuseum mit angrenzendem Botanischen Garten. Handwerker-Souk. Koulouba-Plateau mit schönem Blick über Stadt und Niger. *Festival Peul*, das jährliche Treffen der Peul (Fulbe, Fulani) im Februar. Niger-Stromschnellen (*Chausseé de Sotuba*), acht Kilometer außerhalb Bamako in Richtung Sotuba.
Koulikoro:	Abfahrt für Nigerflussfahrten nach Mopti, Timbuktu und Gao.
Boucle de Beoulé (Nationalpark):	Nordwestlich von Bamako liegt der Park mit Restbeständen von Großwild.
Djenné:	Zentrum der mittelalterlichen Lehmarchitektur. Die Große Moschee in Stadtmitte.
Mopti:	*Venedig Malis* genannt, Hafen- und Marktviertel mit dem *Marché Sougouni*.
Massina:	Beginn des riesigen Niger-Binnendeltas, bisweilen gesäumt von Dörfern und Moscheen auf Warften.

Sévaré:	Lebendiger Ort, von dem aus man nach Bandiagara ins Dogonland fahren kann.
Bandiagara:	Hauptstadt des Dogonlandes.
	Haus der Tall.
	Krokodile im Yame-Teich.
	Stelzenhäuser im Dogonland.
Falaise de Bandiagara:	Fusswanderung an der imposanten Abrisskante.
Timbuktu:	Azalai-Markt.
	Museum.
	Markt, besonders, wenn Kamelkarawanen mit Salzladungen aus Taoudenni eintreffen.
	Moscheen *Djinger-Ber*, *Sidi Yahia*, *Sankoré*, *Centre Ahmed Baba* mit großer Manuskriptbibliothek.
	Der alte Brunnen *Tin buktu* Timbuktus *Hängende Gärten*.
Hombori:	Markt.
	Der *Antiquitätenhändler* mit seinen Kuriositäten.
Gao:	Residenzstadt der Songhai-Könige.
	Grab der Askia (eine Songhai-Dynastie).
	Museum.
	Viehmarkt.
	Pirogenfahrt nach Koima oder zur Insel Gouzoureye.
	Tondibi (Schwarzer Felsen), wo die Marokkaner das Songhai-Heer vernichtend schlugen.

Ansongo:	Tierschutzreservat von Ansongo-Menaka.
Tessalit:	Malerischer Ort unweit der algerischen Grenze am Rande von Adrar, des Iforhas-Gebirges.
Essakane:	*Festival au Désert* im Januar.
Ségou:	*Festival sur le Niger* im Februar.

„Der Mensch und die
Wüste – das funktioniert
so ähnlich wie eine Ehe.
Man muss den Partner
so nehmen, wie er ist,
und nicht, wie man
ihn gern hätte. "

(Harald Martenstein)

Information für Wüstenfahrer

Neben der Antarktis ist die Sahara eine der letzten großen Urlandschaften der Erde. Sie kann zwar längst als organisierte Pauschalreise erlebt werden, bleibt jedoch für Individualisten eine großartige Herausforderung. Um aus dem besonderen Erlebnis kein leichtsinniges Abenteuer mit tödlichem Ausgang werden zu lassen, möchte ich meine Erfahrungen aus vielen Wüstenfahrten und -wanderungen weitergeben.

Reisezeit:
Frühjahr oder Herbst sind für die Sahara die besten Reisezeiten. Im Sommer ist die Hitze für Mensch und Fahrzeug besonders strapaziös. Der Winter kann vor allem nachts sehr kalt (in manchen Regionen -10° C) werden. Im Fastenmonat Ramadan ist von Sahara-Reisen abzusehen (unregelmäßige Öffnungszeiten von Geschäften, Banken, Institutionen in den größeren Oasen).

Eigenes Fahrzeug:
Mit dem eigenen Gefährt ist eine Wüstenfahrt spannend und besonders erfahrungsintensiv. Am besten fährt man nach Spanien und setzt in Algeciras nach Tanger über. Mit einem beladenen Wagen ist es wesentlich angenehmer, durch den marokkanischen Hafenzoll zu fahren, als durch den algerischen. (Vor den Unruhen war der tunesische Zoll auch zu empfehlen.) Je nach Fahrzeuggröße ist es ratsam, die Überfahrten vorab zu buchen, allerdings mit dem Risiko, dass eine gebuchte und bezahlte Fähre zur geplanten Zeit nicht ausläuft (Maschinenschaden, Streik). Das im Voraus bezahlte Ticket wird nicht erstattet.

Das Fahrzeug:
Heute kann man auf asphaltierten Straßen tief in die Sahara hineinfahren. Sofern auf solchen Straßen geblieben wird, ist kein spezielles Fahrzeug notwendig. Die Qualität der Straßen und Pisten nimmt im Süden spürbar ab. Bisweilen werden Strecken ausgebessert und der Verkehr auf zum Teil schlechte Pisten umgeleitet, was für den üblichen Pkw das Ende bedeuten kann.
Für schweres Gelände haben sich Allradfahrzeuge mit Differenzialsperre, zum Beispiel: Toyota Landcruiser, Nissan Patrol, Mitsubishi Pajero, einst auch Landrover, und andere Marken bewährt.
Für Expeditionszwecke müssen die üblichen Allradfahrzeuge sorgfältig um- und ausgerüstet werden. Dazu kann folgende Anregung dienen: Aber Achtung! Einige Ein- und Umbauten entsprechen nicht den deutschen TÜV-Vorschriften.

Fahrzeug vorn:
Hi-Lift (Wagenheber), Seilwinde, Ölkühler, Sonnenkompaß auf der Motorhaube, Abschlepphaken, Bereifung, z. B. Michelin XF Typ S 750 R 16 und Sprengringfelgen.

Fahrzeug hinten:
Jeweils verstärkte Federn, zweiteilige Heckklappe, Abschlepphaken.

Auf dem Dach:
Stabiler Stahlrohr-Dachgepäckträger mit Bodenplatte, Sonnendach, vier M+S-Ersatzreifen, vier Sandbleche, zwei Schaufeln, Packsäcke für leichtere Vorräte, zwei Gerbas als Wassersäcke, zwei leichte Klappstühle.

Im Fahrzeug:
KW-Empfänger, Satellitennavigation (GPS), frei pendelnder Magnetkompass (auf Missweisung, Deklination und Ablenkung, Deviation der Nadel durch Metallteile achten!),

13 Benzin- oder Dieselölkanister à 20 Liter, sechs Wasserkanister à 20 Liter, drei Ölkanister à 10 Liter, zwei Wagenheber, starkes Unterlegbrett, Behälter für Bremsflüssigkeit, Feuerlöscher, Verbandkästen, Innen- und Rückfahrscheinwerfer, batteriegespeiste Steckdose, Suchscheinwerfer, Ölthermometer, Öldruckmanometer, gegen Staub abgedichteter Motor- und Fahrzeuginnenraum, aus Sperrholz eingepasste Inneneinrichtung, um Schlafstätte für zwei Personen sowie feste Lagermöglichkeiten für Proviant und Ersatzteile zu schaffen. Ausführliche Betriebsanleitung des betreffenden Wagens, stets greifbar haben. Verschließbare und festmontierte Alu- oder Stahlboxen für wichtige Gegenstände. Schaumstoffmatratzen.

Ersatzteile und Werkzeug: (Die Aufzählung ist nicht vollständig und je nach Fahrzeug unterschiedlich.)
Stoßdämpfer, Öl- und Luftfilter, destilliertes Wasser, Dichtungsmasse, Sicherungen und Birnen, Zündspule, Zündkerzen, Vergaser, Gas- und Kupplungszüge, komplette Kupplung, Unterbrecherkontakte, Verteilerkappe, Keilriemen, Lichtmaschinen- und Anlasserkohlen, Fettpresse, Dichtungen, Einfülltrichter mit Sieb, eine Rolle Bindedraht, ein Satz Maulschlüssel, drei Sätze gekröpfte Ringschlüssel, zwei Nusskästen, einen Hammer, Kombizangen, eine Eisensäge, Handfeger, eine Rolle Klebeband, ca. 3 cm breit.

Eigene Ausrüstung:
Zwei Kocher, Gaslampe, Schlafsäcke, Rucksäcke, Koffer, Decken, Kleidung für kalte und warme Tage, zwei Sonnenbrillen, gutes Sonnenöl, Brustbeutel, kleines Moskitonetz, Handkompaß, Fotoapparat mit Wechselobjektiven, Fernglas, Vielzweck-Taschenmesser, gelbe Leuchtraketen, Sicherheitsnadeln, Streichhölzer, Flaschen- und Dosenöffner, ein Zweimannzelt, zwei Alufolienpakete, großes weißes Laken, Leuchtraketen oder Signalpistole mit Munition (Einfuhr ist verboten), Smartphone mit nützlichen Apps.

Impfungen:
Gelbfieber, Tetanus, Cholera, Typhus, Paratyphus A und B, Hepatitis A und B. Vor Reisen in Tropen und Subtropen sind die Impfzentren oder das Tropeninstitut zu konsultieren.

Medikamente und ähnliches:
Kohletabletten, leichte Schlaftabletten, Aspirin- und stärkere Schmerztabletten, antiseptische Salbe, Jod, Malariaprophylaxe, Clorina oder ähnliches für das Trinkwasser, Authan (Mückenschutz), Multivitamin-Kapseln, Traubenzucker, Salztabletten, Kaliumpermanganat, Penicillintabletten in abgestuften Einheiten, Hansa- und Leukoplast, Mullbinden. Vor der Reise sollte der Reisende sich mit einem erfahrenen Arzt oder Apotheker abstimmen.

Proviant:
Dosenbrot, Knäckebrot, diverse Fertiggerichte in Dosen, Milchpulver, Kaffee, Tee, Kakao, Zucker, Salz, Schnaps, (in einigen Staaten verboten!) Obst in Dosen, diverse Suppen, Dörrfleisch, Säfte.

Benzin oder Diesel?
Dieselöl ist etwas billiger. Dieselmotoren verbrauchen weniger Sprit. Da fast alle Lastkraftwagen Diesel fahren, kann man im Notfall um ein paar Liter bitten. Hinzu kommt, dass Dieselöl nicht explosiv ist und die Motoren keine anfälligen Zündanlagen und keine sandgefährdeten Vergaser (alte Benziner) benötigen.

Straßen und Pisten: (Streng auf die Sicherheitshinweise achten und diese befolgen)
Weite Gebiete der nördlichen und zentralen Sahara wurden durch Asphaltstraßen vernetzt. Aufgrund der Ölvorkommen hat Libyen den Straßenbau intensiv vorangetrieben, so dass selbst die entlegenen Kufra-Oasen bequem zu erreichen sind. Vorsicht ist dennoch geboten: Wasser- oder

Spritversorgung kann durchaus 500 km auseinander liegen, Wolkenbrüche spülen Streckenabschnitte weg, trichtertiefe Schlaglöcher bilden gefährliche Fallen, Wanderdünen stoppen oder erschweren die Weiterfahrt. In Oasennähe ist besonders abends oder bei Dunkelheit mit Schafherden, Eseln oder Kamelen zu rechnen, die gern auf der noch warmen Straßendecke ruhen. (In Libyen herrschen derzeit bürgerkriegsähnliche Zustände!)

Hoggar-Piste:
Diese ist vergleichsweise leicht zu befahren. Sie verläuft zwischen Tamanrasset (Algerien) und Arlit (Niger). Als sogenannte „Todespiste" ist sie durch Meldungen über verschollene Touristen in Verruf geraten. Im flachen Terrain hat sich die 600 km lange Strecke in ein etwa 50 km breites Spurenbündel ausgeweitet, das für unbedarfte Fahrer ausgesprochen verwirrend und gefährlich werden kann.

Katrun - N'Djamena:
Die über 2000 km lange Trans-Sahara-Piste zwischen Libyen und dem Tschad ist stellenweise sehr schwer zu befahren, politisch unsicher und nicht gänzlich von Minen geräumt.

Tanezrouft-Piste:
Sie führt rund 1300 km von Reggane (Algerien) nach Gao (Mali) und ist ähnlich dicht befahren wie die Hoggar-Piste. Auf algerischer Seite existiert eine im Allgemeinen gute Wegmarkierung. Nachts leuchten Lampen, die durch Solarzellen eingefangene und durch Batterien gespeicherte Sonnenenergie betrieben werden – sofern die Anlage intakt ist!

Djanet – Chirfa:
Brettflach ist diese 600 km lange Piste zwischen Djanet (Algerien) und Chirfa (Niger), dennoch äußerst tückisch. (1972 hatte ich dort an nigrischer Grenze die Orientierung verloren.) Manch unvorsichtiger Fahrer ist auf dieser Piste

qualvoll verdurstet. Die Regierungen sind es leid, sich um verschollene Europäer zu kümmern. Niger hat die Piste seit einigen Jahren für den Tourismus gesperrt. Wer dennoch fährt riskiert Verhaftung und Geldstrafe.

Amguid-Pisten:

Amguid (Algerien), einst an der Kreuzung mehrerer Pisten von und zu französischen Stützpunkten gelegen, ist heute eine polizeiliche Meldestelle für die Verbindungen Bordj Omar Driss nach In Ecker (600 km) und Djanet (knapp 1000 km). Die Strecken sind landschaftlich reizlos.

Hoggar – Tassili:

Sie gilt als klassische Sahara-Piste. Zwischen Tamanrasset, dem Hoggar-Felsmassiv und Djanet (mit den berühmten Felsbildern) liegen 600 Pistenkilometer und 120 km Asphaltstraße. Djanet ist eines der beliebtesten Touristenziele der Sahara geworden und ein Verkehrsknotenpunkt mit Parkplatzproblemen.

Off-Road-Fahrten:

Für erfahrene Wüstenfahrer mit geeigneten Fahrzeugen sind Querfeldeinfahrten auf spärlich oder gar nicht markierten Strecken echte Herausforderungen. Doch die Möglichkeit, sich in solchen Gebieten „auszutoben" wird in der Sahara immer begrenzter – und ich meine, das ist auch gut so!

Mali und Mauretanien:

Die Länder haben weite Teile ihrer Wüstengebiete zu militärischen Sperrgebieten erklärt. Lediglich der Südrand Nouakchott – Timbuktu stand Reisenden offen. (Derzeit zu gefährlich.)

Westsahara:

Die Befreiungsbewegung *Frente Polisario* kämpft dort gegen

Marokkos Gebietsansprüche. Die Region ist minenverseucht und gesperrt.

Libyen:

Dort gibt es kaum noch frei befahrbare Abschnitte. Die 350 km lange Strecke Timsah (Tmessa) zu den Kraterseen von Wau an-Namus ist noch auf einer ursprünglichen Piste zu befahren. (Auch dieser Abschnitt ist momentan gesperrt.)

Tschad:

Dort können noch weite weg- und steglose Gebiete im Enuedi- und Tibesti (bis an die Grenze Libyens) befahren werden. Auch bei Kanem und Borkou handelt es sich um unerschlossene Gebiete, in denen aber nur mit besonderer Umsicht gecruised werden darf (Minengefahr!). In letzter Zeit erteilt der Tschad nur in Ausnahmefällen die Erlaubnis den Norden zu befahren.

Ägypten:

Wüstenregionen sind für Touristen nicht befahrbar. Überall kontrollieren Polizeiposten den Verkehr abseits der 1200 km langen und schlechten Asphaltstraße entlang des Nils. Auf der Sinai-Halbinsel verläuft eine befestigte Küstenstraße von Suez nach Sharm El Sheikh bis Elat. Mehrere teils gute, teils schwere Strecken führen durch den Sand (nördlicher Sinai), die ebenfalls kontrolliert werden.

Sudan:

Zwei unmarkierte Pisten verbinden Khartum mit Wadi Halfa an der ägyptischen Grenze. Die westliche (950 km) führt durch Bayuda, die östliche (900 km) in Nähe der Bahnlinie. Beide Pisten sind stark versandet und schwer befahrbar. Ein *Travel Permit* ist vorgeschrieben.

Algerien:

Für fast alle einsamen Pisten besteht Fahrverbot. Seit 1987

sind weite Teile des Hoggar-Tassili-Gebiets zum Nationalpark erklärt worden, somit ist die Fahrfreiheit fast gänzlich
eingeschränkt worden.

Niger:
Dort ist die Fahrerlaubnis auf den Pisten mit der Auflage
gekoppelt, einheimische Führer mitzunehmen. Teile des
Aïr und des Ténére bilden einen riesigen Nationalpark, in
dem Fahrverbot besteht.

Marokko:
Das Land ist durch ein gutes Straßensystem erschlossen.
Für Einsteiger bieten sich einige Pisten und Off-Road-
Abschnitte im Süden des Landes an: Assa nach Tindouf
(Algerien), Fam El Hisn nach Tindouf, Mhamid an die be-
festigte Tangente Béchar – Tindouf (Algerien), Rissani über
Taouz bis Hamaguir (Algerien).

Tunesien:
Auch hier existiert ein gutes Straßennetz. Attraktiv ist die
Querfeldein-Strecke von Douz (Genehmigung einholen) in
den Süden nach El Boma (Algerien) oder Ghadamès (Liby-
en).

Landkarten:
Übersichtlich sind die Michelin-Karten 953, 954, 969 und 972.

Ein ausgezeichnetes Kartenwerk hat das *Institut Géographique
National (IGN)* in Paris herausgebracht. Die *Edition Spéciale*
deckt den Sahara-Teil ohne Ägypten und Ost-Libyen ab
und besteht für Pistenfahrer aus unentbehrlichen 20 Blättern. Auch die besten Karten können nur in Ausnahmefällen etwas über die Befahrbarkeit des Terrains aussagen.
Durch Geröll versperrte Wadis, Weichsand-Senken, Fels-
kanten zwischen zwei Isohypsen (Höhenlinien), Wanderdünen, bleiben stets Überraschungen.

Zusammenfassung:

1. Information ist alles: Nur neues, bewährtes Kartenmaterial, geeigneter Kompass, gutes Navigationsgerät (GPS) mitführen.
2. Streckenzustand, Richtungen, Entfernungen, markante Punkte sind mehrmals und bei verschiedenen Ortskundigen zu erfragen.
3. Treibstoff, Wasser, Proviant sind so reichlich mitzuführen, dass die Vorräte mindestens bis zur übernächsten Versorgungsmöglichkeit reichen.
4. Von markierten Pisten niemals abweichen.
5. Bei Pannen darf man sich nicht vom Fahrzeug entfernen. Das gilt besonders, wenn das Fahrzeug auf einer Piste oder Straße liegen bleibt.
6. Ist ein Reisender gezwungen sein Fahrzeug zu verlassen, nie ohne Wasser und nur ca. drei Stunden nach Sonnenaufgang – und nur die gleiche Zeit am späten Nachmittag marschieren. In der übrigen Zeit unter einer Alufolie oder einem weißen Laken verharren. (Mit 15 Liter Wasser kann ein gesunder, fitter und disziplinierter Wüstenwanderer in guter Verfassung vier Tage überleben und etwa 100 km zurücklegen.)
7. Ist man unbeabsichtigt von der Piste abgekommen, umgehend auf der eigenen Spur zurückfahren.
8. Keinen Spuren folgen, die nicht mit den Erkenntnissen der Navigation übereinstimmen.
9. Rechtzeitig nach dem Sonnenuntergang erkundigen.
10. Das Nachtlager mindestens eine halbe Stunde vor Sonnenuntergang aufschlagen und sich vom Lager nie weit- und nie ohne Taschenlampe entfernen.
11. Nachtlager weder in trockenen Flussbetten (Wadis), noch auf Pisten aufschlagen. (Lkws fahren häufig nachts.)
12. Niemals nachts fahren.
13. Verfahren und festgefahren: Nachts Notsignale (gelb oder rot) abfeuern oder den Himmel mit einem Scheinwerfer

ableuchten. Im Ernstfall am Tage Autoreifen anzünden. (Die Rauchentwicklung ist weit sichtbar).

14. Niemals allein durch die Wüste fahren.

15. Längere und schwierige Strecken nur mit zwei intakten, geländegängigen Fahrzeugen, jeweils mit zwei Insassen, antreten. Vor dem Aufbruch ist es Pflicht, sich bei einer Polizeistation abzumelden und hernach zurückzumelden.

16. Waschbrettpisten mit ca. 70 km/h „überfliegen". Täglich sind Radmuttern und andere Verbindungen zu kontrollieren.

17. Sandpisten kraftvoll im Allradantrieb befahren und den Reifendruck auf 1,5 bar in Extremfällen (sehr weicher Sand) auf 0,8 bar reduzieren.

18. Gebirgspisten oder Pässe nur befahren, wenn der Rückweg gewährleistet ist. Reifendruck erhöhen (bei niedrigem Reifendruck zerstört der Fels die Reifen schneller).

19. Den Lagerplatz so unberührt hinterlassen, wie er vorgefunden wurde.

20. Im Ernstfall zur Ruhe zwingen. Nicht die Wüste, sondern Angst und Panik bringen die meisten um! (Ein in Panik geratener Europäer kann in der Zentralsahara binnen zwei Tagen verdursten!)

21. Trinkwasser ist grundsätzlich abzukochen oder mit entsprechenden Mitteln (Mikropur), nach Gebrauchsanleitung verwenden, zu entkeimen.

22. Niemals Wasserlöcher oder Brunnen verunreinigen, sei es durch Seife, Shampoo, Spülmittel oder auf andere Art.

23. Anderen Reisenden stets Hilfe anbieten, sich aber nie auf fremde Hilfe verlassen.

24. Immer Rücksicht auf die in der Wüste besonders fragile Tier- und Pflanzenwelt nehmen.

25. Der Reisende hat sich stets rücksichtsvoll, unauffällig und freundlich gegenüber der Bevölkerung und deren Traditionen zu benehmen. (Das gilt besonders beim Fotografieren.)

26. Man muss sich immer vor Augen halten, dass Fahrlässigkeit in der Wüste das eigene Leben und das des Retters gefährdet (sofern es überhaupt einen solchen gibt.)

Literatur

Atmann, Andreas:
Weit weg vom Rest der Welt – In 90 Tagen von Tanger nach Johannesburg.
Rowohlt Verlag, Reinbek, 1996
Atmore, Anthony; Stacey, Gillian:
Schwarze Königreiche – Das Kulturerbe Westafrikas. Herder Verlag, Freiburg, 1981
Barth, Heinrich:
Reisen und Entdeckungen in Nord- und Central-Afrika in den Jahren 1849 bis 1855.
Verlag von Justus Perthes Gotha, Darmstadt, 1865
Bertaux, Pierre:
Afrika von der Vorgeschichte bis zu den Staaten der Gegenwart.
Fischer-Verlag, Frankfurt, 1972
Boyle, T. Coraghessan:
Wassermusik, Rowohlt Verlag, Reinbek, 1993
Claudot-Hawad, Hélène:
Tuareg – Porträt eines Wüstenvolks. Horlemann Verlag, Bad Honnef, 2007
Connah, Graham:
African Civilizations – An Archeological Perspective. Cambridge University Press, Cambridge, 2001
Cropp, Wolf-Ulrich:
Heiße Pfade. Hoch-Verlag, Düsseldorf, 1977
Schwarze Trommeln – Auf Entdeckungsreise durch Westafrika. Verlag Expeditionen, Hamburg 2015, und Frederking + Thaler-Verlag, München, 1989
Tunesien – Landschaft, Tier- und Pflanzenwelt. Landbuch Verlag, Hannover, 1989
Äthiopien – Im Land der Mursi. Pietsch Verlag, Stuttgart, 1990
Wüsten – Leben in der Todeszone. Landbuch Verlag, Hannover, 1992

Fangtage. Arena-Verlag, Würzburg, gedruckt bei BoD, 2001
Marrakesch-Express – Mit dem C1 in die Wüste. Motor-Presse Verlag, Stuttgart, 2009
Damberger, Christian, Friedrich:
Landreise in das Innere von Afrika. Uhlenhorst-Verlag, Hamburg, 1800
Dicko, Mohamed Galla:
Trésors Ecrits du Centre Ahmed Baba de Tombouctou. Club Ahmed Baba, Imprimé au Mali, 2000
Dörr, Erika (Hrsg.); *Baur, Thomas; Göttler, Gerhard:*
Westafrika Band 1: Sahelländer. Reise Know-How Verlag Dörr GmbH, Hohenthann, 2003
Fischer, Rolf:
Gold, Salz und Sklaven. Die Geschichte der großen Sudanreiche Ghana, Mali und Songhai. Edition Erdmann, Stuttgart, 1968
Gallay, Alain; Huysecom, Eric; Mayor, Anne:
Peuples et céramiques du Delta intérieur du Niger (Mali). Zabern Verlag, Mainz, 1998
Westafrika, Mali, Senegal, Gambia, Kapverden. Geo Spezial, Gruner und Jahr, Hamburg, 2000
Garlake, Peter:
Die Westafrikanischen Königreiche. Anno-Lektüre-Verlag, München, 1966
Georg, Uwe:
Eine Reise nach Afrika – Auf den Spuren eines vergangenen deutschen Forschers.
Geo, Gruner und Jahr, Hamburg, 1985
Goergen, Marc:
Der Klang der Farbe. Gruner u. Jahr Verlag, Hamburg, 2009
Göttler, Gerhard:
Die Sahara. DuMont Verlag, Köln, 1984
Auf der Suche nach Hannibals Elefanten. Westafrika Band

1 Sahelländer.
Reise Know-How-Verlag, Därr GmbH,
Hohenthann, 1987
Grube, A., W.:
Fahrten und Forschungen – Afrika. Verlag von J. F. Stein-
kopf, Stuttgart 1925
Hamilton, Paul:
Sahara – Mit berühmten Entdeckern auf Abenteuer. Chris-
toph Columbus Verlag, Berlin, 1971
Heine, Peter:
Die westafrikanischen Königreiche Ghana, Mali und
Songhai aus der Sicht der arabischen Autoren des Mittelal-
ters.
Dissertation, Universität Münster, 1973
Held, Matthias:
Die geheime Wüstenstadt. Horizonte, Heinrich Bauer Ver-
lag, Hamburg, 2004
Huet, Michel:
Afrikanische Tänze. DuMont Verlag, Köln, 1979
Jarry, Isabelle:
Théodore Monod. Verlag Plon, Paris, 1990
Ki-Zerbo, Joseph; Niane, Djibril Tamsir:
Africa from the Twelfth to the Sixteenth Century.
UNESCO General History of Africa,
Oxford, 1997
Krüger, Christoph:
Sahara. Anton Schroll Verlag, Wien, 1967
Lange, Karen E.:
Djenné – Westafrikas ewige Stadt. National Geographic
Deutschland,
G + J-Verlag,Hamburg, 2001
Lee, Mark:
Das verlorene Volk. Wilhelm Goldmann Verlag, München,
1999
Manshard, Walther:
Afrika – südlich der Sahara. Fischer Verlag, Frankfurt, 1970
Nooteboom, Cees:

In der langsamsten Uhr der Welt – Reisen in Afrika.
Suhrkamp Verlag, Frankfurt, 2008
Schulthess, Emil:
Afrika. Artemis Verlag, Zürich, 1969
Schutyser, Sebastian; Flagge, Ingeborg; Dethier, Jean:
Lehm-Moscheen in Mali. Junius Verlag, Hamburg, 2003
Selby, Bettina:
Timbuktu! Piper Verlag, München, 2002
Simons, Peter:
Entdeckungsreisen in Afrika. Georg Westermann Verlag,
Braunschweig, 1984
Sissoka, Ibrahim F.:
Der Demokratisierungsprozess in Afrika am Beispiel von
Mali. Kovac Verlag,Hamburg, 2004
Sturmhoebel, Elke:
Eine musikalische Reise durch Mali. FAZ-Verlag, Frank-
furt, 2007
Willich, Ada:
Westafrika. Polyglott-Verlag, München, 2007